北京文化书系
红色文化丛书

北京红色地标

中共北京市委宣传部
中共北京市委党史研究室
组织编写
孙希磊 张守连 肖建杰 著

北京出版集团
北京出版社

图书在版编目（CIP）数据

北京红色地标 / 中共北京市委宣传部，中共北京市委党史研究室组织编写 ；孙希磊，张守连，肖建杰著. — 北京 ：北京出版社，2021.4
（北京文化书系. 红色文化丛书）
ISBN 978-7-200-14529-8

Ⅰ. ①北… Ⅱ. ①中… ②中… ③孙… ④张… ⑤肖… Ⅲ. ①革命史—北京 Ⅳ. ①K291

中国版本图书馆CIP数据核字（2021）第060793号

北京文化书系　红色文化丛书
北京红色地标
BEIJING HONGSE DIBIAO
中共北京市委宣传部
中共北京市委党史研究室　组织编写
孙希磊　张守连　肖建杰　著
*
北京出版集团
北京出版社　出版
（北京北三环中路6号）
邮政编码：100120
网　址：www.bph.com.cn
北京出版集团总发行
新华书店经销
北京建宏印刷有限公司印刷
*
787毫米×1092毫米　16开本　21印张　311千字
2021年4月第1版　2024年4月第2次印刷

ISBN 978-7-200-14529-8
定价：97.00元
如有印装质量问题，由本社负责调换
质量监督电话：010-58572393
编辑部电话：010-58572835；发行部电话：010-58572371

“红色文化丛书”编委会

本书作者　孙希磊　张守连　肖建杰

“北京文化书系”
序言

文化是一个国家、一个民族的灵魂。中华民族生生不息绵延发展、饱受挫折又不断浴火重生，都离不开中华文化的有力支撑。北京有着三千多年建城史、八百多年建都史，历史悠久、底蕴深厚，是中华文明源远流长的伟大见证。数千年风雨的洗礼，北京城市依旧辉煌；数千年历史的沉淀，北京文化历久弥新。研究北京文化、挖掘北京文化、传承北京文化、弘扬北京文化，让全市人民对博大精深的中华文化有高度的文化自信，从中华文化宝库中萃取精华、汲取能量，保持对文化理想、文化价值的高度信心，保持对文化生命力、创造力的高度信心，是历史交给我们的光荣职责，是新时代赋予我们的崇高使命。

党的十八大以来，以习近平同志为核心的党中央十分关心北京文化建设。习近平总书记作出重要指示，明确把全国文化中心建设作为首都城市战略定位之一，强调要构建涵盖老城、中心城区、市域和京津冀的历史文化名城保护体系，更加精心保护好世界遗产，加强对“三山五园”、名镇名村、传统村落的保护和发展，加强对文物、优秀近现代建筑、工业遗产、非物质文化遗产的保护，凸显北京历史文化的整体价值，强化“首都风范、古都风韵、时代风貌”的城市特色。习近平总书记的重要论述和重要指示精神，深刻阐明了文化在首都的重要地位和作用，为建设全国文化中心、弘扬中华文化指明了方向。

2017年9月，党中央、国务院正式批复了《北京城市总体规划（2016年—2035年）》。新版北京城市总体规划明确了全国文化中心建设的时间表、路线图。这就是：到2035年成为彰显文化自信与多元包容魅力的世界文化名城；到2050年成为弘扬中华文明和引领时代潮流的世界文脉标志。这既需要修缮保护好故宫、长城、颐和园等享誉中外的名胜古迹，也需要传承利用好四合院、胡同、京腔京韵等具有老北京地域特色的文化遗产，还需要深入挖掘文物、遗迹、设施、景点、语言等背后蕴含的文化价值。

组织编撰“北京文化书系”，是贯彻落实中央关于全国文化中心建设决策部署的重要体现，是对北京文化进行深层次整理和内涵式挖掘的必然要求，恰逢其时、意义重大。在形式上，“北京文化书系”表现为“一个书系、四套丛书”，分别从古都、红色、京味和创新四个不同的角度全方位诠释北京文化这个内核。丛书共计47部。其中，“古都文化丛书”由20部书组成，着重系统梳理北京悠久灿烂的古都文脉，阐释古都文化的深刻内涵，整理皇城坛庙、历史街区等众多物质文化遗产，传承丰富的非物质文化遗产，彰显北京历史文化名城的独特韵味。“红色文化丛书”由12部书组成，主要以标志性的地理、人物、建筑、事件等为载体，提炼红色文化内涵，梳理北京波澜壮阔的革命历史，讲述京华大地的革命故事，阐释本地红色文化的历史内涵和政治意义，发扬无产阶级革命精神。“京味文化丛书”由10部书组成，内容涉及语言、戏剧、礼俗、工艺、节庆、服饰、饮食等百姓生活各个方面，以百姓生活为载体，从百姓日常生活习俗和衣食住行中提炼老北京文化的独特内涵，整理老北京文化的历史记忆，着重系统梳理具有地域特色的风土习俗文化。“创新文化丛书”由5部书组成，内容涉及科技、文化、教育、城市规划建设等领域，着重记述新中国成立以来特别是改革开放以来北京日新月异的社会变化，描写北京新时期科技创新和文化创新成就，塑造北京人民勇于创新、开拓进取的时代风貌。

为加强对“北京文化书系”编撰工作的统筹协调，成立了以“北京文化书系”编委会为领导、四个子丛书编委会具体负责的运行架构。“北京文化书系”编委会由中共北京市委常委、宣传部部长杜飞进同志担任主任，中共北京市委宣传部常务副部长赵卫东同志担任副主任，由相关文化领域权威专家担任顾问，相关单位主要领导担任编委会委员。原中共中央党史研究室副主任李忠杰、北京市社会科学院研究员阎崇年、北京师范大学教授刘铁梁、北京大学文化资源研究中心主任张颐武分别担任“红色文化”“古都文化”“京味文化”“创新文化”丛书编委会主编。

在组织编撰出版过程中，我们始终坚持最高要求、最严标准，突出精品意识，把“非精品不出版”的理念贯穿在作者邀请、书稿创作、编辑出版各个方面各个环节，确保编撰成涵盖全面、内容权威的书系，体现首善标准、首都水准和首都贡献。

我们希望，“北京文化书系”能够为读者展示北京文化的根和魂，温润读者心灵，展现城市魅力，也希望能吸引更多北京文化的研究者、参与者、支持者，为共同推动全国文化中心建设贡献力量。

“北京文化书系”编委会

2019年9月

“红色文化丛书”
序言

北京是千年古都，有着丰厚的文化积淀。1949年伴随着中华人民共和国成立的脚步，北京获得新生。改革开放以来，北京文化得到新的更大发展。党的十八大以后，以习近平同志为核心的党中央进一步明确了北京作为全国政治中心、文化中心、国际交往中心、科技创新中心的战略定位，不仅为整个首都建设，也为北京的文化建设指明了方向、增强了动力。

为了深入挖掘北京文化内涵、推进全国文化中心的建设，中共北京市委决定编纂“北京文化书系”。书系包括“古都文化、红色文化、京味文化、创新文化”4个系列。按照市委要求和市委宣传部部署，由市委党史研究室负责，由我当主编，组织有关部门和单位的专家学者编纂了“红色文化丛书”。这是整个书系的一个重要组成部分。

对本套丛书，首先需要做几点总体上的说明和介绍。

一、北京红色文化的内涵和外延

编纂“红色文化丛书”，首先要界定北京红色文化的内涵和外延，这样才能确定写什么、怎样写。

文化，作为人类改造客观世界和主观世界的活动及其成果的总和，始终伴随着人类的活动而生成、发展，从而不断展现出五彩斑斓的色彩。当代中国文化，源自于中华优秀传统文化，熔铸了中国共产党领导人民在革命、建设、改革中创造的革命文化和社会主义先进文化，到当代，本质上成为中国特色社会主义文化。如果以颜色作为象征，总体上可以说是一种以红色为基调的文化；而中国共产党培育、形成和展现的文化，则是一种比较完全意义上的红色文化。这是广义上的红色文化。

但在本套丛书中，我们对红色文化做了狭义上的界定，即将红色文化限定于主要在1949年前由中国共产党培育、形成和展现的革命文化。这样界定，主要是为了尊重文化自身内容的多样性和复杂性，避免过于宽泛造成内容上的庞杂，也为了更加突出不同时期文化的主要特点。否则，北京红色文化就会像一个硕大无比的筐子，什么都能往里装了。

因此，本套丛书所说的北京红色文化，主要是指1921年中国共产党成立至1949年中华人民共和国成立之间，中国共产党在北京地区领导人民群众为争取民族独立、人民解放而斗争所培育、形成和展现的革命文化。往前，回溯到五四运动前后红色文化的萌发；往后，延伸到新中国成立后到1966年前所创作的反映新民主主义革命的主要作品、建筑，如人民英雄纪念碑等。

无论广义还是狭义，红色文化都是中国共产党“为中国人民谋幸福、为中华民族谋复兴”的初心和使命的重要体现，都是在实现这一初心和使命的历程中培育、形成、发展和完善起来的重要成果。而北京红色文化，则是这一初心和使命在北京区域内的体现和反映。

北京红色文化与中共北京历史有着紧密的联系。北京红色文化，是中国共产党在北京的活动、工作、斗争中培育、形成和展现出来的。因此，写北京红色文化，当然要写中共北京历史。但党史又不能完全等同于文化。所以，本套丛书安排几本书梳理和介绍了北京地区党的组织和活动，展示了党在北京地区英勇和复杂的斗争。但撰写这些历史，不是简单地写历史，而是重在反映这些历史中的文化和精神，努力体现贯串其中的北京红色文化。因此，这些历史与标准的党史著作是有区别的。

二、北京红色文化的特殊地位

北京红色文化不是孤立的地域文化，而是党和国家整个红色文化中一个特殊的重要组成部分。

中国共产党这艘红船，在上海制造，在南湖起航。追根溯源，首先是在北京孕育的。北京地区的党组织，是中国共产党的地方组织，但在某些时期也超出了地方的范围。如李大钊领导的北方区委，曾负责当时北方十几个省、区、市党的工作。北京发生的许多事件，如五四运动、一二·九运动等，都对全国产生了重大影响，起到了引领作用。

特别是1949年1月北平和平解放后，中共中央决定定都北平，随即“进京赶考”，从西柏坡迁驻香山，9月正式入驻中南海。在此期间，党中央、毛泽东运筹帷幄，指挥夺取了中国革命的最后胜利；筹备和召开中国人民政治协商会议，建立了中华人民共和国。北京的历史翻开了新的一页，中国的历史也翻开了新的一页。所以，从1949年初起，北平就实际上发挥了首都的作用。新中国成立之后，北京作为中华人民共和国的首都，围绕大局，服务中央，一直到今天，都发挥着特殊的作用。

所以，北京是地方的北京，但也是全国的北京。北京的红色文化，既具有地域性，也具有全局性。北京的红色文化，在党和国家整体的红色文化中，发挥着一定程度上全局性的作用；对全国的红色文化建设，也在一定程度上发挥着典型、示范和引领的作用。

所以，我们撰写“红色文化丛书”，既坚持立足于北京，又坚持着眼于全党全国，把北京红色文化放在全局中来认识和撰写，不仅充分反映党中央对于北京党组织和北京地区革命斗争的领导，而且反映党中央在北京对于全国革命斗争的领导和指挥。同时，又充分反映北京地区革命斗争的实际，充分反映北京地区革命斗争在全局中发挥的特殊作用，从而正确地反映北京红色文化与党和国家整体红色文化的关系。

三、北京红色文化的形态和表现

文化有物质和非物质两类基本形态。所以，北京红色文化，既包括精神领域的红色文化，也包括物质形态的红色文化。这种物质形态的红色文化，就是指蕴含在这些物质形态之中，以物质形态表现出来的红色精神文化。比如中共中央在香山的办公旧址，表现为物质形态，但包含有丰富的文化内容。所以，我们将北京的红色遗存、红色地标等均纳入了北京红色文化的范围。

物质形态的北京红色文化，主要有3类。

第一类，是红色地标。在本套丛书中，我们提出了“红色地标”的概念。所谓红色地标，就是指北京区域内具有地标性的红色遗址遗迹和纪念建筑。一般来说，每个城市都会有自己的地标性建筑。但很多北京的地标，不仅是北京的地标，而且是全国性的地标。如北大红楼、卢沟桥、天安门广场、国家博物馆、毛主席纪念堂等，它们有些是原先就有的，有的是1949年之后建立起来的。这些地标性建筑，都具有特别重大的意义，甚至从某个角度可以代表中国共产党、代表中华人民共和国。

第二类，是红色遗址遗迹。主要是除红色地标外反映革命斗争历史和精神的大量遗址遗迹。红色地标不少也是遗址遗迹，但因为其特别重要，就单列出来了。除此之外的大量红色遗址遗迹，也蕴含着丰富的红色文化。所以我们也在本套丛书里做了研究、介绍和展示。其中不少已经被列入不同级别的文物保护名录，有的还没有被列入。北京党史部门曾对这些遗址遗迹做过调查，特别是曾按中共中央党史研究室的统一部署，做过一次大规模的全面普查，这次在本套丛书里进一步加以反映。所有这些遗址遗迹，都是北京红色文化的重要载体。

第三类，是可移动红色文物。包括红色文献，如党创办的很多杂志、出版的各种书籍；红色艺术品，如木刻、标语、宣传画、摄影作品等。1949年及之后设计的国旗、国徽也是红色艺术品。它们具有可移动性的物质形态，也是北京红色文化的重要载体。

其实还有一类，兼具物质形态和非物质形态。主要是红色的文学作品、音乐作品、戏剧作品、舞蹈作品、电影作品、民间文艺等。就其内容和表现形式而言，应该属于非物质文化形态，但它们也以一定的物质形态存留于世。其中有的是原生态的历史作品，也有的是1949年后创作的反映1949年前革命斗争的作品。

精神领域的北京红色文化，主要是指在长期革命斗争中表达和反映的思想、理论、路线、政策、主张、观点、口号、精神、规范、要求、价值取向、道德要求等等。它们总体上都可以归入红色文化的范畴。如果直接在北京区域内形成和表现出来的，就是北京红色文化。

这类北京红色文化，也是非常丰富的。本套丛书主要展示和论述了一系列革命精神，用以集中反映北京在精神领域的红色文化，如五四精神、抗战精神等。每一本书都有从不同侧面的展示，在《北京红色文化概述》里又做了集中的分析论述。

四、北京红色文化的作用和价值

文化是一个国家、一个民族的灵魂。文化的发展繁荣与国家民族的命运紧紧联系在一起。北京的文化建设不仅与北京的发展紧紧联系在一起，而且在全国的文化建设和中国特色社会主义的建设中都起着重要的作用。

北京红色文化是北京文化的重要组成部分，同样具有十分重要的作用和价值。

从时间长度上来说，北京红色文化，既在新民主主义革命的过程中具有重要的价值，发挥了重要的作用，又对1949年后的革命、建设、改革具有基础性、延续性、灵魂性的价值和影响，一直发挥并将继续发挥重要的作用。

从空间维度上来说，北京红色文化既对北京地区的革命、建设、改革有着重要的价值，发挥着重要的作用，又因为其居于首都地位，所以对党和国家的全局发挥着重要的作用，对全国的红色文化建设起着引领和示范的作用。

对于历史而言，本套丛书将北京红色文化的作用概括为：传播马列主义，解答中国问题；认知基本国情，选择革命道路；加强政治宣传，动员鼓舞群众；团结进步力量，壮大统一战线；引领革命洪流，助推全国胜利。

对于现实而言，本套丛书将北京红色文化的时代价值概括为：传承红色基因，弘扬社会主义核心价值观；挖掘红色文化，助力全国文化中心建设；厘清历史真相，反击历史虚无主义；开发红色资源，促进地区经济社会发展。

这些提炼和概括，是在《北京红色文化概述》作者和编委会认真研究的基础上形成的，代表了我们整个团队对北京红色文化作用和价值的认识。

五、北京红色文化与其他文化的关系

“北京文化书系”包括“古都文化、红色文化、京味文化、创新文化”4个系列4套丛书。因此，编纂“红色文化丛书”，除了界定北京红色文化的定义和范围之外，还必须厘清和处理好其与古都文化、京味文化、创新文化的关系。

古都文化，是一种传统文化，而且是一种以古都为特点的传统文化。古都文化当然不是红色文化。但是红色文化多少也吸收和传承了古都文化的某些因子。作为京城、古都，北京长期居于国家政治、文化的中心地位。因此，那种天下观念、家国情怀、宽广视野，对于许多革命家在北京出发、许多历史事件在北京发生、中国共产党在北京孕育、新中国在北京诞生，都起了重要的作用。作为中华人民共和国的首都，北京不仅是全国的政治中心，也是全国的文化中心。北京文化是首都文化。长期形成的都市建设理念，对北京红色地标的规划、布局和建设也产生了深刻的影响。所以，北京红色文化在很多方面传承了中国传统文化的精华，也包括古都文化中的某些思想养分。

京味文化，是兼具都城性、生活性和民间性的一种文化。北京红色文化，运用了京味文化的很多形式，如戏剧、书画、礼仪、节庆、服饰、民俗、工艺、饮食等。中国共产党在革命、建设、改革中都利用其从事宣传、动员、教育（如统一战线、党的建设、武装斗争），产生了明显的效果。比如，党中央、毛泽东在到达北平的第一天，就会见了民主党派负责人和其他民主人士，并在颐和园设宴招待和餐叙，这既是饮食，也是礼仪，既是生活，也是政治。北京红色文化，在相当程度上渗入、影响和改造了京味文化。比如，1949年，中国共产党接管北平之后，在忙于一系列重大政治、军事事务的同时，立即着手整理市容、收容乞丐、封闭妓院，从而初步清除了传统京城的糟粕，改造了某些低俗的城市文化。

创新文化，是改革开放以来提出和突出强调的新型文化。作为中国共产党提出和确立的战略要求，创新文化甚至在广义上也是一种红色文化。两者在很多方面有着内在的联系、内在的共性。红色文化应该是一种富于创新的文化，创新文化也包含着红色文化的基因。但同时，我们也懂得，文化是一种庞大的社会历史现象，具有非常明显的多样性和复杂性。其中包含着非常众多的子文化、亚文化，也会有非常众多和不同的色彩。没有必要给所有的文化都贴上一个红色或非红色的标签。所以，北京红色文化与北京创新文化是并行不悖的。两者互相促进、互相交融，共同丰富和发展着北京文化，共同构成全国文化中心建设的重要内容，共同为北京"四个中心"与国际一流的和谐宜居之都建设发挥重要作用。

六、"红色文化丛书"的框架和特点

基于上述观点、分析和考虑，"红色文化丛书"一共包含12本著作，分别是《北京红色文化概述》《北京的红色觉醒》《北平抗战的红色脊梁》《迎接北平的红色黎明》《新中国在这里诞生》《北京红色先驱》《北京学府的红色文化》《北京红色地标》《北京红色遗存》《北京红色文艺》《北京红色出版》《北京红色设计》。

这12本书所写的内容和角度并不完全一样。《北京的红色觉醒》《北平抗战的红色脊梁》《迎接北平的红色黎明》《新中国在这里诞生》，主要按时间顺序，分4段介绍了不同时期党在北京的活动及其形成和发展的红色文化。今年是中华人民共和国成立70周年，这几本书连贯回答了中华人民共和国从何而来的问题。特别是《新中国在这里诞生》，集中介绍了中共中央在香山及到中南海筹划建立中华人民共和国的主要过程，对我们重温中共中央在香山的历史，从中汲取力量和智慧很有帮助。这4本书，均是以北京党史为基础，但又着重从文化的角度切入和贯通。党史叙事是研究和介绍北京红色文化的前提和基础。如果不说明党在北京的活动和工作，就无法说明北京的红色文化。当然，如果简单地重复党史而忽略红色文化的形成和发展，那就是党史而不是红色文化了。

《北京红色先驱》分别介绍了在北京革命斗争中涌现的著名人物和英烈模范。没有以他们为代表的共产党人和志士仁人，北京红色文化就无从产生。这些先驱，既有个体，也有群体，都是北京红色文化的创造者、体现者和代表者。

《北京学府的红色文化》集中介绍和展示了北京大、中、小学校中党的活动及其体现的红色文化。北京是学校特别是高校最集中的地区。北京学府在中共党史和中国革命史上发挥了特殊的作用。以往介绍各个学校的革命斗争史，都是一个一个学校单个研究和介绍的。但这次，我们首先把各个学校打通和整合起来，从整体上介绍北京学府红色文化的形成、发展、内容和特点。这种写法虽然要困难得多，但体现了北京学府红色文化的整体性和统一性。

《北京红色地标》《北京红色遗存》反映的是红色物质文化遗产。它们代表了北京红色文化的一个重要类别，着重介绍了具有地标意义的红色遗址遗迹、重要建筑和纪念设施。不仅介绍了有关这些建筑设施的红色历史，还从建筑学和美学的角度介绍和分析了建筑设计上的特点。突出红色地标，这是红色文化研究的一个创新，也是北京红色文化的一个重要特色。

《北京红色文艺》《北京红色出版》《北京红色设计》分别展示了北京红色文化的几个重要领域和类型。其中的红色出版和红色设计在党史研究中是个创举。迄今的党史著作，都是在叙述党史过程时提到这种或那种杂志、报纸或书籍。但它们的具体情况如何，中国共产党到底出版过哪些报纸、杂志和书籍，均语焉不详。《北京红色出版》首次做了集中研究和介绍。虽然只是北京地区的出版物，但仍然具有开创性的意义。《北京红色设计》更是一种新的探索和突破。它从艺术设计的角度介绍了一批建筑、雕塑、书刊、纪念物品、徽章标识中的红色文化，令人耳目一新，具有很强的知识性。

在这些单项著作的基础上，《北京红色文化概述》一书从整体上概述了北京红色文化的形成和发展、土壤和条件；物质形态的北京红色文化、精神层面的北京红色文化、北京红色文化的本质特点、北京红色文化的传承和发展、北京红色文化的时代价值、通过弘扬北京红色文化推进新时代新北京的建设等。这本书兼具历史概述和理论分析，集中回答了“北京红色文化是什么、有哪些”的基本问题。

所有这12本书，由于内容、角度不同，体例和风格上也有不同。我们一直努力保持体例和风格的统一，但很难完全统一，只能从实际出发，发挥各自的特色。不同角度、不同写法、不同风格，正好可以起到互补和整合的作用。

七、“红色文化”工程的实施和推进

编纂“红色文化丛书”，是北京市委的决定和部署，是贯彻落实习近平总书记对于北京首都建设和文化建设重要指示的重要举措。丛书编委会和所有作者，特别是负责单位市委党史研究室，都不断增强“四个意识”、坚定“四个自信”、做到“两个维护”，从政治和大局的高度对待这项工作，勇于担当负责，积极主动作为，努力完成市委交代的任务。

从接受任务开始，编委会就制订了严密的工作计划，以钉钉子精神抓工作落实，一环紧扣一环、一步紧跟一步，稳步有序地把这项工程推向前进。从设计方案到选择作者，从确定选题到拟订提纲，从写出初稿到反复修改，从多次审议到最后统稿，从专家审核到编辑介入，每一个环节都召开专门会议，提出要求，落实措施，明确要求，规定时间，有布置、有检查、有落实。市委党史研究室从主任到有关人员，全程参与和负责，及时推进工程，及时请示汇报，及时解决问题；为每一本书都确定了联络员，随时沟通联系。各位作者深入研究，认真写作，准时完成了不同阶段的写作和修改任务。编委会成员和有关专家多次审核每一本书，认真把关，提升质量。邵维正将军年事已高，但仍坚持参加了几乎每一次会议，并审稿把关。北京出版集团全程参与，及时配备了责任编辑，提前介入图书的审阅、编辑工作。正由于所有同志的共同努力，才使得这项工程按照市委的要求及时完成。全书形成第二、第三稿后，我们还专门将全套丛书报送给十几位有名望的学者型省部级领导，请他们审阅把关、提出意见。

“红色文化丛书”具有鲜明的政治性。所以，我们首先坚持正确的政治导向，坚持以党的两个历史决议的精神为准绳，在重大历史事实、基本观点和重大结论上，与党中央保持高度一致。同时，确保史实的准确性。尽力运用原始资料，认真核对比较，吸收最新成果，深入挖掘拓展，要求作者最大限度减少错漏和不准确之处。

“红色文化丛书”也具有很强的学术性。市委明确要求打造成精品工程。所以，本套丛书从一开始就把打造精品作为基本标准，一切按精品要求来设计、写作、审核、研究、修改、编辑，不断消除与精品不符的问题。每一本书都大改了3～5次，小改更多。都是希望全方位展示北京红色文化研究的成果，努力为北京人民提供内容丰富、权威准确的北京红色文化读物，也为北京红色文化建设提供一个重要的工作基础。当然，最后完成的书稿与精品工程可能还有一定的差距，这是我们深感遗憾的地方。

“红色文化丛书”也兼顾了读者的需求，力求增加一定的生动性、可读性。根据每本书的内容和任务，我们要求语言文字上形象一点、生动一点。但实现的情况不完全一样，生动性、可读性各有差异。除了语言文字外，每本书还配了适当的照片资料。

我们希望，“红色文化丛书”能够成为向中华人民共和国成立70

周年献上的一份礼物，能够从红色文化的角度清晰展示中国共产党在领导北京地区革命斗争过程中的初心和使命，也为全党和北京市开展“不忘初心、牢记使命”主题教育提供有益的参考读物。

作为主编，我根据这套丛书研究和编纂的实际情况，对上述7个方面作出说明和介绍。希望各方面领导、群众和广大读者看了这些说明和介绍后，能够更加准确地理解北京红色文化，理解这套丛书的内容和特点。

感谢参与这套丛书、以不同方式支持这套丛书的所有人员。

李忠杰

2019年6月7日

目　录

导　语

北京作为我们伟大社会主义祖国的首都，既是一座历史文化名城，也是一座具有光荣革命传统的城市。这里汇聚了许多富有革命文化内涵的红色地标，成为首都北京不言而喻的名片和极具特色的象征。这些红色地标不仅是中国共产党不断走向胜利的历史烙印，更是广大人民群众心中的精神丰碑。

北京红色地标具有内涵丰富性、保存完整性、广泛代表性。这些红色地标将雄伟的身姿与伟大的精神融为一体，将凝固的历史与辉煌的现实融为一体，将中国共产党人的初心使命与广大人民群众的殷切期盼融为一体。

我们不能忘记北大红楼，中国共产党在这里悄然孕育；我们不能忘记房山霞云岭堂上村，《没有共产党就没有新中国》从这里飞向中华大地；我们不能忘记北京香山革命纪念地，筹建新中国的序幕在这里开启；我们不能忘记中南海的菊香书屋，毛泽东等老一辈革命家在这里留下了勤政为民的足迹；我们不能忘记天安门城楼、天安门广场，第一面五星红旗从这里冉冉升起；我们不能忘记高耸挺拔的人民英雄纪念碑，时刻铭记人民英雄们为中华民族献身的丰功伟绩；我们不能忘记人民大会堂的庄严肃穆，代表最广大人民利益的意志在这里凝聚……

我们在《北京红色地标》这本书中，共选择了18处最具代表性的红色建筑，以建筑文脉、精神内涵为两大主轴，从建筑历史与建筑风格、历史事件与历史故事、历史地位与时代价值三个层次，分别予以全方位介绍，从一个侧面展现北京丰富厚重的红色文化。

北京红色地标是北京红色文化凝固的激昂音符，是不忘初心和使命的历史见证，是催人奋进的方向坐标。我们必须充分发挥这些红色地标的历史价值，与理想信念对接，与责任担当对接，以永不懈怠的精神状态和一往无前的奋斗姿态，为实现中华民族伟大复兴的中国梦砥砺前行。

第一章

初心始源

第一节　北大红楼

北大红楼以通体红砖“傲视一方”，成为20世纪早期北京的标志性建筑。这里是新文化运动的主阵地、五四运动策源地，这里是马克思主义早期在中国的主要传播地、中国共产党的重要孕育地、北京第一个中共党组织诞生地。这里留下了李大钊、陈独秀、毛泽东等人探寻救国救民真理的不朽足迹，见证了中国共产党人“为中国人民谋幸福，为中华民族谋复兴”的初心与使命。北大红楼如同守望思想黎明的灯塔，继往开来，沧海扬帆。

在北京东城区五四大街路北，一幢墙体为红砖的老楼静静地矗立在喧闹的街边，这座今天看似不起眼的红色建筑却是20世纪早期北京城中最具现代气息的建筑——北大红楼。

北大红楼旧影（来源：《光辉80年——北京市纪念中国共产党成立80周年展览画册》第29页）

一、北大红楼的由来及建筑风格

1912年5月，北京临时政府改京师大学堂为北京大学，这是民国时期北京第一所国立大学，严复[①]以原京师大学堂总监继任北京大学校长。从1914年1月至1916年12月，胡仁源[②]担任北京大学校长，在任期间，他对北京大学进行了一系列整顿和规划，北京大学规模进一步扩大。1914年，在校学生已近千人，1915年又增至1300余人，学生人数不断增多，导致学校用房矛盾日益突出。

为了缓解矛盾，北京大学向比利时仪品公司借款20万元，在原京师大学堂的一块空地，当时称为汉花园（现为沙滩大院），修建预科学生寄宿舍。寄宿舍于1916年10月开工建设，但尚未竣工就改变了兴建之初的用途，将原定的学生宿舍改为文科教室、研究所、图书馆及其他机关用房。1918年9月，寄宿舍竣工后文科教务处和文科事务室搬入大楼，随后校部各机关人员包括校长、各科学长、庶务主任、校医等陆续迁入办公。同年10月，图书馆开始搬迁，意味着大楼开始投入使用，改为北京大学校部、文科和图书馆所在地，当时一般称为新大楼，也叫文科大楼。

20世纪早期，北京很少有高大的西式建筑，红楼的建成使其“傲视一方”，并很快取代马神庙校舍而成为北京大学的标志性建筑。之所以称之为“北大红楼”，既因其外观颜色，又因其所承载的文化内涵：一是从建筑外观看，因其通体由红砖砌筑，红瓦铺顶，故称“红楼”；又因其曾是北京大学所在地，故被称为“北大红楼”。二是因其承载的红色文化底蕴。当初设计者或许没想到，北大红楼的主色调——红色将成为中国革命的象征。

---

① 严复（1854—1921），福建人，近代著名翻译家、教育家、资产阶级启蒙思想家，宣传维新变法，翻译《天演论》，创办《国闻报》，是中国近代史上向西方国家寻找真理的先进中国人之一。

② 胡仁源（1883—1942），浙江人，1902年考入南洋公学，后留学日英等国，回国后任北京大学预科及工科学长，1914—1916年任北京大学校长。

北大红楼占地面积2154平方米，总建筑面积10774平方米；楼体为砖木结构，建筑造型为仿西洋折中主义风格。北大红楼坐北朝南，东西走向，整体平面呈“工”字形。东西长100米，进深14米，南北宽34.34米。底层为青砖墙，水平腰线以下以宽大的凹线显示其厚重感。半地下一层，地上四层。第二、三、四层的主体色调为红色，青砖窗套，转角处以“五出五进”青砖做隅石处理，檐部以西式托檐石挑出。红墙南立面中央的部分墙体微向前凸，顶部折成西式三角形山花，窗户为一宽二窄的三联窗。红楼入口设计为塔司干柱式①门廊，门廊两侧坡道可供车辆停至门前。门厅北部为主楼梯，两翼各有一部楼梯通往后院。第二层以下的主体色调为灰色，每层建筑结构基本一致，第一层房间、地下室布局略有不同，第二、三、四层大致相同。

最初，第一层大部分被图书馆占用，文科教务处、文科事务室及校医室也占用一部分。此外，单独辟出两间给新潮社②和书法社使用。东南角的两间为图书馆主任室。1918年1月，李大钊正式接替章士钊③担任北京大学图书馆主任一职，在他的主持下，北京大学图书馆变成了传播新思想、新文化和宣传马克思主义的阵地，而图书馆主任室则是这个阵地的核心。在文科教务处、文科事务室以西分别是第一阅览室和第二阅览室。1918年，毛泽东第一次来北京，在李大钊

---

① 塔司干柱式是古罗马最早的建筑形式。

② 即新潮杂志社，是北京大学的第一个学生社团，地点在北大红楼图书馆的一个房间里。1918年年底，由傅斯年、罗家伦等发起，在蔡元培、陈独秀、钱玄同、李大钊等人的支持下成立该社，顾颉刚、朱自清、杨振声、俞平伯等均为新潮社的主要成员。他们出版的《新潮》杂志于1919年元旦创刊，蔡元培题写刊名。该刊以The Renaissance（文艺复兴）为自己的英文译名，效法《新青年》，以批评的精神、科学的主义、革新的文辞，反对封建礼教、提倡个性解放、鼓吹文学革命，积极投身到彻底的反封建历史洪流中。新潮社和《新潮》杂志是《新青年》最坚实的同盟军，与《新青年》共同擎起了新文化运动的大旗，扩大了新文化运动的影响，成为新文化运动的重要阵地。

③ 章士钊（1881—1973），湖南人，著名爱国民主人士，早年投身辛亥革命，宣传民主共和思想，曾任北洋政府司法总长兼教育总长、中华民国国民政府参政会参政员。1949年，他参加国共两党和平谈判，与毛泽东、周恩来等结下金石之交，成为中国共产党的忠实可靠的真诚朋友，为谋求祖国统一大业贡献了毕生精力。

的帮助和安排下，在北京大学图书馆担任书记[①]，他工作的地点就是第二阅览室。

第二层东面主要是校本部办公室，即校长、各科学长、庶务主任及其下辖的斋务、杂务、会计各科人员办公的地方，西面主要是大教室，此外还有出版部。其中，西侧朝南的第一间就是当年蔡元培[②]校长的办公室（今208室）。1917年年初，北京大学校长蔡元培提出“循自由思想原则，取兼容并包主义”的办学理念，进行组织机构改革，使北京大学发生了翻天覆地的变化，其中最著名的事件便是聘请陈独秀担任北京大学文科学长，文科学长室与校长室隔一个过道，新文化运动中很有影响的《每周评论》[③]就诞生在文科学长室里。

第三、四层主要是北京大学文预科、本科教室，以及国文、哲学、英文研究所所在地。许多著名学者如陈独秀、李大钊、胡适、钱玄同、刘半农、杨昌济、马叙伦、马寅初、李四光、沈尹默等都曾在北大红楼任职。

北大红楼北面为宽大的操场（1947年被命名为民主广场），学生们在这里进行各种体育活动，后在其周围增建围墙，成为一个单独院落。红楼东面与北河沿大街平行，开有东门。红楼门厅正对面建有号房和校警室，1919年设置售书科（今文物出版社读者服务部位置），售卖图书及讲义。西面与东斋建筑平行，西北面有腰门，通向东斋。北面以松公府建筑南墙为界。1920年曾在红楼南部修建一座游泳池，后来由于池基不稳，修理多次仍无法承受水压，最终没有投入使用。

---

① 毛泽东作为新民学会会务主持者，第一次到北京组织湖南学生赴法勤工俭学时，经李大钊介绍，在北京大学图书馆阅览室工作，主要职责是每天记录新到的报刊和阅览人的姓名，薪俸是每月8块大洋。

② 蔡元培（1868—1940），浙江人，中国近现代著名教育家、革命家、政治家、民主进步人士。1916—1927年，他任北京大学校长期间主张“思想自由，兼容并包”，对近现代中国教育、中国革命做出了不可磨灭的贡献。

③ 《每周评论》由陈独秀、李大钊等于1918年12月22日创刊，该刊旨在“主张公理，反对强权”，是五四时期影响仅次于《新青年》的重要刊物。

红楼院墙东侧有一条河，是明清时期的御河，俗称“北大河”。河东岸称皇城根，河西岸称北河沿。红楼南侧为东西向汉花园大街，20世纪60年代改称五四大街，大街南侧为民居，偏西是银闸胡同。

随着北京大学不断发展，红楼使用情况也发生着变化。1919年9月，北京大学废门改系，原来分属于文、理、法3科的各学系分别称为第一院、第二院（理学院，位于地安门内马神庙和嘉公主旧府）、第三院（法学院，位于北河沿的译学馆）。自此以后，越来越少用新大楼、文科大楼称呼红楼，凡提到第一院即指红楼。1920年，北京大学出版部设印刷科，在地下一层设立小型印刷局。同年11月，学校在第三层设置体育办公室，后改为体育部。1920年10月，李大钊、张申府、张国焘等在红楼内建立北京共产党小组，11月改称中国共产党北京支部，北京社会主义青年团同月在北大红楼成立。1921年，中国共产党成立后，中共北京地委和北京（平）市委、中共中央北方局、中国社会主义青年团的领导机关也一度设在这里。1923年11月，北京大学各行政机关搬到第二院办公，至此红楼结束了作为北京大学校本部的历史。

1927年，国民党右派势力先后发动四一二、七一五反革命政变，导致大革命失败，全国进入白色恐怖时期，奉系军阀张作霖决定取消北京大学，将北京的9所国立高等学校合并成“京师大学校”，北大红楼成为京师大学校文科所在地，门口悬挂的“国立北京大学”匾额也被换成“国立京师大学校”，直到1929年8月才恢复“北京大学”的名字。1930年12月，蒋梦麟①出任北京大学校长，在他的带领下，北京大学各项事业渐有起色，北大红楼也于1931年成为文法学院所在地。

1931年，日本发动了九一八事变，南京国民政府妥协退让，全国掀起了广泛的抗日反蒋热潮，学生运动风起云涌。北平学生南下

---

① 蒋梦麟（1886—1964），浙江人，中国近现代著名教育家，曾任国民政府第一任教育部长、行政院秘书长。在担任北京大学校长期间，他改革北大校务，取得积极成效。

请愿、发起示威运动，成为九一八事变后全国学生爱国运动的一次高潮，北京大学学生在其中发挥了重要作用。1935年12月9日，一二·九运动爆发，北京大学学生继续弘扬“爱国、进步、民主、科学”的五四精神，积极投身到抗日救亡运动中，促进了中华民族觉醒。北大红楼也成为推进全国抗日救亡运动的坚强阵地。1937年7月29日，北平沦陷后日伪势力统治北平，北大红楼沦落敌手，先是被日本宪兵队占据，地下室被当作囚禁、迫害爱国志士的场所。

抗日战争胜利后，1946年6月，北京大学在红楼复校，胡适担任校长。北京大学学生继续高举“民主、科学”大旗，反对蒋介石的独裁、卖国、内战政策。1946年年底，在北平地下党领导下，北京大学校园里喊出了“驻华美军滚出中国去”的口号，爆发了声势浩大的抗议美军暴行的示威活动。1947年5月20日，北京大学学生同上海、南京、天津等城市学生一起举行了“反饥饿、反内战”的全国大游行，有力支援了解放战争，为迎接北平和平解放和新中国诞生做出了突出贡献。

中华人民共和国成立后，摆在党中央面前的一项重要任务就是进行文化建设。当时，党中央决定加强革命化、大众化教育。1951年，北京大学奉中央人民政府教育部命令，设立附属工农速成中学，校址最初在东安门北河沿的原北京大学第三院。1952年，北京高等学校院系调整，北京大学由红楼迁至西郊原燕京大学校址。同年8月，工农速成中学迁入北大红楼，该校5年后停办。1962年，隶属文化部的古代建筑整修所迁至北大红楼办公。1963年，文物出版社进驻北大红楼。后来，又有多家单位入驻北大红楼。至此，北大红楼从学校教学和办公大楼转变为机关单位的办公场所。1961年3月4日，北大红楼被公布为第一批全国重点文物保护单位。1976年发生唐山大地震，北大红楼受到一些损坏。1977年，国家文物局对北大红楼进行维修加固，以保护墙壁外表、门窗、屋顶及内部结构。

1984年5月，北京市学联和北京大学学生会在北大红楼大门外西墙修建了“红楼纪念牌”，作为新文化运动标志，红色文化的教育功能日益突出。2002年4月，红楼成为北京新文化运动纪念馆，并正式对外开放。同年12月，红楼被命名为北京市爱国主义教育基地。现在，北京新文化运动纪念馆陈列分为“辛亥革命后的中国社会”“新文化运动的兴起”“五四运动与新文化运动的深入”三大部分，展出90多幅图片和60多件文物，其中包括1916年12月26日黎元洪签署的蔡元培就任北京大学校长的任命状，蔡元培提出“兼容并包”重要思想的手稿，以及李大钊、鲁迅等人的信件，陈独秀、胡适的白话诗稿，五四运动中爱国学生散发的传单，等等。用沙盘模型复原了1918年以后的北京大学、《新青年》编辑部，完整展现了红楼的历史原貌。此外，还复原了李大钊办公室、毛泽东工作过的阅览室以及学生教室等。在原址上复原的李大钊办公室基本保持了原貌，办公桌、书柜、座椅、桌上的按铃等都是当年原物。期刊陈列室展出了20多种新文化运动时期的杂志。在复原的新潮社旧址，根据罗家伦等人的回忆录和五四运动中学生游行的照片制作了“五四前夜”场景：活动室墙上悬挂着蔡元培手书的“新潮”二字及新潮社章程，室内的桌子、架子及地上满是写着标语的白布条幅。再现了当年五四运动爆发前夕，北京大学学生正在紧张准备第二天示威游行活动的场景。

北大红楼附近还有两处非常著名的红色遗址，分别是《新青年》编辑部旧址和“亢慕义斋”旧址。

二、《新青年》编辑部旧址

北京东城区北池子箭杆胡同9号院（现为19号）既是陈独秀旧居，也是《新青年》编辑部旧址。

1917年，陈独秀被聘为北京大学文科学长后，为继续主持《新青年》编辑部工作，把编辑部从上海迁到北京这所普通的民宅院落。

这座四合院总面积460平方米，有房屋18间半，建筑面积264.3平方米。整个院落分东、西两部分，有两个街门。朝北的街门是箭

陈独秀

杆胡同9号，朝南的街门是妞妞房9号（现为骑河楼南巷）。陈独秀住在东院，东院北3间是陈独秀的办公室，南3间是《新青年》编辑部办公室，靠街门的一间小房是传达室，挂有《新青年》编辑部的牌子，还有两间东房是车夫等人的住处。从箭杆胡同到北大红楼距离很近，出了北池子大街就到了沙滩。正是在这个略显陈旧的四合院里，发出了中国现代思想启蒙之声。

辛亥革命以后，北洋军阀为了维护统治，在思想文化领域掀起了一股宣扬封建思想、攻击资产阶级民主思想的复古逆流。针对这种情况，1915年9月15日，陈独秀在上海创办了《青年杂志》，从1916年第2卷第1号起改名为《新青年》，《新青年》从创刊起就高举“民主、科学”大旗，向封建思想、封建文化、封建礼教展开猛烈攻击，被誉为新文化运动的号角。《新青年》编辑部迁往北京后，与陈独秀一起进入北京大学，实现了一校一刊的完美结合，使得新文化运动迅速展开。

1918年1月，《新青年》由陈独秀个人主编改为同人刊物，文章多由编辑部成员撰写，轮流编辑。北京大学教授李大钊、钱玄同、刘半农、胡适、沈尹默、高一涵等都是编辑部成员和主要撰稿人。同年5月起，鲁迅也开始向《新青年》投稿，并参加编辑工作，于是形成了一个以《新青年》为中心的新文化阵营。俄国十月革命胜利后，《新青年》开始宣传马克思主义。1919年5月，李大钊把由他负责编辑的《新青年》第6卷第5号编辑成“马克思主义研究专号”。1920年2月，陈独秀遭到北洋军阀政府迫害，被迫离京赴沪，《新青年》编辑部也随之迁回上海。同年5月，《新青年》第7卷第6号“劳动节纪念号”的出版标志着《新青年》已确立了社会主义方向。1920年9月，上海的共产党早期组织将《新青年》改为其机关刊物，陈独秀、李达、李汉俊等参加编辑部工作。同年12月，陈独秀到广州任广东省教育委员会委员长后，陈望道负责《新青年》编辑工作。这个时期的《新青年》旗帜鲜明地传播马克思主义，批判各种反马克思主义思潮，为创立中国共产党做了理论上的准备。

《新青年》是新文化运动和五四运动时期的著名刊物。它对中国现实政治的关注、对民主与科学的呼唤、对封建文化的批判、对新文学和白话文的倡导都是最坚决的；它宣传民主与科学，号召政治解放、经济解放、妇女解放，关心国际时局、国内政治，寻求改造中国的新力量，探索中国革命新道路，成为新文化运动的重要思想舆论阵地，在中国现代社会转型中起着重要作用。

三、“亢慕义斋”旧址

“亢慕义斋”（“亢慕义”是“共产主义”英文的音译）的意思是共产主义之室，旧址位于北京东城区沙滩后街59号，具体地点是当时的北京大学第二院（今北京东城区景山东街京师大学堂建筑遗存）西斋的两间屋子。

1898年，光绪帝在维新派推动下，接受康有为、梁启超的变法主张，实行新政，开办京师大学堂，其校址原为乾隆帝四女和嘉公主的公主府空闲地。大门是北京传统的四合院金柱大门，正对门有影壁。从右侧绕过影壁，便可见一条长长的甬道，西边是15排平房，建筑形式为中式硬山顶，窗户是西式半圆券拱窗，整个建筑属于中西合璧样式。北大红楼建成前，这里有部分房间曾用作文科教室。西斋大约有165间学生宿舍，并设有食堂。

俄国十月革命胜利后，李大钊以《新青年》和《每周评论》为阵地，宣传十月革命和马克思主义。1920年春，李大钊、邓中夏等成立马克思学说研究会，“亢慕义斋”就是这个研究会的办公室和图

盖有“亢慕义斋”印章的部分藏书

书馆。该研究会的发起者共19人，其中有16人先后加入中国共产党，他们是王有德、邓中夏、罗章龙、吴汝铭、黄绍谷、王复生、黄日葵、李骏、李梅羹、吴容沧、刘仁静、范鸿劼、宋天放、高君宇、何孟雄、朱务善。

为研究和传播马克思主义，李大钊等还建立了一个小型图书室，即北京大学“亢慕义斋”图书室。李大钊、邓中夏等经常在此举办讨论会、演讲会，阅读马克思主义书籍。“亢慕义斋”购买了法、英、德3种文字的《马克思全集》各一套，并藏有关于马克思主义的英文书籍40余种，其中包括《共产党宣言》《社会主义从空想到科学的发展》《雇佣劳动与资本》《法兰西内战》《家庭私有制和国家的起源》，以及有关的中文书籍20余种。现在，北京大学图书馆还保存着1920年9月出版的《共产党宣言》，珍藏着8本盖有“亢慕义斋”印章的德文版共产主义文献，其中包括列宁的《共产主义运动中的“左派”幼稚病》《伟大的创举》等。图书室室内墙壁正中挂有马克思画像，画像的两边贴有一副对联——“出研究室入监狱”“南方兼有北方强”，还有两个口号——“不破不立”“不立不破”。图书室四壁贴有革命诗歌、箴言、格言等，气氛庄严热烈。北京的共产党小组成立后，北京大学党支部、青年团及其他革命团体常在“亢慕义斋”进行集会和革命活动，培养了一批最早的共产党人。“亢慕义斋”旧址现为北京市文物保护单位。

四、北大红楼的辉煌历史

北大红楼已经走过了100多年的沧桑岁月，回首百年来的风云变幻，一场场惊心动魄的事件、一个个鲜活的人物像一幅幅历史画卷展现在我们眼前。

（一）北大红楼是新文化运动的主阵地

1915年9月，陈独秀在《青年杂志》创刊号上发表《敬告青年》，提出“人权、科学”的口号，举起了“民主、科学”大旗，向封建思想文化发起挑战，标志着新文化运动兴起。1917年1月，蔡元培担任北京大学校长期间提倡新文化、新思想，主张“思想自由，兼容并包”。因此，北京大学除了原有的像刘师培①、辜鸿铭②等旧派人物，还出现了一批新派教授，如陈独秀、李大钊、胡适、鲁迅、刘半农等，使北京大学成为新文化运动中心。

随着北京大学文科和图书馆先后搬进红楼，新、旧文化在红楼内展开了激烈交锋，各种思潮层出不穷，各类学术和政治团体纷纷成立，各种政治、学术报刊相继出现。在《新青年》影响下，北京大学进步师生创办的《每周评论》《新潮》等杂志进一步扩大了新文化运动在全国的影响，使新文化运动成为有大批青年学生参加的全国性思想解放运动。新文化运动初期的基本内容是提倡民主和科学，反对专制和迷信盲从；提倡个性解放，反对封建礼教；提倡新文学，反对旧文学，实行文学革命。俄国十月革命胜利后，新文化运动开始发生变化，从原来宣传资产阶级新文化、反对封建阶级旧文化的斗争，发展到宣传无产阶级新文化，传播马克思主义真理。

新文化运动对中国封建传统文化进行了坚定、勇猛的冲击，对

---

① 刘师培（1884—1919），江苏人，经学大师。1917年，他任北京大学文科教授，先后开设六朝文学、文选学等课程，有《中国中古文学史》传世，成为近现代有关中国文学史研究的首屈一指的巨著。

② 辜鸿铭（1857—1928），福建人，号称“清末怪杰”，精通9种语言，获13个博士学位，是晚清精通西洋科学、语言及东方文化的中国第一人。

广大中国人民特别是知识分子和青年进行了一次民主和科学的洗礼，打开了新思想、新文化的大门，在中国开启了一场前所未有的思想启蒙运动，“自有中国历史以来，还没有过这样伟大而彻底的文化革命”[①]，为马克思列宁主义在中国的传播创造了条件，为五四运动奠定了思想基础。

（二）北大红楼是五四运动策源地

1919年5月3日，中国外交失败的消息从巴黎和会上传到国内，群情激愤。北京大学1000多名学生和北京十几所学校的代表在北京大学法科礼堂集会，报告巴黎和会的情况，当场决定：联合各界一致抗争；通电巴黎专使，坚持不在和约上签字；通电全国各省市于5月7日国耻纪念日举行群众游行示威运动；定于5月4日（星期日）齐集天安门举行学界大示威。[②]会议决定，从北京大学学生中推举20人负责召集。年轻学子在国难当头的时刻站了出来，他们发出“维护民族尊严”“保卫祖国主权与领土完整”的强烈呼声。

5月4日，北京大学学生在红楼北侧的大操场集合，会同北京其他大专院校的3000多名学生到天安门前集会，举行学界大示威，喊出“还我青岛”“外争主权，内除国贼”等口号，强烈要求严惩曹汝霖、章宗祥、陆宗舆3个亲日派官僚。在天安门前短暂集会后，学生游行队伍由天安门南出中华门，向东交民巷使馆区进发，由于被阻拦于铁栅栏之外，愤怒的学生转而奔向赵家楼胡同的曹汝霖住宅，一路愤怒，一路呐喊，一路激情演说，最后火烧了曹宅，并痛打了章宗祥。一场声势浩大的五四运动爆发了。

北京大学师生是五四运动的领导者、组织者和积极参与者，北京大学校长蔡元培积极支持学生的爱国运动，新潮社成员制作了3000多面旗帜、标语，傅斯年、罗家伦就是其中参与者。5月4日

① 毛泽东：《新民主主义论》，见《毛泽东选集》第2卷，人民出版社1991年版，第700页。

② 李新、陈铁健主编：《中国新民主主义革命通史》第1卷，上海人民出版社2001年版，第35页。

当天散发的《北京全体学界通告》就是在北大红楼诞生的。5月4日下午1点，北京大学和其他高校的学生在天安门前集会时，《北京全体学界通告》已印了2万份，在集会和随后的游行示威中，学生们把通告传单分发给市民。该通告文字浅显、言辞恳切，唤起了人们心中积怨已久的国仇家恨，从而迅速流传开来。值得一提的是，这是五四运动当天唯一的印刷品，对学生争取市民支持起到了非常重要的作用。因此，北大红楼是五四运动的历史见证，红楼北面广场（民主广场）多次成为北京大学学生进行革命运动的集合地点。

（三）北大红楼是传播马克思主义的重要阵地

“十月革命一声炮响，给我们送来了马克思列宁主义。”[①]俄国十月革命胜利后，以李大钊为代表的一批中国先进分子以北大红楼为基地开始传播马克思主义，李大钊也成为在中国宣传十月革命和传播马克思主义第一人。

早在日本留学期间，李大钊就开始阅读日本学者翻译的马克思主义著作，研究社会主义思潮。俄国十月革命胜利后，李大钊开始认识到马克思主义对中国革命的指导作用。从1918年秋天起，李大钊以北大红楼图书馆为阵地，组织和领导北京大学的进步学生开展学习和宣传马克思主义的活动。在他领导下，北京大学图书馆不仅是进步思想交流的重要场所，而且成为北京大学校内研究、传播马克思主义的中心。许多进步学生经常到图书馆和李大钊讨论各种新思想，探讨中国革命

李大钊

① 毛泽东：《论人民民主专政》，见《毛泽东选集》第4卷，人民出版社1991年版，第1471页。

的出路，寻求救国救民的方法。

1918年7月，李大钊发表《法俄革命之比较观》。他以深邃的历史眼光，认定革命代表着世界潮流，指出正确的态度应是"翘首以迎"。1918年12月，李大钊、陈独秀等在红楼二层文科学长室创办了《每周评论》，这是李大钊开辟的一个更加系统地宣传马克思主义的理论阵地。《新青年》也开辟了"马克思主义研究专号"，发表研究和探讨马克思主义的文章。1919年1月，《新青年》第5卷第5号上发表了李大钊撰写的《庶民的胜利》《Bolshevism的胜利》等文章，热情讴歌俄国十月革命的意义，并预言"试看将来的环球，必是赤旗的世界"！这两篇文章和他的《法俄革命之比较观》成为先进知识分子拥护十月革命、接受和传播马克思主义的标志。1919年9月、11月，李大钊在《新青年》第6卷第5、6号上发表文章《我的马克思主义观》，系统阐述了马克思主义的3个组成部分——唯物史观、政治经济学和科学社会主义的基本原理。在这篇文章中，马克思主义作为一个科学体系，得到了完整介绍和正确阐释。《我的马克思主义观》是中国第一次全面、系统地介绍马克思主义学说的文献。李大钊为马克思主义在中国的传播做出了重大贡献。

发起成立进步社团、指导社团活动是研究和传播马克思主义的又一个重要渠道。1918年冬，李大钊与北京大学教授高一涵等发起组织了马克思主义研究团体。为避免引起不必要的麻烦，他们把这个团体定名为"马尔格时学说研究会"，在必要时可对警察说这个团体是研究人口论而非研究共产主义。1920年3月，北京大学马克思学说研究会在秘密状态下成立，其成员多是五四运动的骨干和积极分子。

此外，在北京大学开设马克思主义理论课。从1920年起，李大钊在北京大学历史系、经济系和政治系先后讲过唯物史观、社会主义与社会运动等课程，这是中国第一次把马克思主义理论课正式列入大学课程，并公开讲授。同时，邓中夏等人还组织和领导北京大学部分学生深入长辛店铁路车辆修理厂，一方面在工人中宣传马克思主义，另一方面通过与工人接触和参加实际斗争，改造和锻炼自己，走上了与工农相结合的道路。其间，在北大红楼的李大钊、陈独秀等人不断号召更多先进青年树立马克思主义信仰，毛泽东便是其中最突出的代表，北大红楼曾经留下了毛泽东的历史足迹。

1918年8月，毛泽东、萧瑜等新民学会会员来京商讨赴法勤工俭学事宜。毛泽东到北京的时候，正是北京大学破旧立新而成为新文化运动策源地的关键阶段。经杨昌济引荐、李大钊帮助，毛泽东在北京大学图书馆当上了书记，主要工作是管理中外报纸，这些报纸在当时来说算是十分全面了。其中，中文报纸：天津《大公报》，长沙《大公报》，上海《民国日报》《神州日报》，北京《国民公报》《惟一日报》《顺天时报》《甲寅日刊》《华文日报》，杭州《之江日报》，沈阳《盛京时报》；外文报纸：北京《导报》（英文）、《支那新报》（日文），大阪《朝日新闻》。虽然薪资只有8块大洋，但毛泽东却有了极为难得的读书看报的机会。毛泽东还参加了哲学研究会和新闻学会，为的是能够得到在北京大学旁听的机会，他如饥似渴地吸取各种新知识和新思潮。在这里，他阅读和研究了大量西方哲学著作，包括18世纪法国的唯物主义哲学著作，还见到了许多新文化运动时期声名显赫的风云人物。

其中，对毛泽东影响最大的是李大钊、陈独秀这些新文化运动的领军人物。毛泽东多次与李大钊接触，并读到了《共产党宣言》，受到很大的影响。1949年3月，毛泽东和中央领导机关自西柏坡迁到北平，当他看到古都城垣时，无限感慨地说："三十年了！三十年前我为了寻找救国救民的真理而奔波。吃了不少苦头，还不错，在北平遇到了一个大好人，就是李大钊同志。在他的帮助下，我才成了一个马列主义者。他是我真正的老师，没有他的指点和教导，我今天还不知道在哪里呢！"[①]当时北京大学文科学长陈独秀也是指引青年毛泽东不断前行的导师。早在毛泽东还就读于湖南长沙第一师范的时候，陈

① 李银桥：《在毛泽东身边十五年》，河北人民出版社1996年版，第125页。

独秀创办的《新青年》就深深打动了他。毛泽东后来对斯诺说："我非常钦佩胡适和陈独秀的文章。他们代替了已经被我抛弃的梁启超和康有为，一时成了我的楷模。"[①]在李大钊、陈独秀等早期共产主义知识分子的影响下，毛泽东最终选定了自己的人生目标和政治信仰。

（四）北大红楼是中国共产党的孕育地

北大红楼作为一座重要的近代历史建筑，见证了中国共产党的先驱们艰苦卓绝的奋斗历程。在经历新文化运动和五四运动洗礼之后，中国历史翻开了崭新的一页。

五四运动后，中国工人阶级以独立的姿态登上历史舞台，马克思主义开始在中国广泛传播，一批具有初步共产主义思想的知识分子在实际斗争中成长起来。中国先进分子逐步认识到要从根本上改造中国社会，必须建立俄国布尔什维克式的无产阶级政党，以作为中国革命的领导核心。在北京大学，李大钊多次与邓中夏、高君宇等讨论，决定首先组织一个马克思主义的研究团体，为建党工作做准备。从1920年年初开始，中国的先进分子在共产国际的帮助下，开始了创建中国共产党的筹备工作。

1920年2月，李大钊在护送陈独秀从北京经天津前往上海的途中，曾与陈独秀商谈筹建中国共产党的计划，相约在上海、北京分别开展建党的准备工作。[②]李大钊回京后，立即着手建立党组织，为建党做思想上和干部上的准备。1920年3月，马克思学说研究会成立。同年4月，共产国际代表维经斯基[③]等人来中国，与李大钊在北京大

---

① ［美］埃德加·斯诺：《西行漫记》，生活·读书·新知三联书店1979年版，第132页。

② 高一涵：《李大钊同志护送陈独秀出险》，见《文史资料》第61辑，中华书局1979年版，第51—56页。

③ 维经斯基（1893—1953），苏联人，1918年加入俄共（布）。1920年，他受俄共（布）远东局符拉迪沃斯托克分局派遣来到中国，对促成中国共产党创建、国共统一战线的建立以及推动中国工农运动、确立无产阶级在民族革命运动中的领导地位等方面做出了重要贡献。但是，作为共产国际驻中共中央的代表，维经斯基对于中国大革命的失败也负有一定的责任。

学讨论建党问题。维经斯基根据俄国革命经验提出建议：组织中国共产党、加入共产国际是中国革命当务之急，并认为中国已经具备了建立共产党的条件。李大钊对维经斯基的意见表示赞同，又写了一封信，介绍维经斯基去上海同陈独秀商谈。陈独秀加快了在上海建党工作的步伐。

1920年8月，陈独秀等人以上海马克思主义研究会为基础，组织成立上海的共产党早期组织，这是中国第一个共产党组织。同时，以写信联系、派人指导或具体组织等方式，积极推动各地共产党早期组织的建立。10月，北京的共产党早期组织在北京大学图书馆李大钊的办公室正式成立，取名“共产党小组”。图书馆主任李大钊、北京大学讲师张申府、北京大学学生张国焘成为这一组织的发起人。11月，北京党组织决定成立“共产党北京支部”，李大钊任书记，张国焘负责组织工作，罗章龙负责宣传工作。随后，支部又陆续增加了一些成员。到1921年7月，北京的共产党早期组织的主要成员中，除上述3人外，还有邓中夏、刘仁静、高君宇、缪伯英、何孟雄、范鸿劼、张太雷、宋介、李梅羹、陈德荣等，他们大多是北京大学的进步学生。李大钊和北京共产党小组对建党发挥了巨大作用，毛泽东、林伯渠是李大钊培养的，在欧洲的周恩来、朱德是由北京共产党小组成员介绍入党的。

中共一大召开前共有8个共产党早期组织，其中6个组织的负责人都在北京大学学习、工作过，他们分别是李大钊（北京）、陈独秀（上海）、谭平山（广州）、毛泽东（长沙）、包惠僧（武汉）、张申府（巴黎）。

随着北京的共产党早期组织的成立，1920年11月，北京地区的社会主义青年团随后也组织起来。北京的共产党早期组织成员几乎又都是青年团团员，高君宇当选为青年团第一任书记。青年团以北京大学为阵地，积极开展活动，初期工作主要是在各个学校联络进步学生学习、宣传马克思主义，组织工读互助团，举办劳动补习学校，相继发展团员，并组织一部分青年赴苏俄参观学习。

（五）北大红楼是中国共产党早期干部成长的摇篮

中国共产党创建时期，北京大学就成为党的早期领导人从事革命活动的重要场所。从1920年春马克思学说研究会成立，到1920年秋北京的共产党早期组织和北京的社会主义青年团诞生，在李大钊影响下，北京大学的一批进步学生成长为北京的共产党早期组织的重要人物，有些还成为中国共产党早期领导者。

北京的共产党早期组织成立之初，主要成员大都来自于马克思学说研究会，当时工作没有严格的分工，主要是宣传马克思主义，开展工人运动。大家公推李大钊为组织领导人。随着工作的逐步展开，组织内开始有了简单分工：张国焘负责组织、交际；邓中夏主持学生、青年团工作；罗章龙负责宣传，主编《工人周刊》，兼管北方工人运动；刘仁静主要从事翻译工作。据不完全统计，1921年7月23日中国共产党正式建立时，全国共有党员50多人，其中正在或曾在北京大学工作和学习的党员有21人。

在这21人中，有一半以上是在北大红楼开始学习和研究马克思主义，并建立起对马克思主义的信仰，而后走上革命道路的。如李大钊、陈独秀是党的主要创建者，张国焘、邓中夏、罗章龙、刘仁静、高君宇、何孟雄、张太雷、范鸿劼、谭平山、沈雁冰等则是党在早期的重要领导骨干。出席中共一大的正式代表和列席代表的13人中，在北京大学学习或工作过、与北京大学发生过直接或间接联系的有6人，他们是毛泽东、张国焘、刘仁静、王尽美、包惠僧、陈公博。

在党的创建初期，党的领导人在北京大学学习、工作过的占多数：中共一大中央局由陈独秀、张国焘、李达3人组成，占2/3；中共二大选举的中央执行委员会共5名委员，即陈独秀、张国焘、蔡和森、高君宇、邓中夏，占4/5；中共三大选举的中央执行委员会共9名委员，即陈独秀、蔡和森、李大钊、谭平山、王荷波、毛泽东、朱少连、项英、罗章龙，占1/2以上，由陈独秀、蔡和森、毛泽东、罗章龙、谭平山5人组成中央局，占4/5。

由此可见，中国共产党的主要创始人和一些党的早期著名活动家都在北京大学学习或工作过，北大红楼就是他们锻炼和成长的摇篮。

回望百年前的北京，从新文化运动、五四运动到建党准备活动，策划中心都在北大红楼。北大红楼的名字将永远镌刻在中华民族的精神丰碑之上。

第二节　长辛店

长辛店是留法勤工俭学预备班的举办地之一，是“中国共产党最初做职工运动的起点”①，留下了李大钊、毛泽东、邓中夏、张太雷等老一辈革命家的足迹，被誉为“北方的红星”。长辛店铁路工人投身到京汉铁路工人大罢工的洪流之中，掀起了中国工人运动的第一次高潮，淬炼出伟大的二七革命精神，成为中国工人阶级的一面精神旗帜，在中国近现代史上写下了波澜壮阔的光辉一页。

北京丰台区长辛店镇是一座历史悠久的古镇，坐落在京西卢沟桥畔、桑干河南边，是山川形胜之地，也曾是京汉铁路北端的一个总站。当年，这里火车汽笛声此起彼伏，南来北往的旅客行色匆匆，附近几个铁路大工厂的马达轰鸣声更是震耳欲聋。如今，留存下来的二七机车厂近代建筑遗存、长辛店留法勤工俭学旧址、长辛店劳动补习学校旧址、工人夜班通俗学校旧址（娘娘宫）、长辛店工人俱乐部旧址、警察局驻地旧址（火神庙）、二七烈士墓等一批红色遗址群，连同长辛店二七纪念馆一起成为北京西南部最引人注目的红色地标。

一、长辛店二七纪念馆

纪念馆位于长辛店公园西侧，于1987年落成。20世纪初，法国和比利时合资在长辛店兴建铁路车辆厂，有3000多名工人，当年在现代工业不甚发达的北方，这是首屈一指的劳工阶级群众聚集地。20世纪20年代，在中国共产党领导下，长辛店工人运动蓬勃兴起，

① 邓中夏：《中国职工运动简史（1919—1926）》，人民出版社1949年版，第17页。

推动了京汉铁路工人运动发展。1923年2月，长辛店铁路工人投身到京汉铁路工人大罢工的洪流之中，掀起了中国工人运动的第一次高潮。纪念馆正是为纪念长辛店铁路工人这一壮举而兴建的，它与郑州二七纪念馆、武汉二七纪念馆相互映衬而形成体系。

长辛店二七纪念馆

（一）建筑特色及展览布局

纪念馆占地面积6600平方米，建筑面积2300平方米，展室面积1000平方米。纪念馆主体建筑坐北朝南，为北京传统四合院式布局，四面中式门楼顶部和房檐处以黄色琉璃瓦装饰，体现仿古建筑风格，具有鲜明的北京特色。尤其是南面正门为仿木结构门廊，古脊明柱，镶衬水刷石，配以清水砖墙。整个建筑坐落在苍松翠柏中，显得古朴典雅。正门门楼上方悬挂的“长辛店二七纪念馆”匾额是当时全国人大常委会委员长彭真所题。16根方柱撑起的门廊厚重而庄严，门廊的右侧有一辆“反帝0001”蒸汽机模型。

步入院内，首先映入眼帘的是两棵高大的雪松，挺立在展厅门前的左右两侧，这两棵松树是建馆时从南京中山陵移植过来的。纪念馆大厅中央的扇形墙壁上悬挂着一幅长12米、高3米的灰蓝色基调的巨幅油画，是由中央工艺美术学院画家经过一个多月共同创作完成的。油画展现出二七大罢工的雄浑场景，形象地再现了工人在火神庙前与反动军警展开殊死搏斗的壮烈场面。整个画面生动鲜活，视觉冲击力极强，每位参观者一进入大厅就会被画中展现的情景所震撼，被当年长辛店铁路工人不怕流血牺牲的英雄气概和视死如归的大无畏革命精神所感染。

整个纪念馆设有8个展室，共分六大主题（“苦难的岁月”“五四时期的长辛店”“在党的领导下组织起来”“八月罢工”“二七大罢工”“继承和发扬二七革命精神”），以史料、文物、图片和油画陈列、展示为主。展品共计440余件，主要有清光绪三十一年（1905）黄河铁路桥竣工纪念碑，京汉铁路通车后长辛店火车站的大钟、路权表、巡视记录器，1921年收会费的小布口袋，罢工时拉响的汽笛，京汉铁路总工会和长辛店工人俱乐部证章，罢工斗争时纠察队队员用的斧子和大锤把，被捕工人在保定监狱戴的手铐、脚镣以及1947年“饿工”斗争时敲的大钟等。

在“翻身解放当家做主”板块上，一张张发黄的老照片讲述着二七机车厂劳模曾经辉煌的历史，其中包括1957年12月中国工会第八次全国代表大会上毛泽东、刘少奇接见二七老工人林茂湘的合影，1959年11月16日朱德为二七厂题写的“继承革命光荣传统，为建设伟大的社会主义祖国而奋斗”题词，1959年边孝正、刘文小组获得“全国先进生产小组”称号时的大合影，1958年12月19日《工人日报》刊登的《继承二七光荣传统，鼓起新的革命干劲——二七老工人上书毛主席表示决心》文章，等等。

1993年，纪念馆被北京市政府命名为“北京市青少年教育基地”。1995年，纪念馆被铁道部、中华全国总工会、全国铁道团委联合命名为“铁道爱国主义教育基地”。

（二）曲折的建馆历程

长辛店二七纪念馆的建设凝聚着几代人的不懈努力。1951年，地处京汉铁路中段的郑州，在二七烈士的牺牲地修建了二七广场和木制的二七纪念塔，以纪念烈士的大无畏革命精神。1952年，在京汉铁路总工会原址上修建了二七纪念堂。受此启发，工人们提出：北京长辛店是整个二七斗争的北部源头，具有重要意义，应该学习郑州，在长辛店修建二七纪念馆，设立陈列室，陈列文物资料，以示对工人斗争的永恒纪念。

1954年，经过一年的酝酿和准备，长辛店修建二七纪念馆得到了铁道部、中华全国总工会、铁路总工会的支持。于是，长辛店铁路工厂领导决定自行修建二七纪念馆，同时，按照“修建相关场馆必须经过北京市人民政府建筑事务管理局最终审批”的相关规定，签署了申请报告。随后，铁道部机车车辆管理局向北京市人民政府发函，同意工厂修建二七纪念馆的设计方案。当时，工厂考虑参照郑州二七纪念堂的形式，建一座记载二七斗争光荣历史的陈列馆，包括会议厅和活动室等综合设施。因工厂提交的报告中只提到建陈列馆，但上级审批时按照纪念馆的建设要求审核，导致未获批准。虽然二七厂当时的经济条件尚可，但建一座大型纪念馆则综合实力不足，因此修建纪念馆的设想未能实现。

1973年，为纪念二七革命斗争50周年，几处二七斗争发生地都在积极筹备。此时，作为京汉铁路二七斗争起点的长辛店，其纪念性场所只有工厂俱乐部的一个展室。1971年，郑州已在市中心二七广场木制纪念塔原址上修建了一座高达63米、共14层的连体双塔，作为郑州二七革命纪念馆新馆，成为郑州市的标志性建筑。相比之下，长辛店纪念场所无论从规模上还是影响上，与武汉、郑州都有一定差距。于是，20余位健在的二七斗争老工人一致呼吁，希望在长辛店建一座纪念京汉铁路工人二七大罢工历史的纪念馆，以缅怀烈士英灵，继承二七斗争传统。二七厂再次向北京市递交了修建长辛店二七纪念馆的申请，最终得到批准。

二七厂成立了纪念馆筹备组，按照市委的批示精神，承接纪念馆设计任务的北京市建筑设计院人员与工厂的有关人员前往郑州、武汉、韶山及北京八宝山革命公墓进行考察，深入长辛店劳动补习学校等革命遗址，寻找创作灵感，力争使纪念馆设计真正能够既体现北京长辛店地区的建筑风格，又能反映工人前仆后继、不怕牺牲的英雄气概。经过努力，拿出了12个初步设计方案，在征求各方面意见后，本着纪念馆要体现庄重大方、适合地形、少砍树和少拆民房、适应环境、便于参观等设计要求，从中选出3个方案呈送领导审查，最终选定第二个设计方案。

1976年1月7日，在二七厂召开修建纪念馆专题会议，北京市建委副主任、北京市基建指挥部负责人、北京市总工会副主任李瑞环主持会议。会议期间，李瑞环和大家一起踏勘了长辛店公园地形，现场了解情况，并对纪念馆选址、建筑规模、建筑风格等问题做出明确指示，推动了建设工作。

1982年8月，中华全国总工会做出隆重纪念二七斗争60周年的一系列活动安排，其中兴建长辛店纪念馆作为纪念二七斗争60周年的一项重要工程被确定下来。接着，在中华全国总工会主席倪志福和其他领导的大力支持下，专门召开书记处会议，讨论纪念馆建设资金问题。1982年12月20日，北京市政府又召开有关部门会议，市总工会、市建委、丰台区及二七厂有关领导出席会议。会议对长辛店二七纪念馆的选址布局、资金、施工筹备等有关问题做出最后决定。

1983年2月6日，全国纪念二七大罢工60周年大会在北京二七机车厂俱乐部召开，国家副主席王震、全国人大常委会副委员长韦国清、中华全国总工会主席倪志福、中央书记处书记邓力群、中央办公厅主任胡启立、团中央书记处书记刘延东，以及铁道部、北京市领导等出席会议。会前，领导们出席了在长辛店公园举行的纪念馆奠基典礼，王震亲自为纪念馆奠基石揭幕，并铲下第一锹土。大会还宣读了党和国家领导人叶剑英、邓小平、李先念、陈云为二七斗争60周年的题词，中华全国总工会主席倪志福发表了讲话。这次纪念大会充分肯定了二七工人运动在中国革命中的历史地位和历史功绩，对鼓舞后人继承和发扬革命传统、把工人阶级的伟大事业不断推向前进起到了重大作用。同时，也极大地推动了纪念馆的建设进程。

1986年，纪念馆建成。1987年2月6日，为纪念二七斗争64周年，举行长辛店二七纪念馆落成典礼。至此，长辛店二七革命遗址有了一座大型的纪念馆，北京南部又多了一处进行革命传统教育的红色地标。

长辛店二七纪念馆作为中国共产党早期开展工人运动的重要纪念地，1987年正式开馆以来接待了大批国内外参观者，成为对广大党员干部、部队院校学员和中小学生进行党史、中国工运史以及革命传统教育的大课堂。它像一座不朽的丰碑，永远矗立在人们心中；它像一本经典史书，向人们诉说着二七英烈们为了实现美好理想而英勇斗争的可歌可泣的英雄故事；它又像一所学校，向每一位参观者传播着中国工人阶级不屈不挠、不怕牺牲，永远跟党走，为民族解放事业英勇斗争的不朽业绩，教育和激励着一代又一代的年轻人不忘初心，继续前进，为实现中华民族伟大复兴的中国梦而努力奋斗。

二、长辛店留法勤工俭学旧址

长辛店留法勤工俭学旧址位于北京市丰台区长辛店德善里18号，建于1918年，是北京早期工人运动的重要史迹。

（一）留法勤工俭学运动缘起

五四运动前后，一批中国青年为学习西方科学知识，赴法国等国家进行半工半读。1912年，蔡元培、李石曾、吴稚晖、吴玉章等在北京、四川等地发起留法勤工俭学运动。1915年6月，蔡元培等又在法国组织以“勤以作工，俭以求学，以进劳动者之智识”为宗旨的勤工俭学会，号召中国有志青年到法国半工半读。1916年3月，蔡

留法勤工俭学旧址

元培等又和一些法国人士组织成立了华法教育会①，这个组织成了留法勤工俭学活动的总枢纽机关，以介绍赴法、联系入厂入校、发放维持费等。他们分别在北京、上海、保定等地设立了留法勤工俭学预备学校或预备班，面向全国招生，长辛店留法预备班便是其中之一。

1918年年初，长辛店留法预备班成立，当时称高等法文专修馆长辛店分馆工业科，也称长辛店留法勤工俭学预备班。留法勤工俭学预备班共设有铸造、机械、钳工3个班，当年暑假后有100多人入学，其中包括何长工（何坤）在内的部分湖南籍学员。预备班实行半工半读，学员着重学习法文，同时也经受劳动锻炼，了解工人们的生活状况。在学员学习期间，毛泽东曾两次来长辛店了解学员们的生活、学习情况。1919年冬，这批学员毕业后赴法留学，他们中有许多人先后走上了革命道路。

（二）长辛店留法勤工俭学旧址与展览布局

长辛店留法勤工俭学旧址是由法国人设计的一座两层小楼。它坐东朝西，平面呈“凸”字形，高约10米，建筑面积251平方米，砖木结构，三角桁架两坡顶，灰砖墙面为主，中间横向以红砖色带装饰，红色瓦屋上有4座烟囱。楼房正面腰线处嵌有对称的4朵铁制的鸢尾

① 1916年3月，蔡元培、李石曾、吴玉章等创办华法教育会，其宗旨在于发展中法两国之交通，尤其以法国科学与精神之教育，图中国道德、智识、经济之发展。

花[1]。西侧立面当中有2扇门，内部为中厅及楼梯，周围3面各有2间居室。二层有4扇窗，均由红砖砌成，侧面三角形山花处各辟一扇圆窗。东侧立面当中2间从楼体接出，每层各有2间独立居室。原楼房内部设有壁炉（现已拆除），各居室均铺有木地板。

1918年夏，蔡元培、李石曾与有关方面交涉，将原来为火车房总管郭长泰建造的住宅改为留法勤工俭学预备班教室。1947年，长辛店铁路中学在此建校，此楼后来也做过教师宿舍、校长办公室等。1984年，长辛店留法勤工俭学预备班旧址被列为第三批北京市文物保护单位。该建筑年久失修，房顶漏雨，墙皮脱落，虫蛀严重。2001年，北京市文物局、丰台区人民政府拨出专款修缮。2001年6月，举行长辛店留法勤工俭学旧址修缮工程竣工典礼，同时庆祝建党80周年留法勤工俭学史料展开幕。此后，该旧址内设常年展览，接待学生集体参观，2003年，铁路中学与长辛店一中合并后暂停开放。2013年，长辛店留法勤工俭学预备班旧址作为长辛店二七大罢工旧址之一被列为第七批全国重点文物保护单位。

目前，这座小楼的二层被辟为展览室，陈列有关当年留法勤工俭学预备班的部分文物、图片，以及一些老同志撰写的回忆文章。

展览分为3部分。第一部分是留法勤工俭学历史，介绍留法勤工俭学的背景及长辛店留法勤工俭学预备班，展出当年蔡元培在北京留法勤工俭学会开幕式上的演讲、留法预备班学生学习生产技能的厂房、留法预备学校总则、长辛店分馆工业科简章、预备班教职员表、预备班学员住宿的米家胡同及毛泽东看望预备班学员的合影等图片。

第二部分是缅怀先辈，介绍1918—1919年留法人员的情况，重点介绍老一辈革命家何长工的事迹，包括1978年11月1日何长工应邀来二七厂时与厂领导和二七老工人的合影，以及1980年6月22日为留法勤工俭学的题字。此部分展览还展出了留法勤工俭学的传奇人

[1] 鸢尾花是法国的国花，多年生草本植物，属于鸢尾科，体大形美，婀娜多姿。

物盛成所写的关于长辛店救国十人团、各界联合会的回忆文章。此外，展出了周恩来、邓小平、聂荣臻、陈毅、郭春涛、何孟雄、罗章龙、向警予、刘伯坚、蔡和森、蔡畅、吴玉章、张若名、高风、佘立亚、颜昌颐、林蔚、刘云、罗学瓒、李林、孙云鹏等留法勤工俭学发起人和赴法留学人员的照片。

第三部分是古镇掠影，介绍了长辛店作为一座历史悠久的古镇所拥有的历史文脉和红色文化遗址、遗迹，同时配有长辛店教堂、娘娘宫、火神庙、长辛店火车站、二七机车厂等建筑旧照。

（三）代表人物的传奇故事

一栋陈旧的小楼和相对简单的展览似乎都无法和红色地标画等号，但它却是一个历史传奇。让我们追寻两位历史人物，感受其中蕴含的重大意义。

毛泽东早期从事的革命活动与长辛店留法勤工俭学运动紧密相连。毛泽东十分关注世界潮流和发展趋势，关心国际风云变幻，号召新民学会会员走出国门，走向世界。1918年4月，湖南新民学会成立，萧子升为总干事，毛泽东、陈书农为干事。萧子升去法国后，学会实际工作由毛泽东主持。新民学会成立后遇到的第一个问题就是会员的出路问题，这个问题与学会活动的开展有密切关系。学会的目的是革新思想、改造社会，那么，怎样才能实现这个目的？毛泽东认为，必须去寻求外部世界的学问，从中研究、抉择。毛泽东对华法教育会的宗旨十分赞赏。他决定统一新民学会会员的思想，动员赴法勤工俭学。

1918年6月，毛泽东召集新民学会会员在长沙第一师范附小召开会议，讨论向外发展问题。他认为开展此项活动很有必要，应尽力推行这种既可做工，又可求得学问，并且能就近了解欧洲革命情况的活动。几天之内，新民学会会员中就有蔡和森、萧子升、李维汉、张昆弟、罗学瓒、罗章龙等10多人决定参加。毛泽东让蔡和森先到北京了解各方情况。蔡和森到达北京后，给毛泽东接连写了几封信，告以各方接洽情况，并极力敦促毛泽东速来北京主持相关工作。

1918年8月，为组织新民学会会员和湖南学生去法国勤工俭学，毛泽东与罗学瓒等25人从长沙来到北京。在李大钊的帮助下，毛泽东在北京大学图书馆谋得一份书记的工作。他一面认真工作、勤奋学习，一面完成来京的最初任务——组织留法勤工俭学活动。此时，北京大学也设立了留法勤工俭学预备班，李大钊是积极赞助者之一。毛泽东代表湖南学生和预备班学员商议留法勤工俭学的事情，同时为帮助他们而四处奔走。当时，在北京的新民学会会员共有12人，除罗章龙在北京大学文科、毛泽东在北京大学图书馆外，其余的人分别在留法预备班的保定班、布里村班、北京班。毛泽东于1918年冬和1919年春两次来到长辛店，先到工厂了解情况，然后到预备班的教室和宿舍进行考察。

后来，华法教育会要湖南来的学生提出一个留法勤工俭学的计划。这个计划由毛泽东执笔拟出，大体内容是说明勤工俭学的意义，以及怎样在国内完成一切准备工作，如学习法语，以减少去国外的困难。此外，他还提出了先派少数人到法国打前站，预先做好各项工作的计划。华法教育会完全同意毛泽东的意见。经新民学会讨论和推荐，华法教育会同意由萧子升作为先行人员赴法。为帮助萧子升筹集旅费、安顿家庭以及准备行李等，毛泽东想方设法，不辞辛苦，出力最多。

在毛泽东的全力支持下，1919年12月底，蔡和森、张昆弟、罗学瓒、向警予、蔡畅、徐特立等一批新民学会会员和湖南进步青年从上海动身，乘坐法国邮轮赴法，次年1月底抵达法国，开始留法勤工俭学。为了此次留法，毛泽东与湖南籍在京元老熊希龄①、范源濂②交涉，从保存的湖南省粮余、盐余中拨款，并从俄国道胜银行

---

① 熊希龄（1870—1937），湖南人，民国时期著名的教育家、社会活动家、实业家和慈善家，北洋政府第四任国务总理，也是一位杰出的爱国主义者。在留法勤工俭学运动期间，熊希龄任北洋政府内阁总理兼教育总长。

② 范源濂（1875—1927），湖南人，中国近代著名教育家。辛亥革命后，他曾任教育部次长、中华书局总编辑，曾两度出任北洋政府教育总长。

取款，每人资助400元，从而解决了旅费问题。这批赴法学员中有许多人先后走上了革命道路，毛泽东也顺利完成了此次来北京的主要任务。

在新民学会会员赴法以后，毛泽东觉得自己应当留在国内，继续进行实地调查研究，弄清古今中外学说，以便充分尽到自己在这个团体中的职责。这也是学会会员的共同意见，希望他为国内和国外互通情况，加强联系，交换心得，引导会员走上正确的革命道路。

在此期间，毛泽东和蔡和森不断有书信往来，就有关共产主义理论和建党问题进行讨论。这些信件是我们了解毛泽东、蔡和森和其他新民学会会员传播马克思主义，把马克思主义同中国实际相结合，登上中国政治舞台的珍贵文献。

从这座不起眼的小楼里还走出了一位中国近现代史上的传奇人物——盛成。盛成于1899年2月6日生于江苏仪征的一个家境没落的旧式家庭。1910年，他与其兄盛延祺①一起秘密加入同盟会，结识革命家黄兴，参加辛亥革命时年仅12岁，被誉为“辛亥三童子”之一，得到孙中山的勉励。随后，他先考入南京临时政府创办的陆军学堂，后入铁路学校。1914年，他考入上海震旦大学法语预科。3年后，他考入长辛店铁路车务见习所任职。在五四运动中，盛成与北京大学学生一起到东交民巷示威，后来被推举为长辛店铁路工人的代表。

1919年年底，盛成满怀着探索真理的理想，登上了“勒苏斯号”邮轮，开启了留法勤工俭学之旅。

盛成赴法勤工俭学之后，曾长期在法国学习、生活和工作。在他的人生道路上，一直心系祖国，探求真理，投身进步事业，从事文学创作和中法文化交流活动，体现了一位爱国知识分子的报国情怀。这主要表现在以下几个方面：第一，留学海外学习科学技术知识。他先

---

① 盛延祺(1894—1923)，字白沙，江苏仪征人，曾加入同盟会，参加辛亥革命。之后，他投身海军，跟随孙中山参加护法运动，1923年在与叛军斗争中牺牲。

后在法国蒙彼利埃农业专科学校、意大利帕多瓦大学等高等院校获高等理学硕士学位，后又在巴黎大学任教，科学底蕴深厚。第二，积极参加政治活动。曾加入法国社会党，参与创建法国共产党的相关活动，并积极投身留法学生的斗争。第三，从事文学创作，推动中法文化交流。1928年，他在法国创作并出版了自传体小说《我的父母》，这部法文版的小说讲述的中国故事感情真挚，生动形象地描绘了当时中国的社会背景，小说获得了广泛好评。之后，他又在法国开设介绍中国文化的课程，传播中国文化。第四，投身抗日救亡运动，展现爱国情怀。20世纪30年代初，国难当头，他从海外归来，一方面以学者身份在国内各大学任教，另一方面积极投身抗日救亡运动，先后担任过第19路军政治部主任、武汉中华全国文艺界抗敌协会理事，参加国内的抗日斗争。第五，海外游子，叶落归根。20世纪60年代，他从我国台湾又回到法国，从事文化研究与传播活动。80年代末，这位在海外漂泊多年的游子回到了祖国，仍孜孜不倦地从事中外语言学比较研究。这位经历时代沧桑，目睹了从辛亥革命、五四运动到新中国成立的历史巨变的世纪老人，成为秉承五四精神和彰显爱国主义情怀的典型代表。

始于20世纪初的留法勤工俭学是半殖民地半封建社会的中国青年为寻求救国真理、输入西方先进科学文化而开展的一场声势浩大的求学活动。从1919年年初至1920年年底，全国各地赴法国勤工俭学的青年就有1600多人[①]，还有一些人去了英国、德国和比利时。留法勤工俭学历经20年，无数有志青年胸怀求学救国之志，不畏艰辛，远涉重洋，希望获得救国之真理。

随着革命形势的发展，五四运动以后，留法勤工俭学活动转为以学习欧洲无产阶级革命经验、寻求马克思主义真理和救国之法、学习科学知识，继而认识世界、改造中国为主流的革命活动。为此而建立的留法留学会、留法俭学会、华法教育会、留法勤工俭学会、中法学

① 《中国共产党历史》第一卷，中共党史出版社2002年版，第60页。

务联合会等组织，为国家、民族培养了一大批颇有造诣的科学家。同时，也造就了一批无产阶级革命家，如周恩来、蔡和森、赵世炎、邓小平、陈毅、聂荣臻等都是留法勤工俭学的学生。他们为寻求救国救民的真理，不断追求，不断进取，实现了由民主主义到共产主义的思想转变。他们相继建立了旅欧中国共产主义青年团和中国共产党旅欧支部，在旅欧学生和工人中积极宣传马克思主义，为中国人民的革命斗争做出了重要贡献。

三、工人夜班通俗学校旧址

夜校旧址位于长辛店大街中路西，原是一座古庙，名为娘娘宫。它坐西朝东，临街有高大门楼，里面是宽敞的大院。西面是高大宏伟的正殿，殿前有月台，南北各有配殿，早年由道士看管，香火很盛。每年4月有一次庙会，不少人前去烧香求子。

五四运动爆发后，长辛店铁路工人为了声援爱国学生运动，在娘娘宫曾组织救国十人团、各界联合会，开展示威游行、街头演讲、抵制日货等活动。为了提高工人觉悟，机车厂工人又在娘娘宫北殿办起民众识字班，五四运动高潮过后，工人运动骨干史文彬、陈励懋等人用捐款的办法在长辛店大街北墙缝胡同路北第三院创办了夜班通俗学校，教员由他们自己担任，陈励懋教数学，史文彬和陶善琮教语文，都是义务任职，每晚有30多名工人来上课。这时，北京大学平民教育讲演团也经常由邓中夏、杨钟健等带领来长辛店宣传，为工人讲演。他们不断给工人带来一些进步报刊和传单，还从北京请来了一些专职教员。该校也一度改为平民学校，学员达到80多人。

1919年12月16日，长辛店的各界人士在娘娘宫集会，抗议日本驻福州领事开枪镇压民众。1920年年初，夜班通俗学校由北墙缝胡同迁至长辛店。1920年10月，北京共产党小组成立后，李大钊正式派邓中夏、张国焘到长辛店开展工人运动。他们几次同工人骨干商量，决定在原来工人夜校的基础上创办一所劳动补习学校，北京大学

工人夜校旧址（宋传信　摄）

师生捐了100块钱作为开办费，其中李大钊捐了很多。1921年1月，劳动补习学校成立后迁出娘娘宫。新中国成立后，娘娘宫门楼和大殿因坍塌而被拆除，南北配殿还保持原样，1984年被列为丰台区文物保护单位。1988年，拆除了南配殿，如今仅存北配殿遗址。

四、长辛店劳动补习学校旧址

学校旧址位于长辛店大街南段东祠堂口（又称当铺口）1号，是一座小三合院，院内东侧有3间正房，南北各有2间厢房，南面还有1间耳房，共8间。五四运动后，那些从工人阶级身上看到了希望、明确了方向的早期共产主义知识分子下决心到工人中去，向工人学习，了解工人疾苦，向工人群众宣传马克思主义。

长辛店劳动补习学校旧址（院内）（张静慧　提供）

1920年4月18日，北京大学平民教育讲演团在邓中夏领导下，开始到长辛店工厂开展讲演活动。邓中夏建议“除城市讲演以外，并注重乡村讲演，工场讲演”①。他们与长辛店工人建立起密切联系。为了启发工人觉悟和培养工人运动的骨干，1920年年底，邓中夏、张国焘、张太雷等人与长辛店工人联系，筹办劳动补习学校，组织发动工人运动。邓中夏首先同工人积极分子史文彬等商量，决定在原来工人夜校的基础上开办学校，办学经费由北京大学师生捐助。

1921年1月，长辛店劳动补习学校正式开学。学校以“增进劳动者和劳动者的子弟的完全知识，养成劳动者和劳动者的子弟的高尚人格”为宗旨。学校采取工会的组织形式——委员会议制，分议事部和办事部，议事部做出决定后交办事部执行。学校教务采取二部制，白天教工人子弟，晚上为工人上课，讲授的课程有国文、法文、科学

① 《平民教育讲演团第三次常务会纪略》，载《北京大学日刊》，1920年3月16日。

和社会常识、工厂和铁路知识等。另外，备有《劳动者》《共产党》《工人周刊》等书刊供人们阅读。教员由北京的共产党早期组织选派，分为专任和兼任两种，邓中夏也亲自讲课。由于学校不收学费，入学也不受年龄限制，因此颇受欢迎。

劳动补习学校是中国共产党采用夜校形式对工人进行马克思主义教育的发端。教员向工人传授文化知识的过程中，经常讲解资本家的压迫和剥削是工人贫穷落后、受苦受难的根源，宣讲"劳工神圣"的道理和工人阶级的历史使命以及组织起来的重要性等。经过宣传教育，工人的阶级觉悟迅速提高，参加革命运动的热情日益高涨。该校的创办对各地有很大影响，特别是对北方地区工人运动的发展也起到了重要作用。因此，长辛店劳动补习学校被誉为"北方红星"升起的地方，是共产主义知识分子宣传马克思主义的重要基地。它为开展工人运动培养了一批骨干，直接推动了长辛店工人俱乐部的成立和京汉铁路北段工人运动的开展，为后来北方工人运动的发展奠定了基础。

二七大罢工失败后，该校被反动当局查封。1979年8月，劳动补习学校旧址被列为北京市文物保护单位。2013年，该校作为长辛店二七大罢工旧址之一，成为全国重点文物保护单位。

五、长辛店工人俱乐部旧址

旧址位于长辛店大街174号，原为刘铁匠铺，是一座四合院，加上门道有14间房屋。1921年5月1日，长辛店工人以及从天津、保定来的1000多名工人第一次举行庆祝国际劳动节的群众大会，在娘娘宫宣布成立京汉铁路长辛店铁路工人会。[①]工人会办公地址起初设在祠堂口劳动补习学校内。中国共产党成立后，中国劳动组合书记部北

① 《京汉铁路长辛店铁路工人会简章草案》，见中共北京市委党史研究室编：《北京早期工业史料选编》，北京出版社1994年版，第283页。一说叫"长辛店工人俱乐部"，见邓中夏：《中国职工运动简史（1919—1926）》，人民出版社1949年版，第16页。

方区分部发展史文彬、王俊、陶善琮、陈励懋、葛树贵[1]、崔玉春等工人加入共产党。同年7月，工人会领导工人开展了两次小规模的经济斗争，都取得了胜利。

随着工人运动的不断开展，混进工人会的工头们的反动面目逐渐暴露出来，他们破坏工人斗争，使工人会组织不能正常工作。为整顿工人会、纯洁组织，也为更加广泛地吸收群众参加工人运动，1921年10月20日，长辛店机器厂、修车厂、工务厂的50名代表召开联席会议，将工人会名称改为“京汉路长辛店工人俱乐部”。该俱乐部清除工头、司事、巡警，选举新委员，修改工会章程，中共党员成为俱乐部的领导核心。同时，将办公地点从祠堂口1号迁至刘铁匠铺。工人俱乐部成立后，会员迅速增加，并多次开展罢工斗争。1922年4月9日，京汉铁路总工会第一次筹备会在刘铁匠铺召开，此地一时成为早期工人运动的著名地点。为了配合工人罢工，该俱乐部曾在此组织纠察队、调查团、讲演团，开展各种活动。在1922年八月罢工和1923年二七大罢工时，这里是领导长辛店工人罢工斗争的指挥部。1923年2月1日，京汉铁路总工会在郑州召开成立大会，当时各省工人都派代表参加，出席会议的长辛店代表有陈励懋、史文彬等4人。2月3日，长辛店代表从郑州回到长辛店，当晚召开工会委员会会议，决定按照总工会决议进行全路总同盟大罢工。

1923年2月4日上午大罢工开始，工人纠察队控制住长辛店火车站和各个道口，南来北往的火车被拦截在长辛店。每个工人手里都拿着一面小白旗，旗上写着“劳工神圣”“提高工人政治地位”“提高工人生活水平”“争人权、争自由”“打倒卖国贼”等口号，罢工持续了4天后被军阀镇压。二七大罢工失败后，反动军警封闭了工人俱乐部。1949年后，刘铁匠铺成为居民住宅，1979年8月被列为北京市文物保护单位。2013年，该旧址成为全国重点文物保护单位。

---

① 葛树贵（1887—1923），山东德平镇杨家村人，1904年入长辛店机车车辆厂当铆工，是长辛店劳动补习学校第一批学员和长辛店铁路工会最早的会员。1922年“八月罢工”时，他带领纠察队队员拦截前来镇压的军车。

六、警察局驻地旧址

警察局驻地旧址位于长辛店大街中路东196号火神庙，是京汉铁路工人大罢工的重要纪念地之一。火神庙坐东朝西，始建年代不详，山门是3扇砖砌仿木结构拱券门，封护檐，歇山式大脊，筒瓦装饰。门额刻有“敕建延祚善庆宫”石匾，雕二龙戏珠。有3间天王殿，庙宇保存基本完整，建筑形式为明末清初风格。此庙在历史上香火旺盛，每逢农历初一、初四、初七、初九的庙会，商贩极多，人们到庙内烧香祈祷。还有各种民间团体表演舞狮、踩高跷、杂技、跑旱船、抬花轿、太平鼓、抖空竹、少林会等。20世纪20年代初，正值北洋军阀统治时期，火神庙改为宛平县长辛店警察局所在地，二七惨案就发生在该庙的门前。

1923年2月1日，在中国共产党领导下，京汉铁路工人在郑州举行京汉铁路总工会成立大会，直系军阀吴佩孚派兵包围会场，捣毁了总工会会所。为了抗议军阀暴行，争取政治权利，总工会决定举行京汉铁路总同盟罢工，并将总工会移至汉口江岸办公。2月4日，总同盟罢工开始后不到3小时，全线客车、货车、军车一律停运，长达1000多千米的京汉铁路顿时瘫痪。在帝国主义支持下，吴佩孚调集军警对汉口、郑州、长辛店等地的罢工工人进行血腥镇压。2月6日晚，反动军警逮捕了长辛店工人代表、工会委员长史文彬等12人，关押在火神庙，准备第二天押往保定。工人纠察队副队长葛树贵等工会干部得到消息后，召集大家研究对策，最后决定到火神庙警察局去要人。

2月7日上午，工人们齐聚火神庙门口，与反动军警展开对峙。反动军警开枪。从火神庙到米面铺几十米的石路上洒满了工人的鲜血，葛树贵、吴祯①、杨诗田、辛可红、刘宝善、刘川田、李玉、赵长润、高顺田9人壮烈牺牲，几十人受伤、被捕。江岸工会委员长、

---

① 吴祯（1880—1923），河北涿县（今涿州市）人，1898年进卢沟桥机厂做工，后到长辛店机车车辆厂做工，是长辛店劳动补习学校第一批学员骨干，1921年参加工会，被选为工会委员。1922年，工会组织调查团，他担任调查团副团长，积极从事工会工作。

共产党员林祥谦和湖北省工团联合会法律顾问、共产党员施洋被残杀。这就是震惊中外的二七惨案。二七大罢工虽然失败了，但充分显示了中国工人阶级的伟大力量。

与长辛店大街上的其他几座清代庙宇类似，火神庙目前仅存山门1座、大殿3间，2013年被列为国家级文物保护单位。

七、二七烈士墓

二七烈士墓位于长辛店公园内。在二七惨案中牺牲的烈士共52人，其中有9人是长辛店铁路工人。为了缅怀罢工工人敢于斗争、不怕牺牲的革命精神，继承和发扬二七斗争光荣传统，1966年7月，长辛店二七机车车辆厂在长辛店公园内为葛树贵、吴祯二烈士修墓立碑，在并排而立的两块墓碑上分别镌刻“二七烈士葛树贵之墓”和“二七烈士吴祯之墓”字样。

1923年2月7日，工人纠察队副队长葛树贵和杨诗田带领300多名工人前往火神庙，要求当局释放被捕工人。葛树贵带领工人纠察队队员冲在最前面，不幸头部中弹，成为二七斗争中第一个倒下的烈士，时年36岁。工会委员吴祯组织工人粉碎了敌人妄图破坏罢工的阴谋，使得罢工继续进行。2月6日晚，吴祯被捕，9月在狱中牺牲。

二七烈士墓和烈士墓广场建在长辛店公园中心位置，占地350平方米。2013年，作为长辛店二七大罢工旧址之一，二七烈士墓广场成为全国重点文物保护单位。

长辛店红色旧址群主要记录和展示中国共产党领导下的中国早期工人运动的历史，其核心——二七大罢工是在中国共产党直接领导下，京汉铁路工人为争取政治权利，反对帝国主义、封建势力而举行的一次震惊中外的政治大罢工。这次大罢工是中国共产党领导的第一次工人运动高潮的顶点，它进一步显示了中国工人阶级的力量，扩大了党在全国的影响。大罢工虽然失败了，但是工人用生命和鲜血进一

二七烈士墓

步唤醒了中国人民，使中国人民更加清楚地认识到帝国主义和封建军阀是自己的敌人，必须与之斗争到底，才能获得真正的自由和解放。周恩来曾高度评价二七革命斗争为“中国大革命前的一次启蒙运动”，董必武也赞颂二七革命斗争为“虽败荣犹著，英光永世红”。同时，大罢工失败的经验教训也为中国共产党第三次全国代表大会制定统一战线的方针政策提供了重要的依据。大罢工在中国工运史、中国革命史、中国现代史上都留下了光辉灿烂的一页，为后人留下了极为宝贵的精神财富，这就是英勇顽强、视死如归的革命献身精神，信仰坚定、矢志不渝的奋斗精神。

历史沧桑，斗转星移，残酷的斗争岁月早已融入历史年轮，但二七革命精神永远是中国工人阶级的一面光辉旗帜。以二七工人运动旧址为核心的长辛店红色旧址群永远是对广大人民群众进行爱国主义教育和革命传统教育的生动课堂。

第三节　李大钊故居

文华胡同24号是1920年春至1924年1月李大钊一家的居所。在这里，李大钊传播马克思主义、创建中国共产党、领导北方工人运动、促成第一次国共合作，具有极其重要的历史地位和文物价值。

李大钊故居位于北京市西城区新文化街文华胡同24号（原石驸马大街后宅胡同35号）。李大钊在北京工作、生活了10年，这里是他从1920年春至1924年1月的居住地，因李大钊一家在此居住的时间最长，北京市政府便将此处定为李大钊故居，并列为爱国主义教育基地。这里承载着李大钊作为中国共产主义运动先驱、伟大的马克思主义者、杰出的无产阶级革命家、中国共产党的主要创始人之一的光辉历史。1979年8月21日，李大钊故居被列为北京市重点文物保护单位，后成为全国重点文物保护单位。

李大钊故居（刘洋　摄）

一、故居保护与对外开放

李大钊故居地址原为石驸马大街后宅胡同35号，始建于明朝，清朝乾隆年间叫后石闸，因为有一道水沟，有前后两个闸门，故称前闸、后闸。清宣统年间改名为后宅胡同。后宅胡同35号是一座院落的后院，坐北朝南，属于倒三合院，占地面积550平方米，建筑面积190平方米，有北房3间，东、西耳房各2间，东厢房3间，西厢房3间，共13间房。其中，北房3间的中间和西间是相通的，没有隔扇，居中的一间称堂屋。1920年春，李大钊以每月2块大洋租下这处宅院（房主为黄育培，是李大钊在天津北洋法政专门学校就读时的同学），1920年9月正式入住，有记载称："北京会员李君守常①，于日前回籍接取家眷，已于月初回京，寓西城石驸马大街后宅35号。"②

2004年，西城区委、区政府根据《中华人民共和国文物保护法》，按照"政府主导、专家支持、社会参与"的原则，在文物保护方面制订《西城区文物保护事业"十一五"发展规划》，对包括李大钊故居在内的价值极高的文物保护单位实施"解放"工程，即搬迁占用单位和居民，全面维修，彻底解决安全隐患问题，作为文物景点对社会开放，以达到合理使用的最终目的，实现其文物价值利用最大化。同时，深入挖掘李大钊故居文物的深厚内涵，解读文物蕴含的历史文化价值，使鲜为人知的珍贵文物遗产为社会各阶层所知，唤起全民的保护意识和责任，为文物保护创造良好的社会氛围。

2005年，北京市西城区政府听取了西城区文化委员会关于李大钊故居腾退工作的汇报，决定由西城区文化委员会立项，依据文物保护法做好故居腾退、文物修缮方案，积极做好开放的筹备工作。与此同时，北京市还专门召开了有专家学者参加的学术研讨会。2006年2月21日，由北京大钊学社和西城区文化委员会组织的北京市李大钊

① 守常为李大钊的字。

② 《少年中国》第2卷第4期，1920年10月。

故居修缮工程研讨会在中共北京市委党史研究室举行，与会专家学者对故居修缮的意义以及修缮过程中遇到的一些具体问题进行讨论。这次会议对后来李大钊故居展陈起到了重要的指导作用。

李大钊故居是一所大杂院，有36户居民。2006年，西城区政府启动居民搬迁工作。同年6月初，故居腾退工作顺利结束，拆除了院内全部杂建。李大钊故居修缮工程于6月28日正式开始，故居修缮始终坚持“忠于历史、再现原貌”的原则，对房屋结构进行了加固，恢复了传统装修、油漆彩饰，地面改铺为青方砖，努力呈现故居的原貌，同时也注重与周边环境的协调。2007年4月28日，在纪念李大钊英勇就义80周年之际，举行了李大钊故居文物修缮竣工暨开放揭幕仪式。2007年5月8日，北京李大钊故居正式对外开放，为社会提供了一个接受爱国主义教育和开展党、团活动的场所。

二、故居布局与陈设

从李大钊故居入口开始，精心设置了雕像和庭院绿化。入口处立着一尊李大钊半身铜像，铜像整体高2007毫米，寓意2007年为纪念李大钊故居正式对外开放而立。铜像展现出李大钊坚毅的神态，表现了李大钊作为革命先驱者的大无畏精神气概和作为学者的深邃气质。进入庭院内部，正房（北房）门前的两棵枝繁叶茂的海棠树使得陈列主题与周边环境和谐统一。

“李大钊故居”匾额悬挂于李大钊夫妇居住的北房房檐下，由著名书法家欧阳中石题写。故居北房原汁原味地再现了当时的生活场景与时代氛围，是故居展示的核心区域。

北房居中的一间为堂屋，是李大钊一家人吃饭和接待客人的地方。屋门对面有一张八仙桌，两边各有一把官帽椅；靠墙的条案上摆放着一台老式座钟，钟的两边各有一只掸瓶，寓意“终生平安”，居室陈列呈现了北方传统住家特色。条案上方的墙上悬挂着一幅镶有玻璃框的古画：高山平台上一个年轻的女子怀里抱着一件乐器，正在弹奏；围绕在她周围的是各种各样的飞禽走兽，有的蜷伏在地，有的趴在山岭的树枝上，有的在空中飞旋，一派大自然和谐的景象。古画的两边悬挂着李大钊手书的著名楹联“铁肩担道义，妙手著文章”。在这间会客室里，李大钊曾接待过陈独秀、邓中夏、高君宇等革命志士。

堂屋的东房是李大钊夫妇卧室，室内布置是20世纪20年代标准的民居摆设。南侧窗户下面是过去老百姓家常见的土炕，嵌有陈旧的木炕沿；炕的正中央放着一张长方形炕桌，桌子上有一小笸箩妇女做针线活的针线；炕的东边靠墙放着一个老式双开门的炕寝柜，柜门上镶有8朵陶瓷月季花，寝柜上面放着一床蓝色碎花被子，把整个卧室烘托得朴素、温馨；被子上方的墙上悬挂着李大钊和夫人赵纫兰的照片。堂屋的西边是西耳房，是李大钊长女李星华的卧室。堂屋的最东边是东耳房，这里是李大钊的其他几个孩子的起居室，包括次女李炎华、次子李光华、小女儿李钟华。

院子的西厢房是李大钊的书房，北、西两面靠墙摆着4个摆满书籍的大书柜；东面靠窗处放着一张大书桌和几把椅子，书桌上摆放着老旧的煤油灯、笔架和墨盒；书桌对面有两张条桌，条桌上面堆满了报纸和杂志；书房的西墙边有一架黑色的旧风琴，是李大钊当年在宣武门内头发胡同的一个旧货市场买来的。简单而质朴的原状陈列展现出李大钊严谨的工作态度与浓厚的爱国情怀。就在这间看似简陋的书房里，李大钊主持过建党的会议，明确提出党的名称应该是中国共产党，并接待过文化名人、各界志士、青年学生。在这里，李大钊写的文章涉及历史学、法学、政治学、教育学、伦理学以及图书馆建设等内容。从1920年3月至1924年1月，李大钊写的文章、讲稿、启事、敬告、信件等文字资料共155篇[①]（与别人联合署名的除外）。其中，1920年3—12月共计24篇，1921年共计47篇，1922年共计40篇，1923年共计41篇，1924年1月共计3篇，文字总量达33万多字，为

① 《北京李大钊故居》，文物出版社2009年版，第15页。

中国现代思想文化做出了开创性贡献。

此处也是学者们经常光顾的地方。李大钊家平日来往的人很多，其中不少是各大学的著名学者，有的是来交谈，也有的是借地方开会。少年中国学会的部分会员就在这里开过几次会。1921年8月出版的《少年中国》第3卷第11期记载：为处理会员易家事，于“五月二十日晚上八时在守常家召集临时会议。出席者为陈愚生、雷孝实、李守常、黄日葵、沈君怡、刘养初、高君宇、章一民、苏演存等九人”。

院子的东厢房有3间，南屋是客房，这是李大钊同青年朋友谈心的地方，也是革命同志的聚会地，于树德、瞿秋白、邓中夏、陈乔年、赵世炎、罗章龙、高君宇、张太雷、刘仁静、陈愚生、秦德君、邓培等中国共产党早期著名人物都曾在此借住。北屋是李大钊长子李葆华的居室。

位于故居北房（堂屋）对面的是“李大钊在1920—1924”专题展厅。李大钊全身塑像位于展厅中央，对面是李大钊生平活动简表。展厅中一块块展板、一件件实物记录了1920—1924年李大钊对中国革命的主要贡献，重点介绍了李大钊传播马克思主义、创建中国共产党、促成第一次国共合作、领导北方工人运动等一系列革命实践活动，展现了伟人的风采。

李大钊故居除了进行保护性维修之外，还以开辟纪念馆的方式开展更有意义的研究和宣传活动。故居按照原状陈列和专题展览两种方式进行展陈，采用灵活多样的手段，如通过深入研究以探究其深刻内涵，并征集馆藏文物，重点展示李大钊在此居住的生平事迹和主要贡献，将文化展示、爱国教育和文化体验相互结合，充分发挥了近现代革命人物故居的作用，成功实现了保护文化遗存与开展爱国主义教育的有机结合。

三、故居的历史作用与文化价值

原石驸马大街后宅胡同35号是李大钊一生中最重要的一处从事

革命活动的居所。李大钊在此居住期间，正是中国共产党早期发展历史中的一个关键时期，也是李大钊个人思想发展和进行革命实践的一个黄金时期。这里不是一处简单的民居建筑，因这里曾经生活过一位历史伟人、革命先驱者而被赋予了特殊的意义与价值，因这里蕴含着十分丰厚的红色文化元素而具有重要影响。这座院落不仅是李大钊传播马克思主义、创建中国共产党、领导北方工人运动、促成第一次国共合作等一系列革命实践活动的历史见证，也是李大钊光明磊落的人格风范和高尚的道德情操的真实写照。

（一）传播马克思主义

1920年3月31日，在李大钊指导下，北京大学学生邓中夏、黄日葵、高君宇、范鸿劼、罗章龙、刘仁静、何孟雄、缪伯英（女）、张国焘等19人秘密发起成立北京大学马克思学说研究会，这是李大钊发起组织的中国第一个集学习、研究和宣传马克思主义为一体的政治团体。1922年2月，研究会设立书记、庶务兼会计、图书经理3个固定职务，成立劳动运动研究、《共产党宣言》研究、远东问题研究3个特别研究组合，还有研究唯物史观、阶级斗争、剩余价值、无产阶级专政、俄国革命及建设、布尔什维克与第三国际共产党等方面的11个固定小组。研究会经常举行讲演会、报告会，以扩大马克思主义的宣传和研究会的影响。为了把理论研究与革命实践密切结合起来，研究会派成员到北方各地进行社会调查，输送进步书刊，建立进步团体，创办劳动补习学校等各类学习和研究马克思主义的组织，为建党做思想和组织上的准备。1920年8月，觉悟社、少年中国学会、工读互助团、人道社和曙光社等5个革命团体在北京陶然亭聚会，李大钊到会指导，发表讲话，提出各个进步团体要有一个统一的指导思想。

（二）创建中国共产党

李大钊在领导创建中国共产党的过程中，最早考虑建党。五四运动结束后，他就与邓中夏等人就建党的一些问题进行了探讨。此后，李大钊经常把自己家作为中共地下工作和活动的场所，有时是为了开党的会议或几个人一起研究工作，有时是很多党员、团员等在此停留，共产国际代表马林①也在这里开过会。

1920年年初，李大钊与陈独秀相约在北京和上海分别筹建中国共产党。同年3月，列宁领导的共产国际远东局派维经斯基来到中国。李大钊在北京与维经斯基讨论了建立中国共产党的问题。4月，李大钊又介绍维经斯基等去上海和陈独秀会面。10月，李大钊发起并成立了北京共产党小组。11月，李大钊又建立了北京社会主义青年团，并与在上海的陈独秀遥相呼应，通过积极活动、扩大宣传、发展组织等积极推动建立全国范围的共产党组织。“南陈北李，相约建党”成为中国革命史上的一段佳话。

1921年3月，李大钊进一步号召“急急”地建立C派组织。他说：“我们现在还要急急组织一个团体。这个团体不是政客组织的政党，也不是中产阶级的民主党，乃是平民的劳动家的政党，即是社会主义团体。”②这些精辟的观点和论述对推动中国共产党早日诞生起到了重要作用。1921年7月23日，中国共产党第一次全国代表大会召开，宣告中国共产党成立。李大钊为中国共产党的创立做出了重大贡献，是中国共产党的主要创始人之一。

（三）领导北方工人运动

中国共产党成立后，把工人运动作为党的中心工作，成立了公开领导全国工人运动的劳动组合书记部，李大钊任中国劳动组合书记部北方区分部主任。作为北方党组织的主要负责人，李大钊坚决执行党的工作方针，领导掀起了工人运动的第一个高潮。1921年7月，北京党组织在李大钊的领导下创办了《工人周刊》，这是我国当时重要的工人刊物，被誉为“劳动者的喉舌”。该刊大量介绍国内外相关消息，着重报道各地工人受奴役的痛苦生活，以及团结起来进行斗争的情

---

① 马林（1883—1942），荷兰人，荷兰社会民主党员。1920年，他当选为共产国际执行委员会委员和民族殖民地委员会书记。1921年，他受列宁委派来到上海，为推动中国共产党建立、促成第一次国共合作发挥了重要作用。

② 《团体的训练与革新的事业》，载《曙光》第2卷第2号，1921年3月。

况，以启发工人阶级觉悟，积极组织工会等，对全国工人运动特别是北方工人运动的发展起到了很大的推动作用。1922年下半年和1923年2月，李大钊领导北方工人开展了大规模的罢工斗争，其中包括著名的二七大罢工。此后，北方地区的反帝反封建斗争蓬勃地开展起来。

（四）促成第一次国共合作

1922年8月，因陈炯明[①]叛变，孙中山避居上海。李大钊专程到上海会见孙中山，彼此仰慕已久，一见如故。孙中山对李大钊的精辟见解和非凡才能极为赞赏，从他身上发现了新的力量源泉。此次会面使处于危难之中的孙中山认识到了唯有共产党才是他最可靠的朋友，从而坚定了和共产党合作的决心。同年8月，李大钊参加在杭州西湖召开的中共中央特别会议，讨论与孙中山领导的国民党建立统一战线，会上李大钊支持共产国际代表马林的建议。在李大钊耐心说服下，会议原则上接受了共产国际的提议，补充和发展了党的二大关于建立民主联合战线的思想，使党在认识上发生了很大的变化。

1923年1月17日，李大钊陪同苏俄特使越飞[②]在上海会见孙中山，发表《孙文越飞宣言》，推动国共合作的进一步发展。1924年1月20日，国民党第一次全国代表大会在广州召开，李大钊是孙中山亲自指派出席大会的代表，也是主席团5位成员之一，与孙中山一起主持了整个会议。孙中山签署的7人预算委员会名单中的第一位就是李大钊。国共合作以后，李大钊受孙中山委托，负责北方地区国民党的工作，是国民党中央北京执行部的主要负责人。李大钊为第一次国共合作做出了卓越贡献，在中国共产党统战工作史上写下了光辉的一页。

（五）人格风范和高尚情操

故居的堂屋悬挂着李大钊手书的楹联“铁肩担道义，妙手著文章”，这是他光辉一生的真实写照。在他身上，凝结着中华民族的传

---

① 陈炯明（1878—1933），广东人，粤系军阀将领，中华民国时期军政代表人物之一，主张“联省自治”，与孙中山“大一统”的政治纲领不合，被国共两党讨伐。

② 越飞（1883—1927），苏联无产阶级革命家、政治家、外交家，曾任苏俄特使与国民党领袖孙中山会谈，并发表《孙文越飞宣言》。

李大钊故居（刘洋　摄）

统美德，体现着中国知识分子的优秀品格。陈独秀曾赞誉：“他平生的言行，诚如日月之经天，江河之行地，光明磊落，肝胆照人。”①

李大钊一生俭朴清廉、淡泊名利，据李大钊子女以及李大钊的同时代人回忆，这所宅子里的摆设都很普通，没有一件贵重物品。在故居工作人员的努力下，找到了大量20世纪20年代的摆设，基本上恢复了李大钊故居的原样，陈设极为朴素，仅有几件简单的家具。当时，李大钊是北京大学著名教授，待遇优厚，任图书馆主任时薪金为120银圆，后来成为教授兼图书馆主任，又提高了待遇。同时，他还是北京女子高等师范学校、北京师范大学、朝阳大学、中国大学等大学的教授，加上在各校兼职，每月有200～240银圆的收入，按当时物价，两银圆即可买25千克面粉，他本来完全可以过上富裕的生活。但是，李大钊把大部分薪金交了党费，用于维持马克思学说研究会的日常活动，以及购买有关共产主义的书刊等。他乐于帮助有困难的同志，接济贫困学生，还经常到工人中宣讲共产主义，给工人买糖果、茶叶。因此，李大钊夫人赵纫兰常常难以获得维持日常生活的最低生活费，直到校长蔡元培知道此事后亲自叮嘱学校会计科的人每月都要直接给赵纫兰送去一部分李大钊的薪金，用来安排全家生活的花费。李大钊把毕生精力全部用在革命事业上，生前没有任何积蓄，牺牲后也没有

① 周子信：《李大钊与陈独秀》，载《团结报》，2009年5月6日。

留下财产，可谓节俭清廉的典范。

在此居住期间，李大钊非常热心社会服务事业，他担任北京大学校内的职务有13项、校外的职务有12项。

李大钊任北京大学校内职务一览表

序号	社团名称	职务
1	北京大学评议会	评审员
2	北京大学总务委员会	委员
3	北京大学图书委员会	委员
4	北京大学研究所国学门委员会	委员
5	北京大学教职员临时委员会	组织委员
6	北京大学学生事业委员会	委员长
7	北京大学《社会科学季刊》和《国学季刊》	编辑员
8	北京大学成立25周年筹备委员会	委员、招待股主任
9	北京大学马克思学说研究会	组织领导者
10	北京大学经济学会	组织领导者
11	北京大学平民教育讲演团	组织领导者
12	北京大学社会主义研究会	组织领导者
13	索薪斗争组织委员会	委员

李大钊任北京大学校外职务一览表

序号	社团名称	职务
1	北京国立八校辞职教职员代表联席会	新闻股干事
2	北京各团体联席会	不详
3	少年中国学会	编辑部主任、执行部评议员

续表

序号	社团名称	职务
4	宪法学会	《宪法论丛》编辑
5	非宗教大同盟	常务干事
6	太平洋问题研究会	发起人
7	《北京教育研究》编辑部	编辑员
8	新知书社筹备委员会	总务股委员
9	《新青年》编辑部	编辑
10	“新时代丛书”社	编辑
11	国民裁兵运动大会	讲演员
12	北京学生读书会	导师

在原石驸马大街后宅胡同35号居住期间，李大钊在北京大学、朝阳大学、中国大学、北京师范大学和北京女子高等师范学校任教，从事史学思想史、唯物史观、史学要论、社会学、社会主义与社会运动、社会主义、现代政治、女权运动等马克思主义基础理论课教学工作。

在这个居所生活期间，李大钊与夫人赵纫兰是恩爱夫妻的楷模。李大钊与赵纫兰于1899年结婚，当时李大钊10岁，赵纫兰16岁，婚后夫妻俩一直互敬互爱、互尊互让。生活上赵纫兰无微不至地关心李大钊，思想上李大钊帮助赵纫兰，夫妻感情融洽、志同道合，被传为佳话。早年，为了支持李大钊完成学业，赵纫兰在家中辛勤操劳，艰难度日。他们共同生活了28年，这个居所是他们在老家之外生活最久的地方。1920年9月，为了工作方便，李大钊把夫人及子女接到北京一起生活。赵纫兰到北京以后，看到李大钊工作繁忙劳累，总是想帮助他做点事情。当李大钊在家里与其他同志谈话时，她总是到门外去站岗放哨，有时还帮助李大钊传递消息、护送同志，为革命事业做

1933年4月23日，中共河北省委、北平市委组织各界进步群众2000多人举行公葬李大钊的活动，将李大钊灵柩葬于万安公墓。图为送葬队伍

出了特殊的贡献。

李大钊共有6个孩子，除幼子欣华外，长子葆华、次子光华、长女星华、次女炎华、幼女钟华都在这所故居里生活过，幼女钟华就出生在这里，但1岁多时夭折了。李大钊非常重视子女的教育，希望他们长大以后对改造中国社会做更多的贡献。在故居书房里有一架旧风琴，只要有空，他就教孩子们唱歌，还讲解歌词的含义，通过一些小故事，列举一些实例，让孩子们对歌词的内容多一些理解，印象更深刻。李大钊喜欢花草树木，这个院子里有他亲手种植的两棵海棠树，还有两块花畦，他最喜欢的是菊花。李大钊还在空闲时和孩子们一起

下军棋，有时吃过晚饭，一家人围坐在桌前下一盘棋，其乐融融。在这样温馨的家庭里，孩子们耳濡目染，渐渐长大，在他们的人生道路上都为中国革命和建设事业贡献了自己的一切。几年难忘的小院生活给李大钊全家留下了极其深刻的印象，长女星华后来回忆说，这里是全家人“深深留恋的故居”。

总之，在故居居住期间是李大钊人生中最辉煌的一段时光。李大钊故居给后人留下的是一笔挖掘不尽的精神财富，这里有对马克思主义的坚定信仰、有对党和人民事业的无比忠诚、有无比崇高的道德情操、有无私无畏的奉献精神。李大钊的伟大人格和崇高风范永载中国共产党和中国人民革命斗争史册。

第二章

烽火京华

第一节　中国人民抗日战争纪念馆

中国人民抗日战争纪念馆是全国唯一全面反映中国人民伟大的抗日战争历史的大型综合性专题纪念馆，向世人展示了全体中华儿女英勇抗击外敌侵略的光辉历程，揭露了日本的侵华罪行，传达了中国人民热爱和平、维护和平的坚定信念，成为弘扬和传承伟大抗战精神的爱国主义教育示范基地。

中国人民抗日战争纪念馆（以下简称抗战馆）位于卢沟桥事变发生地——北京丰台的宛平城，馆名由邓小平题写。抗战馆是全国优秀爱国主义教育示范基地、全国国防教育基地、全国首批廉政教育基地、全国民族团结进步教育基地、海峡两岸交流基地，是全国百家红色旅游经典景区之一、全国首批国家级抗战纪念设施和遗址之一，是国际二战博物馆协会、中国抗日战争史学会秘书处所在地，也是中国博物馆协会纪念馆专业委员会主任委员单位。

中国人民抗日战争纪念馆（吴娟　摄）

作为20世纪80年代北京“十大建筑”之一，抗战馆于1987年7月7日正式对外开放。建馆以来，抗战馆共经历了1997年、2005年、2010年、2015年4次改造，现占地面积35000多平方米，建筑面积36100多平方米，陈列面积13590多平方米，馆藏文物近3万件（套），其中一级藏品117件（套），图书资料3万多本。

抗战馆以“爱国主义教育基地、抗日战争史料收集和研究中心、对外民间交流的窗口和联系港澳台同胞以及海外侨胞的桥梁”为建馆宗旨，坚持“专业立馆、学术立馆、服务立馆”方针，努力将抗战馆建设成“四大中心”，即国家纪念抗战胜利及全民族抗战爆发活动中心、中国抗战和世界反法西斯战争历史展示中心、中国抗战史料收藏和研究中心、世界反法西斯战争东方主战场对外宣传中心。

多年来，抗战馆全面展示抗日战争历史和弘扬抗战精神，不仅举办了多个大型主题陈列展览，而且在馆内组织了各类专题展览。同时，为进行广泛的国际交流与传播，抗战馆曾赴日本、美国、新加坡等国家举办巡回展览达100多场次，共接待了国内外观众3300多万人次，其中包括近百个国家的80多万观众以及几十个国家的政要与首脑。

一、从桥史陈列馆到国家抗战纪念馆

位于北京卢沟桥畔的宛平城是中国保存完好的4个“袖珍古城”之一，始建于明崇祯十三年（1640年），名为“拱极城”，全城东西长640米、南北宽320米，总面积20.48公顷，历经300余年的风雨沧桑。[①]由于这里地理位置重要，历来是兵家必争之地。

1931年九一八事变后，随着日本侵华步伐的加快，华北及平津的形势日益严峻，北平城陷入日本军队三面包围之中，只有北平城南

① 中共北京市委党史研究室、北京市文物局：《红色寻踪——北京革命纪念地指南》，中共党史出版社2004年版，第77页。

面仍在中国军队的控制下。因此，地处北平城南咽喉要道的卢沟桥与宛平城的战略地位尤为重要，成为保卫北平的桥头堡。这里驻扎着国民革命军第29军下属的一个营。1937年7月7日夜，占据丰台的日军在卢沟桥附近举行军事演习，其间，声称有一名士兵失踪，要求到宛平城内搜查，中国守军拒绝了日军的无理要求。日军借此包围了宛平城，8日凌晨，得到增援的日军突然向宛平县城发起攻击，驻守的中国守军奋起抵抗，震惊中外的卢沟桥事变爆发。

卢沟桥事变的爆发，既是日本全面侵华战争的开始，也是中华民族进行全面抗战的起点。1961年，宛平城被国务院列为全国重点文物保护单位。但是，直到20世纪80年代，这里仅有一个卢沟桥桥史陈列馆，展示卢沟桥历史和抗战文物资料。

抗战馆的筹建倾注了老一辈无产阶级革命家胡乔木①的大量心血。有一次，胡乔木来卢沟桥桥史陈列馆参观，提出希望建一座较大规模的抗战纪念馆的想法。凑巧的是，当时全国人大常委会副委员长邓颖超专门派秘书到卢沟桥桥史陈列馆表达了同样的想法。卢沟桥桥史陈列馆抓住契机，在市、区领导的大力支持下，提交了关于筹建大型抗战纪念馆的报告。后经多方努力，于1983年获中央领导批准并正式筹建。

在筹建初期，对纪念馆定位和选址出现了不同意见。在定位问题上，有的专家提出建一座以七七事变为主题的小型陈列馆，但多数专家则建议兴建一座大型的全国性抗日战争纪念馆。为此，1983年11月24日，北京市副市长白介夫②请示胡乔木。胡乔木指出："抗日战争是中国历史上的一件大事，不搞个抗日战争纪念馆说不过去。"为全面了解情况，1983年12月19日，胡乔木再次实地考察，

---

① 胡乔木（1912—1992），江苏盐城人，本名胡鼎新，"乔木"是其笔名。1930年，他加入中国共产主义青年团，1932年加入中国共产党。他曾任中共中央顾问委员会常务委员、中共中央党史工作领导小组副组长、中国社会科学院名誉院长。

② 白介夫（1921—2013），陕西绥德县人，1938年加入中国共产党，时任中共北京市委常委、北京市副市长。

综合各方意见，考虑到七七事变是中国全民族抗战的起点，意义重大，故纪念馆不能只反映局部影响，应全面反映中国抗日战争的宏大过程。于是，最终决定兴建一座全国性抗日战争纪念馆。

在选址问题上，历史学家刘大年①等认为应在宛平城内单独选址，建一座庄严朴实、布局紧凑的国家级抗日战争纪念馆。另一种意见认为，从资金和建设难度上考虑，纪念馆建设应尽量利用古建筑，这样既能保护文物古迹，又能节省建设资金。如果把纪念馆建在城楼上，既有一定高度，可向西俯瞰卢沟桥，城墙上遗留的斑驳弹坑痕迹也是历史见证，是进行爱国主义教育的最好素材。

为此，北京市向中央请示，反映专家们的有关选址意见和建议。胡乔木对专家意见非常重视，并多次与文化部、北京市政府等协商研讨，最终达成一致意见：在宛平城内单独选址，建设一座规模宏大的中国人民抗日战争纪念馆，资金由国家计委和北京市共同解决。1984年4月，文化部和北京市向国务院报送了筹建抗战纪念馆的请示。胡乔木就筹建经费问题专门给中央书记处书记习仲勋等中央领导写信，经党中央和国务院领导同志批示后资金得到落实。同年，国家计委按照胡乔木的指示精神起草了《对北京市建设抗日战争纪念馆问题的意见》上报国务院，并获得批准。

由于是筹建全国性抗日战争纪念馆，陈列内容和资料征集涉及全国各方面，政策性、专业性都很强，白介夫致信胡乔木，建议由文化部牵头，北京市负责承建。在胡乔木的领导下，文化部和解放军总政治部等有关部门进行磋商。之后，胡乔木又致信国务院副总理万里。在此基础上，成立了抗战馆筹备委员会，由文化部部长朱穆之任主任、北京市副市长白介夫和解放军总政治部宣传部顾问刘汉任副主任。同时，成立抗战馆陈列办公室，负责展厅陈列任务，北京市则成立工程指挥部，具体负责馆舍施工建设。

---

① 刘大年（1915—1999），湖南华容县人，历任中国科学院近代史研究所研究员、中国科学院编译局副局长和近代史研究所副所长、中国科学院哲学社会科学部学部委员、中国社会科学院近代史研究所所长、中国社会科学院研究生院教授和博士生导师。

1985年，抗战馆建设开始动工。胡乔木对工程建设非常关心，并做出指示：抗战馆要体现中华民族的建筑艺术风格，建筑物要很好地和周围环境相协调。在修建过程中，北京市主要领导段君毅、李锡铭等曾做过批示，并多次亲临施工现场，现场办公，及时解决存在的问题。[①]

历时两年，抗战馆一期工程在纪念全面抗战爆发50周年前夕竣工。1987年7月6日，抗战馆举行了落成典礼，党和国家领导人杨尚昆、万里、王震、胡乔木以及曾参加抗战的部分老同志出席开幕式。同年7月7日，抗战馆正式对外开放。

二、建筑风格庄严肃穆

抗战馆坐落于宛平城中心，距卢沟桥500米，主体建筑庄严肃穆，是一座具有中国传统民族风格的建筑。

为了全面反映中华民族抗击日本侵略的过程，设计和建造一座具有重要纪念意义的建筑物，在设计总体要求中规定“应以民族形式为主”。因此，如何体现民族形式、彰显民族精神就成了建筑设计者首先要考虑的重要问题。抗战馆选址在宛平古城内，宛平城是国家重点文物保护单位，城垣保存完整，城楼和城墙保护完好，具有十分珍贵的文物价值。因此，抗战馆建设必须要考虑与周围自然环境的和谐，尤其要考虑与相隔不远的卢沟桥在艺术造型上协调一致，同时由于城墙高度所限，从视觉效果上不能把纪念馆建得过分高大，而影响宛平古城的整体风貌。这一切都给设计工作带来不少困难。[②]经过设计师认真研究，大家认为必须要达到3个建筑效果：一是有雄浑气魄，体现全民族共同抗日的英雄气概和磅礴气势；二是突出中国特色，凸显民族风格和民族精神；三是做到功能与形式

① 鲁书月：《胡乔木与中国人民抗日战争纪念馆》，载《百年潮》2012年第12期。

② 刘建业、蔡恒：《抗日战争纪念馆建筑艺术民族化初探》，载《中国博物馆》1987年第1期。

的完美统一、艺术造型与纪念馆的定位和性质相互统一。在设计方案的实施中，充分体现了上述思考。

守卫卢沟桥的中国第 29 军士兵（来源：《北京抗战图史》第 60—61 页）

（一）保护宛平古城整体风貌

将纪念馆建筑高度控制在宛平古城城楼高度以下，层数为两层，正立面采用“两翼对称”的传统形式。纪念馆的整体由位于中央的序厅、“两翼对称”的展厅和后面宽大的半景画厅四部分组成。馆内布局完整，功能清晰，形成了一组相互连接的展览空间。

（二）突出民族风格，融入传统元素

纪念馆从内到外大量采用中国传统建筑形式，融合牌坊、琉璃瓦、四合院等建筑元素，借鉴中国传统园林手法，与现代技术有机融合，形成了具有浓郁民族风格的纪念馆建筑。

（三）弘扬抗战精神，彰显民族伟业

如何突出全民族团结一致、奋力抵抗外敌侵略的抗战精神，如何从整体环境上营造出这种浓郁的氛围，如何在每一个建筑细节的处理上体现这种精神，这是设计师需要解决的难题。经过反复研究和探索，他们的设计最终实现了这一目标。无论是总体规划还是建筑细节，抗战馆都达到了设计目的。

纪念馆序厅位于正中央，这是参观者进入展厅前的一个过渡空间，庄严的仪式感十分强烈。大门设计借鉴汉代阙门造型，突出了民族特征，4个角各设一根多边形通天柱，与半景画厅的柱子相呼应，使其总立面宛若一座巨大的牌坊，更增添了传统艺术感。正厅大屋檐采用传统建筑风格，做成3组仿古式的巨型灰色瓦坡檐，显得古朴、大气。屋檐前的沟头和滴水设计为龙形图案，寓意我们是“龙的传人”。屋檐下白色花岗岩装饰的立面上镌刻着邓小平题写的馆名。

纪念馆正前方设置了一组花岗岩台阶。台阶面宽42米，进深35米，显得气势宏大，这是吸收了太和殿的建筑艺术构思，使人进入纪念馆庭院后就有一种雄浑、肃穆的感觉。①台阶中央设计了一座反映全民族抗战主题的大型雕塑，与纪念馆主体相呼应，以增强参观者对抗战英烈的缅怀和崇敬之情。

纪念馆外墙采用主色调为白色的磨光花岗岩，上面是茶色铝合金采光带，下面向里收回2米，形成立面悬挑的形式，增加立面的错落感。底层窗也是采用茶色铝合金采光带，上下呼应，使立面形成两组对称的线条，丰富了艺术视觉效果。这种立面处理既与抗日战争的主题相吻合，同时又突出民族形式，与周围环境融为一体，显得十分和谐。②

馆内的空间处理与装潢设计也力求在满足使用功能的前提下强化民族化氛围，表达中华民族不屈不挠的斗争精神和中国人民气壮山河的英雄气概，这尤其体现在序厅的布局和装饰材料的设计上。这是一个高大宽敞的空间，层高达7米，给人以庄严、凝重的感觉。进入序

---

① 刘建业、蔡恒：《抗日战争纪念馆建筑艺术民族化初探》，载《中国博物馆》1987年第1期。

② 同上。

厅，迎面是一座长18米、宽6米的大型浮雕《铜墙铁壁》，作品反映了全民族抗战中的八路军、新四军、国民党军队、敌后抗日游击队、知识分子、社会各阶层民众的伟大抗战形象，象征着中华民族团结抗战。整个浮雕背靠崇山峻岭，主题鲜明，深刻展现了全民族抗战的宏伟画面，让人联想起中华儿女前仆后继用血肉之躯共同筑起中华民族的钢铁长城。这种醒目的布局方式是受到中国古典建筑中放置屏风的启发。序厅墙面全部采用雪白的大理石，上部磨光洁净如玉，下部打造细腻纹理，显得自然而庄重。地面铺设墨绿色花岗岩，与墙面色调形成鲜明的反差效果，缓步而行，给人一种凝重的感觉。灯饰设计也颇具匠心，照明灯隐藏在屋顶天花板深处，形成一个个的方形藻井，中间两排顶灯上有垂下的古典式钟形灯罩，富有浓郁的民族艺术特点。这样的空间设计和艺术装饰较好地与纪念馆的性质结合起来，为凸显抗日战争主题发挥了烘云托月的作用。

设计师在设计纪念馆建筑的同时还努力营造一种优美、和谐的艺术环境，与宛平古城的传统风貌协调一致，打造出使人心境沉静的效果，激发人们对抗日英烈的深切缅怀。

抗战馆的正前方是一个面积达8600平方米的和平广场，广场中央矗立着一尊由著名雕塑家程允贤雕刻的4.5米高的《卢沟醒狮》。石狮神形俱佳，威武雄壮，栩栩如生。狮头望向卢沟桥方向，与卢沟桥桥头的石狮子遥相呼应，象征着中华民族的觉醒和雄浑气魄。广场北侧中间有一根高达14米的旗杆，寓意七七事变爆发地和中华民族的14年抗日战争。抗战馆的正门两侧是绿化区，在绿茵茵的草地上有8棵银杏树，象征8年全面抗战。在两侧的草坪上还零星散布着14棵松树，每侧7棵，寓意七七事变，同时又象征着14年的艰苦抗战历程。抗战馆西侧是抗战主题公园，里面种着象征中日友好的樱花。西侧亭子里有第三十五届旅日华侨福建同乡认亲会北京大会所立的“民族正气　浩然长存”的高大石碑。主体建筑前面，从平台到展厅，中间有两段台阶，下面台阶共有8级，代表着8年全面抗战，上面台阶共有14级，象征着14年的艰苦抗战历程。台阶中间有一个长7米、宽2.5米的巨大石刻。石刻下部的宝瓶上镶有插花牡丹，显得雍容华贵，人们把这最名贵的花敬献给先烈；中间的菱形图案象征着祖国大地；上面的花环是对抗日英烈的永恒祭奠。在阳光照射下，石头呈白色，阴天或下雨时石头表面又会变为浅红色。

镶嵌着独立自由勋章图案的锻铜大门使抗战馆尤显肃穆、庄严。抗战馆的二层平台上安放着锻铜的《独立自由勋章》雕塑，让人们永远铭记那些为了中华民族的独立和自由而英勇献身的先烈，更好地传承和弘扬中国人民为了追求和平与正义、捍卫民族独立自由而不畏强暴、不怕牺牲、血战到底的抗战精神。

三、展现抗战历程，弘扬抗战精神

建馆以来，抗战馆紧密围绕中央赋予的三大任务，以广泛宣传抗战历史、大力弘扬伟大抗战精神为己任，以建设“四大中心”为目标，加强抗战史学术研究，精心打造《伟大胜利　历史贡献》大型主题展览（现为抗战馆基本陈列），举办《台湾同胞抗日史实展》，每年推出专题展览，以扩大海外影响，广泛开展社会教育活动。

（一）基本陈列主题鲜明

2015年，在纪念中国人民抗日战争暨世界反法西斯战争胜利70周年之际，抗战馆举办了《伟大胜利　历史贡献》大型主题展览。在抗战胜利70周年纪念活动结束后，该展览作为抗战馆基本陈列长期展出。

该展览以“铭记历史、缅怀先烈、珍爱和平、开创未来”为主题，展区总面积6700平方米，展出历史照片1170张、文物2834件，全景式地展现了全国各民族、各阶级、各民主党派、各社会团体、各界爱国人士、港澳台同胞和海外侨胞英勇抵抗日本侵略的光辉历史和做出的巨大贡献，既突出表现了中国共产党的中流砥柱作用和中国战场作为东方主战场的作用，又展示了抗日战争正面战场的历史作用。该展览恢宏大气、催人奋进，具有鲜明的特色。

在展览内容上，主题突出，旗帜鲜明，强调2个重点和3个关系。以“中国共产党的中流砥柱作用”和“中国战场是世界反法西斯战争的东方主战场”为两大重点，从中国6年局部抗战与全民族8年抗战、正面战场与敌后战场、中国人民抗日战争与世界反法西斯战争这三者纵横交织的复杂关系中全面展示抗日战争的历史全貌，凸显中国共产党领导全国各族人民英勇抗击外来侵略者的民族精神。

该展览之所以广受欢迎，还在于其特点突出。一是全景式呈现。立足全民族抗战，展现各民族、各阶级、各民主党派、各社会团体、各界爱国人士、港澳台同胞和海外侨胞一致对外，英勇抵抗日本帝国主义侵略的光辉历史。二是突出在世界反法西斯战争的大背景下，中国共产党领导中国人民在东方主战场上为世界反法西斯战争胜利做出的巨大历史贡献。三是运用珍贵、翔实的历史文物、照片及视频资料，形象地展现中华民族14年浴血奋战的艰苦抗战历史。四是挖掘抗战史料，展现真实感人的抗战故事，深刻诠释伟大的抗战精神。

该展览共分8个部分，全面、客观地再现了中国人民同日本侵略者进行英勇斗争的14年光辉历史，构成了一部形象生动的抗战壮丽诗篇。

第一部分：中国局部抗战——揭开世界反法西斯战争的序幕。主要反映中国共产党独立领导东北抗联进行抗日斗争，提出建立抗日民族统一战线的主张。

第二部分：全民族抗战——开辟世界第一个大规模反法西斯战场。主要反映中国共产党倡导的以国共合作为基础的抗日民族统一战线正式形成，正面战场与敌后战场协同作战，共同抗击日本侵略者。

第三部分：中流砥柱——中国共产党坚持正确抗战指导及其敌后抗战。主要反映中国共产党实行全面抗战路线，提出持久战的方针和一整套作战原则，广泛发动人民群众，成为抗日战争的中流砥柱。

第四部分：日军暴行——现代文明史上最黑暗的一页。主要反映日本侵略者对中国人民进行的惨无人道的屠杀、迫害和摧残，揭露日本侵略者的累累罪行。

第五部分：东方主战场——彪炳史册的历史贡献。主要反映中国人民抗日战争持续时间最长、牵制日本兵力最多，有力地策应和支持了盟国作战，是世界反法西斯战争的东方主战场。

第六部分：得道多助——国际社会积极支援中国人民的正义战争。主要反映中国人民抗日战争得到了国际社会的同情和支持。

第七部分：伟大胜利——日本法西斯侵略者遭到彻底失败。主要反映中国人民创造了半殖民地弱国打败帝国主义强国的奇迹，对世界反法西斯战争做出了巨大贡献和民族牺牲，中国的国际地位空前提高。

第八部分：铭记历史——携手世界各国共建持久和平。主要反映中国政府和中国人民将以最大的决心和努力，同世界各国人民一道，坚决捍卫中国人民抗日战争暨世界反法西斯战争的胜利成果。

该展览着力展现在中国共产党倡导建立的抗日民族统一战线旗帜下，全民族共同抵抗日本侵略的历史功绩；着力展现中国人民抗日战争在世界反法西斯战争中的重要地位和作用，客观、真实、全面地展示中国人民抗日战争的伟大历程；着力揭露日本的侵略罪行，追究日本侵略者的战争责任，坚决反对日本右翼势力否认、美化和歪曲侵略历史，警惕日本军国主义复活；着力展现中国人民抗日战争胜利的伟大历史意义。

2015年7月7日，中共中央总书记、国家主席、中央军委主席习近平来到中国人民抗日战争纪念馆，参观纪念中国人民抗日战争暨世界反法西斯战争胜利70周年主题展览《伟大胜利　历史贡献》。2020年9月3日，习近平等党和国家领导人来到中国人民抗日战争纪念馆，出席纪念中国人民抗日战争暨世界反法西斯战争胜利七十五周年向抗战烈士敬献花篮仪式。

（二）专题展览与时俱进

建馆以来，抗战馆还有一个鲜明特色，就是根据时代要求和形势需要，先后推出了100多个专题展览，如《民族先锋　中流砥柱——中国共产党抗战英烈事迹展》《伟大抗战　伟大精神》《台湾同胞抗日史实展》《光辉典范——抗战时期中国共产党党风廉政建设展》《中国共产党与抗战文艺展》《伟大贡献——中国与世界反法西斯战争》《日本侵华罪证展》《抗战时期的西南联大》等。举办专题展览不仅是对基本陈列的补充和深化，而且对加强爱国主义教育、增强“四个自信”发挥了重要作用。

2015年是台湾光复70周年，为全面反映台湾同胞长达50年的抗日历史，深刻揭露日本在台湾进行的殖民统治，增进台湾同胞对中华民族和中国文化的认同，增强台湾同胞对祖国大陆的向心力，促进两岸关系和平发展，推进祖国统一进程，由中共中央宣传部、中共中央台办和北京市主办，台盟中央和全国台联协办的《台湾同胞抗日史实展》于2015年10月23日在抗战馆主馆东侧新落成的专题展厅开幕。

该展览的展厅总面积1100平方米，共展出355幅珍贵的历史图片和416件（套）珍贵的历史文物。这些文物大部分由台湾抗日志士的后代或台湾抗日史研究专家捐赠，不但是台湾同胞心系祖国、爱国爱乡的珍贵实物，更是台湾同胞捍卫祖国领土完整、维护民族尊严的历史见证。该展览分为6个部分，即“两岸一家——台湾是中国领土不可分割的一部分”“举国同忾——台湾被日本强行侵占”“奋战守土——台湾同胞的武装抗日”“长歌当剑——台湾同胞的非武装抗日”“挥戈复疆——全民族抗战爆发后台湾同胞的英勇抗争”“欢庆回归——抗战胜利与台湾光复”。

该展览真实再现了台湾同胞以慷慨赴死的英雄气概谱写的长达50年的抗日民族史诗，揭示了台湾同胞历经半个世纪的抗日斗争是近代中国人民反抗外来侵略、争取民族解放的重要组成部分，抗战胜利和台湾光复是两岸同胞团结御侮、共同努力的结果，大陆和台湾是两岸同胞的共同家园，两岸同胞血浓于水的亲情永远不会被阻隔。①

2017年，为纪念全民族抗战爆发80周年，抗战馆推出《全民抗战　伟大壮举》主题展览。该展览旨在揭示七七事变爆发的原因及具

① 《台湾同胞抗日史实展》展出以来好评如潮，已经被作为基本陈列长期展出。

体过程，说明日本发动全面侵华战争是日本推行侵略中国、称霸世界的“大陆政策”的必然产物，全面阐述中国共产党在推动全民族抗战方面所发挥的巨大作用和中国全民族抗战在世界反法西斯战争中的重大意义。

该展览的陈列面积为1130平方米，展线长度227延米，共展出图片286幅、文物512件。其中，首次展出的历史图片132幅、文物310件（国家一级文物22件）。[①]多数资料系首次向社会公开展出。

该展览共分3部分：一是“日本侵华国策及其实施步骤”。展出日本制定并奉行“大陆政策”、发动九一八事变、武装侵略中国东北、成立伪满洲国、成立华北驻屯军、阴谋策划华北自治等大量史料，深刻揭露了日本侵略者从思想到行动、从局部到全面一步步侵略中国的野心。二是“七七事变爆发与平津抗战”。集中分析了日本侵略者悍然发动七七事变、中国共产党号召全国同胞团结抗日以挽救民族危亡、第29军与侵华日军在平津展开血战的悲壮历史。三是“中国全民族抗战局面的实现”。在中国共产党领导的抗日民族统一战线旗帜下，亿万中国军民团结一致，奋起抗敌，开展了气势恢宏的全民族抗战，在世界东方开辟了第一个大规模的反法西斯战场。

这一主题展览以其特殊的纪念意义和丰富的历史资料吸引了大量参观者。据《北京日报》报道：7月7日，很多人选择到抗战馆参观。临近午时，观众已经排起了长队等待入场。抗战馆宣传教育部工作人员介绍：从6月开始，抗战馆迎来了客流小高潮，参观人次超过10万。到了暑假期间，青少年夏令营、中小学游学、家庭亲子活动、海内外青少年交流更是络绎不绝，成为重要参观群体。[②]在抗战馆里，参观者们从抗战精神中汲取了巨大力量，更加坚定了实现中华民族伟大复兴的中国梦的理想信念。

---

① 引自中国青年网，2017年7月19日。

② 刘冕：《昨天，抗战馆外排起了长队》，载《北京日报》，2017年7月8日。

（三）举办巡展和外展

抗战馆还与我国港澳台地区以及俄罗斯、德国、美国等国的有关机构联合，多次举办大型对外展览，以扩大国际交流，增强中国对外宣传的影响力。

例如，为纪念台湾光复71周年，2016年10月，抗战馆与中华两岸和平发展联合会、台湾抗日志士亲属协进会共同在台湾新北市、台中市和屏东县三地同时举办“烈日忠魂——台湾光复71周年纪念特展”；2016年10月，抗战馆与俄罗斯卫国战争纪念馆联合承办“二战抗日战场”国际展览群；2014年12月，抗战馆在香港、澳门举办“血写的历史——日本军国主义在亚太地区罪行图片展”；2013年9月，抗战馆在美国举办“侵华日军细菌战化学战罪行展”等。

这些展览以大量珍贵的文物资料，全面揭示日本发动全面侵华战争的罪恶历史，向世人揭露日本的侵华罪行，展示了中华儿女浴血奋战、保家卫国的光荣历史，彰显了中华民族在世界反法西斯东方主战场的伟大贡献，对增强世界爱好和平人民的团结和祖国对海外侨胞的凝聚力起到了积极的作用。同时，也是对广大人民进行爱国主义教育、鼓舞和弘扬民族精神的极佳素材。

通过大量珍贵图片、历史文物和艺术作品，让参观者认识历史、重温历史、感受历史，让参观者了解中国人民抗日战争和对遇难同胞的深切缅怀。

四、加强学术研究，征集历史文物

建馆以来，抗战馆以“专业立馆、学术立馆、服务立馆”为办馆方针，力求创建中国抗战史料收藏和研究中心，以开展抗战史学术研究。抗战馆牵头成立国际二战博物馆协会，为世界上的二战类博物馆搭建了交流平台，促进了世界各地二战类博物馆的交流与合作。

（一）召开学术研讨会

建馆以来，抗战馆先后组织召开了100多次各种类型的国内外学术研讨会，组织国内外专家以求真务实、严谨治学、潜心钻研的态度，针对抗战史中的一些难点和热点问题开展学术研究。

（二）出版专著，编撰史料

先后出版学术著作、历史画册、普及读物等各种书籍达100余部。其中，多部书籍获国家和北京市图书优秀成果奖，如“抗日战争与中华民族复兴”丛书、《日本右翼的历史发展演变及影响》、《中国抗日战争图鉴》、《抗战时期苏联援华史论》、《〈苏日中立条约〉与二战时期的中国及远东》等。出版的各类代表性书刊如下：

大型史料类书籍

序号	名称
1	日本侵华密电·七七事变（51卷）
2	中国人民抗日战争纪念馆馆藏精品文物图录
3	中国抗日战争地图集
4	中国抗日战争图鉴
5	北京抗战遗存
6	七七事变图集
7	七七事变追忆

画册类书籍

序号	名称
1	伟大胜利　历史贡献——纪念中国人民抗日战争暨世界反法西斯战争胜利70周年主题展览画册
2	甲午影像志
3	伟大贡献——中国抗日战争与世界反法西斯战争
4	共抗法西斯

续表

序号	名称
5	台湾民众抗日斗争史实文物图片集
6	中国抗日战争画史新编
7	光辉典范——抗战时期中国共产党党风廉政建设展
8	为抗战呐喊——中国共产党与抗战文艺
9	战火下的奥林匹克记忆
10	为了正义与和平——国际友人支援中国抗战
11	友谊铸春秋——纪念中日邦交正常化35周年
12	华侨与抗日战争
13	纪念台湾光复历史图片集

学术类刊物和论文集

序号	名称
1	抗战史料研究
2	中国纪念馆研究
3	“抗日战争与中华民族复兴”丛书
4	港澳台同胞与祖国抗日战争
5	中华民族的抗争与复兴——第一、二届海峡两岸抗日战争史学术研讨会论文集
6	抗战时期苏联援华史论
7	中国人民抗日战争纪念馆文丛
8	《苏日中立条约》与二战时期的中国及远东
9	日本右翼的历史发展演变及影响

通俗读物

序号	名称
1	我的父辈在抗战中
2	在抗战馆听讲座：民族精神大讲堂选辑
3	中国人民抗日战争纪念馆故事
4	百姓抗战故事
5	抗战史上的今天
6	抗战名言警句
7	抗战家书
8	中国抗日战争史小丛书
9	“伟大胜利——纪念中国人民抗日战争暨世界反法西斯战争胜利60周年大型主题展览”讲解词
10	誓不臣倭：台湾人民抗日史

截至2018年年底，抗战馆馆藏各类文物近3万件（套），其中一级藏品达百余件（套）。文物藏品以1931—1945年抗日战争时期的各种历史文献和相关实物为主，同时也收藏了日本自1874年以来侵略和占领台湾的各类文物，内容涉及军事、政治、经济、文化、社会等诸多方面，主要分为以下几个方面：

一是七七事变文物组群。如中国第29军士兵在卢沟桥抗战时佩戴的钢盔、帽徽，使用过的子弹、大刀等。

二是抗战烈士的相关文物。如左权的望远镜、张自忠初葬处的石碑、戴安澜的“铁汉”印章、蔡炳炎使用过的钢笔等。

三是抗战将领的相关文物。如朱德的砚台、萧克送给德国医生汉斯·米勒的望远镜、宋时轮的驳壳枪①、李天佑在苏联伏龙芝军事学

① 该枪为宋时轮在战斗中缴获日军的战利品。

院学习时的笔记、百团大战中缴获的日军军刀等。

四是台湾同胞的抗日文物。如丘念台（丘琮）寄给台湾堂弟妹的大陆课本，翁泽生写给母亲的信，蔡智堪保存的信件，台湾少年团的信封，瑞芳煤矿矿工使用的风锤、方镐、矿工帽，著名将领林朝栋的清廷御赐黄马褂等。

五是港澳同胞和华侨的相关文物。如港九独立大队南（涌）鹿（颈）联防队使用过的猎枪、澳门镜湖医院医生使用的显微镜、华侨保存的"国耻勿忘"纪念章、哥伦比亚华侨的捐款收据印版等。

六是文化教育的相关文物。如刘雪庵创作《长城谣》时使用的钢琴，《起来》（《义勇军进行曲》）唱片，西南联大的校徽、考试试卷及学生使用的绘图工具等。

七是日军武器装备。如大炮、枪支、指挥刀、子弹、望远镜、水壶、饭盒、钢盔、背包、军装等。

八是大型抗战文物。如四川民众修筑机场用的石碾子、抗战时期使用的美式吉普车、重庆兵工厂生产枪弹的机器、苏军出兵中国东北与日军作战期间使用的火炮等。

九是档案资料。如日本强掳劳工罪行档案、台湾义勇队档案、江南水泥厂档案等。在多年的文物征集过程中，纸类文物是抗战馆藏品中种类最多、数量最大的文物，包括出版物、绘画、笔记本、地图、票据、书信、证件等，特别是各类关于抗战的中外期刊成为抗战馆中最多的文物，也是抗战馆文物藏品的特色之一。

这些文物藏品不但是中国人民抗日战争的有力见证，更是无数抗日英烈捍卫国家和民族尊严的象征。

五、对外交流，向世界展现中国抗战历史

自1987年开馆以来，抗战馆接待了众多的外国政要与首脑，日本政要多次来馆了解日本侵华的历史真相。

1990年，日本首相宇野宗佑参观抗战馆后写下"恒久和平"。

1995年5月3日，日本首相村山富士参观抗战馆并题词，表示要正视历史，希望日中友好，期盼永久和平。1997年，日本首相羽田孜来抗战馆参观。2001年，日本首相小泉纯一郎到抗战馆参观。

此外，一批又一批的日本访问团、参观团以及大中学校的学生不断来抗战馆参观，通过向抗战英烈献花、植树等表达日本人民对中国受难者的哀悼。

意大利天主教和日本宗教界人士自1993年开始，每年秋季来抗战馆为抗日战争中的死难者祈祷。古巴、孟加拉国、罗马尼亚、韩国、英国、朝鲜、美国、尼泊尔等国的来宾曾多次来抗战馆参观，瑞典教育代表团还把中国人民抗战的历史传播到遥远的北欧。

有许多澳港台同胞及海外侨胞把抗战馆作为回中国大陆（内地）观光的必到之处。他们每次到抗战馆参观时都激动不已，那种深深的爱国情怀令人感动。他们纷纷表示，愿意为祖国统一、为维护世界和平贡献自己的一份力量。抗战时期国共两党进行第二次合作，共赴国难，共御外侮。这些在展览中都得到了客观真实的反映，来抗战馆参观的台湾抗战史专家对此都比较满意，这对祖国的统一起到了较好的宣传作用。

自建馆以来，抗战馆积极组织学术团体赴日本、俄罗斯、美国、德国、法国、韩国、新加坡、朝鲜等国家和我国港澳台地区进行交流，举办各类抗战主题的外展和巡展，为向国际社会宣传中国人民的抗日战争和世界反法西斯战争，维护世界和平，做出了积极的贡献。

如今，抗战馆已经成为国内抗战类纪念馆的领军单位，与俄罗斯、乌克兰、韩国、波兰等国家的二战类博物馆签订了合作协议，成为世界反法西斯战争东方主战场的对外传播中心。

六、社会教育成效显著

为使青少年学生、各级干部等社会各界人士了解抗日战争历史，接受爱国主义教育，弘扬抗战精神，激发积极奋进的力量，抗战馆开展了一系列爱国主义教育活动和主题纪念活动。

2009年，抗战馆推出中小学生社会大课堂活动，共接待了上千所中小学校的师生130余万人次（其中包括香港特区的一些学校，如香港圣保罗教会女中、浸会中学等），取得了很好的效果。

2014年9月，为响应北京市教委“四个一”活动，抗战馆开展了“学英烈事迹、诵抗战经典、做红色传人”北京中小学培育和践行社会主义核心价值观走进抗战馆活动，共接待北京市各区县的中小学生近50万人。

2016年5月，抗战馆开展首都大学生“忆抗战、学党史、强党性”党课活动60余场，参加党课活动的院校及其他单位达60余家（参加人员包括相关专家学者以及相关领导、抗战老兵、道德模范及志愿者），直接参加党课活动的学员达3万余人，展览讲解达140余批次，新华社、光明网、《中国青年报》、《北京日报》等主流媒体报道200余次，网上阅读量累积15万余次，取得了良好的效果。

抗战馆在建设和发展的过程中，体现了习近平总书记阐述抗战精神的深刻内涵：“中国人民向世界展示了天下兴亡、匹夫有责的爱国情怀，视死如归、宁死不屈的民族气节，不畏强暴、血战到底的英雄气概，百折不挠、坚忍不拔的必胜信念。”抗战馆突出展现全国人民英勇抵抗日本侵略的光辉历史和巨大贡献，为加强爱国主义教育发挥了重要作用，为实现中华民族伟大复兴的中国梦提供了强大精神动力。

第二节　焦庄户地道战遗址纪念馆

地道战是中国共产党领导人民战争的一个创举，焦庄户地道战遗址纪念馆记载着焦庄户人民开展地道战、同敌人进行英勇斗争的历史，见证了人民战争的伟力，展现了中国人民同仇敌忾、不屈不挠的抗争精神，是人民战争的历史符号。

焦庄户地道战遗址纪念馆位于北京市顺义区焦庄户村。村西南有条潮白河的支流——金鸡河缓缓流过，这里处于顺义、平谷、密云交界处，自古以来就是兵家必争之地。抗日战争时期，焦庄户隶属于冀东抗日根据地，是冀东通往平西、平北根据地的必经之地。在抗日战争和解放战争中，焦庄户民兵和群众在中国共产党领导下，利用地道同日本侵略者和国民党军队进行了英勇顽强的斗争，写下了可歌可泣的人民战争的历史篇章。1947年，焦庄户被东部顺义县人民政府授予“人民第一堡垒”的光荣称号。为了缅怀革命先烈的英雄事迹，1964年秋，建立了焦庄户民兵斗争史陈列室，后更名为焦庄户地道战遗址纪念馆。

一、纪念馆建成与布局

焦庄户地道战遗址纪念馆始建于1964年，1987年7月重新整修，并由原来的陈列室重新定名为现在的名字。2005年重新扩建，整个纪念馆分为3个参观区，即展馆参观区、地道参观区和抗战民居参观区。

展馆参观区占地面积近9000平方米，建筑面积2000余平方米。纪念馆主体建筑采用中国北方农村传统的四合院设计风格，以青色为主色调。展馆外墙四周共镶嵌有16组汉白玉浮雕，分别是“人民第一堡垒、打防结合、警钟长鸣、坚持斗争、英勇出击、深挖地道、巧设洞口、胜利曙光、天罗地网、村自为战、站岗放哨、转移战斗、地下歼敌、救护伤员、准备战斗、抗击敌寇”，每组雕刻各具特色，生动形象地展示了地道战的经典历史画面。

纪念馆正门外中央是一座“军民共同抗日杀敌”造型的铜质雕塑，正面刻有毛泽东的著名论断“兵民是胜利之本”，四周均有焦庄户人民开展地道战的雕塑。雕塑后面就是展厅正门，正门两边是醒目的对联“地下筑长城打防藏走，村中多猛士智勇忠诚”。

走进纪念馆，正面墙上是一幅大型木浮雕，形象地展示了焦庄户人民开展地道战的壮观景象，浮雕的左上角刻有“人民第一堡垒”6个大字，右上角刻着毛泽东的“兵民是胜利之本”7个大字。浮雕的左侧墙壁上是一幅彩色焦庄户地理位置图。正门入口处左侧的显要位置立有焦庄户地道的主要创建人马福①的塑像。馆内展出面积1000平方米，共分3个部分，即“冀东抗战燃烽火、人民战争建奇功、今日顺义更美好”。展陈内容以图片和实物为主，馆内还修建了以抗战历史人物为造型的浮雕群和大型立体沙盘，再现了焦庄户人民在党领导下同敌人进行英勇斗争的历史场景。

地道参观区中供游客参观的地道遗址长度有830米，其中后来挖掘的展览地道有800米，原始地道30米。地道内有休息室、指挥所、单人掩体、陷阱、碾盘和暗堡等战斗设施，还有在水缸、炕洞、墙柜、锅台、猪圈、柴棚、马槽等处修建的隐蔽出入口。为了更好地展示当年的战争场景，焦庄户地道战遗址恢复了30米原始地道，平均高度1.49米，最低处仅高60厘米，再现了当时地道的原貌，并采用声、光、电等现代科技手段反映真实历史。

这段地道采用国内首创的玻璃钢与环保黏合剂技术，既可起到保护地道的作用，又可以让游客看到当时地道的历史痕迹。焦庄户地道

---

① 马福（1895—1979），顺义焦庄户村人，1939年入党，1942年秋他担任焦庄户村第一党支部书记。1943年，他任焦庄户村民主政权第一任村长。在中国共产党的领导下，他组织全村群众挖地道，运用地道战与敌人展开英勇斗争。

空间变化多样，主要以线性空间为出发点，纵横交错，形成并联式网状系统，在网状系统中建造大空间，供村民休息、制作武器或当大型库房使用。地道出入口巧妙地利用碾盘、古树、水井、马槽、家具等进行伪装，隐蔽性极强，特别是北方居民所特有的灶台及火炕也通过地道口与地道内部相连，构成多变的地道战进攻与防卫体系。

抗战民居参观区有抗日战争时期的区公所、冀东十四军分区司令部和卫生处第二卫生所等。为展示当年的历史风貌，从2003年开始，对这几处有纪念意义的抗战民居进行了修复，现有抗战民居23处，修复面积15000平方米。2005年，开始兴建焦庄户地道战抗日纪念林。纪念林占地面积280亩，树木16000多棵，与焦庄户地道战遗址纪念馆新馆连成一体，同时也与焦庄户村落、民居建筑环境相呼应。组成焦庄户村落的基本元素是传统村落宅院，院落形式以三合院为主，其布局、尺度、朝向、样式在整体上呈现出一定的秩序及灵活性、随机性与共性。宅院布局紧凑、相对集中、疏密有度，表现出一种稳定、均衡、和谐的村落面貌。村落的建筑屋面、檐墙、山墙、门楼、围墙的高度富于变化，细节精致优美，增添了不少活泼、自然、亲切的乡村情趣。

焦庄户地道战遗址纪念馆是全国爱国主义教育示范基地，是进行

焦庄户地道战遗址纪念馆（肖建杰　摄）

革命传统教育和爱国主义教育的红色旅游胜地。

二、“地下长城”的修筑与历史变迁

焦庄户地道修建于抗日战争时期，解放战争时期继续扩展完善。1938年5月，八路军第四纵队，亦称宋（时轮）邓（华）支队，挺进敌后战场，创建冀东抗日根据地。1939年2月，以第四纵队为基础组成冀热察挺进军，在萧克司令员率领下，以平西根据地为轴心，向平北、冀东、热南及察东发展。

焦庄户是连接冀东及平北诸县（包括顺义、怀柔、密云、昌平、平谷西区等）的一个连接点，处于一个特殊的位置。由于这里抗日活动频繁，经常遭到日伪军残酷镇压，焦庄户人民奋起抗争，保卫家园。1942年，根据区委指示，焦庄户村建立党支部，由马福担任党支部书记。马福是村子里第一名党员，曾经在山洞里躲藏过，村里曾为他造了假坟，以迷惑敌人。既要抗日，又要设法保全自己，马福在很长一段时间里都在思考这个问题。有一次，敌人来了，他来不及撤往村外，便跳下了白薯窖，顺手将两捆山柴盖住窖口。

焦庄户抗日老村长马福

受此启发，百姓们为了躲过敌人的搜捕和抢掠，开始在自己家里比较隐蔽的地方挖一些口小肚大的地洞。敌人来时，村民就藏在洞里，洞口用柴草或其他东西盖住，群众称之为“蛤蟆蹲”。“蛤蟆蹲”一旦被敌人发现，里面的人就很难逃脱。于是，马福就与村里的抗日骨干商量，把这些单个的“蛤蟆蹲”用地道连接起来，并开始尝试进行连接挖掘。这样洞洞相通，敌人如果发现一个洞口，民兵和群众就能通过地道转移到其他地方。自从地洞相互连接后，人们逐渐称其为“地道”。

从1943年春天简单连接地洞开始，从仅限于藏身，到不断发展为诸如墙里墙外、院里院外、改变位置、移动位置，总之，延长了活动距离。1943年冬天，全村进行了大规模地道延长，终于完成了几条直接相连的地道，同时在实践当中巧妙地解决了几个问题。

通过在比较隐蔽的地方设置一些通气孔，保持地道内外空气通畅，这样就解决了地道里面空气稀薄、氧气不足的问题。另外，在建造洞口时不仅注意让洞口的位置要高于周围地面，而且在洞口周围要把容易向下漏水的地方堵严，这样就能有效防止雨水流入地道或者发生渗漏的情况。

1944年4月，在粉碎敌人“扫荡”的战斗中，地道发挥了很大作用，但是仍然存在着不完善的地方。1944年冬天，冀东根据地三（河）通（县）顺（义）联合政府派教育科长徐进到焦庄户指导工作，徐进借鉴冀中冉庄地道战的经验，同时结合焦庄户村实际，在地道内装上了翻板，增加了单人掩体、陷阱，以及和地面相通的暗堡、瞭望孔、射击孔等战斗设施，还挖了十几处指挥所和休息室，使民兵和群众能较长时间在地道内战斗和生活。

到抗日战争胜利前夕，焦庄户地道已经比较完善。第一，打通了南到唐洞、北至大北坞的干线。也就是说，利用地道不仅可以转移到村外，还可以通往两个邻村。与此同时，地道的支线和干线也得到了延长，洞口位置仍然以最可靠的地方为主，以减少敌人破坏的可能性。第二，地道内的设施基本齐备，有了可以利用的指挥部、会议室等，还留出承重的土墙柱，类似于“田”字形，这样便于人集中，还可以承重。第三，经过反复实践，解决了翻墙的问题，先是直行改下翻，走一段再往上翻，有了洞中洞，再向前平行，两头用盖板封上，盖上一些浮土，这样就解决了防毒、防水的问题，即使被敌人发现或者洞口被破坏，也威胁不到地道里的群众。第四，解决了地道里群众的吃饭问题，因为不能点火冒烟，否则等于给敌人送信，暴露自己的位置，所以在紧急情况下必须预先做好准备。

总之，抗日战争期间，一座“地下长城”成为抗日斗争的坚强堡垒。焦庄户村人民利用地道战、地雷战、麻雀战与日伪军周旋、战斗，经常到敌占区扒铁路、炸桥梁、毁公路、割电线，还配合八路军攻下了密云县提辖庄的日军据点，配合区小队俘虏了龙湾屯据点里的12名日军和40多名伪军。1943年9月，百余名日军和伪军来“扫荡”，民兵中队长马文藻带领30多名民兵配合区小队埋伏在敌人必经之路上，当敌人进入伏击圈时，民兵们利用地雷、土枪、土炮突然袭击，敌人丢下军车、武器和死尸，狼狈逃窜。整个抗日战争中，在党的领导下，焦庄户从一个不知名的小山村发展成为建立抗日民主政权、拥有村武装民兵中队和完整群众组织的坚强堡垒，受到上级党组织和政府的高度评价。

抗日战争胜利后，焦庄户一带划归东部顺义地区，维修和改造地道仍然作为一项重要工作一直在进行。到1946年年初，修挖的地道总长约12千米，形成村内村外、地上地下纵横交错的地道网，并和邻村地道相连，使地道成为能藏、能走、能打、能防、能生活的“地下长城”。面对国民党发动的内战，焦庄户人民又利用地道、暗堡等打得来犯之敌晕头转向，使敌人每次都大败而归。

在整个抗日战争和解放战争中，焦庄户村民与敌人作战150余次，打死打伤敌人130多人，俘虏敌人60多人，缴获枪100余支、子弹3500余发、电台1部等。由于焦庄户人民战功卓著，1947年11月，冀热辽十四军分区指示东部顺义县人民政府授予焦庄户“人民第一堡垒”的光荣称号。

随着战争硝烟的散去，地道也逐渐淡出了人们的生活。但是，作为留下的一种特殊战争遗迹，地道却被完整保存下来，成为一种革命精神和情操的象征。1958年秋，焦庄户迎来了首批参观地道的外国客人，即以劳尔·卡斯特罗为首的古巴访华代表团，他们要参观一个与游击战密切相关的地点。于是，地处京郊的焦庄户被有关单位推荐给他们参观，从而揭开了焦庄户地道对外开放的序幕。

正是以此次接待外国代表团为契机，焦庄户村人民开始思考焦庄户地道战遗址的真正意义以及如何扩大影响的问题，并向上级汇报了他们的想法。经过长时间的论证，焦庄户地道战遗址对外开放被有关部门确定下来，由北京卫戍区负责筹建，中共顺义县委、县人委（即县政府）、人民武装部主持此项工作。于是，修公路、通班车、架线路、通电灯等一系列条件准备就绪后，上级确定遗址名为焦庄户民兵斗争史陈列室，并由中共北京市委文教书记邓拓题写了室名。

1963年，开始大规模筹建陈列室。北京卫戍区副司令员曾美、政治部主任张一山等亲自审定筹建方案，并参与设计。司令部相关工作人员都长住焦庄户。县武装部部长刘波等做了大量具体工作。地点选定在村南大坑的北沿上，正对村北有象征意义的老槐树，陈列室就在路东边村头。地道要想对外开放，仅用原始地道是不行的，因为原始地道低矮潮湿，而且还要解决照明问题，所以需要再造地道。这次挖地道正赶上八一电影制片厂拍摄电影《地道战》，电影中挖地道的一些场景就是在这里拍摄的。

1964年10月，焦庄户民兵斗争史陈列室正式对外开放了。1979年8月21日，焦庄户地道战遗址被公布为北京市重点文物保护单位。作为重点文物保护单位，北京卫戍区将其移交给顺义县文化文物局后，文化文物局拨专款重修，1987年7月5日重新定名为焦庄户地道战遗址纪念馆。因邓拓题写的陈列室牌匾在“文化大革命”中不知去向，此次重挂的牌匾由国防部部长张爱萍题写。

1990年6月24日，中央军委委员、中国人民解放军总参谋长迟浩田上将到焦庄户地道战遗址考察。迟浩田将军欣然题词“地道战大显神威，焦庄户永放光辉”。1994年，北京市政府将此处遗址作为北京市爱国主义教育基地。

1995年，在纪念中国人民抗日战争暨世界反法西斯战争胜利50周年之际，中共北京市委副书记李志坚实地考察了焦庄户地道战遗址，就保护与开发利用问题做出指示。顺义区委宣传部的同志采写的通讯《燕山儿女的爱国情怀》刊登在《解放军报》和《北京日报》上，产生了较好的社会反响。中央军委副主席、国务委员、国防部部长迟浩田做了批示“此文写得很好”，高度赞扬焦庄户人民的爱国事迹，肯定了地道战遗址在新时期的作用和意义。1996年，遗址被国家六部委确定为全国爱国主义教育基地。2001年，遗址被中宣部确定为全国十大爱国主义教育示范基地之一，并成为北京市首个“红色旅游书屋”挂牌单位。2004年，遗址被北京市评为北京第二批历史文化保护区之一，是北京历史文化名城保护单位的组成部分。同年9月，遗址被国家发改委评为北京首批红色旅游景点之一。焦庄户村2010年由国务院公布为第五批中国历史文化名村，2013年被住建部公布为中国传统村落，2013年3月由国务院公布为第七批全国重点文物保护单位。

三、焦庄户地道的作用与时代价值

（一）充分体现中国共产党领导下军民团结的巨大威力

焦庄户地道是一项系统工程，广大军民之所以能够持久地动员人力和物力，其根本原因在于充分发挥党支部的坚强堡垒作用，形成领导核心，有上级党组织的大力支持。一批觉悟高、作风硬的骨干和起着带头作用的干部队伍发挥了引领作用。广大群众积极响应党的号召，广泛而持久地参与到挖地道的行动中，表现出极大的热情，付出了令人难以置信的艰辛。总之，地道战作为一种新颖的斗争形式，在抗日战争和解放战争中显示出了人民战争的伟大、神奇力量，体现了不屈不挠的民族精神，是中华民族宝贵精神财富的重要组成部分。

（二）进行爱国主义教育的生动课堂

焦庄户地道战遗址至今仍发挥着重要的教育作用。焦庄户地道是当地人民因地制宜创造的“地下长城”，已经成为具有厚重历史感和丰富启迪意义的历史文化遗存。同时，作为革命传统教育基地，焦庄户具有许多与革命传统有关的文化内涵，有着深刻的革命印记：曲折蜿蜒的“地下长城”、巧夺天工的地道出入口，以及因地制宜地利用水井、碾盘、古树及其他自然环境和建筑造就的特殊人文环境。在地面村落中保存着多处纪念旧址、革命先烈遇难地等纪念地。革命先烈的光辉事迹构成了与革命传统相关的人文资源，形成了焦庄户地区特有的革命传统文化价值。焦庄户革命历史遗址是革命先烈们的革命实践与丰功伟业的真实凭证和根本载体，它是中华民族革命文化遗产的重要组成部分，是进行革命传统教育、爱国主义教育和国防教育的重要资源。到焦庄户地道战遗址参观的一部分是青少年学生，多以团体进行参观学习，时间多集中在清明节、建党纪念日、建军节、国庆节；另一部分是普通群众，参观集中在周末和节假日。总之，焦庄户地道战遗址是社会主义精神文明建设的重要阵地，是进行爱国主义、集体主义教育，青少年继承革命传统教育的重要基地。

（三）开展国防教育的重要场所

20世纪60年代中期，焦庄户民兵承接了军事表演任务，宣传人民战争思想，宣传地道战的精神。这为焦庄户的光荣历史增添了新的荣誉，充实了新的内容。经过上级批准，焦庄户、西柏坡、冉庄等地被确定为部队官兵接受革命传统教育的基地。

（四）革命文学艺术创作的营养驿站

20世纪60年代，中央号召文化艺术界的创作人员和艺术家要深入老区、深入生活。焦庄户因为距离北京近、交通便利、知名度高，成为很多文学创作人员和艺术家汲取营养的驿站。从1954年开始，著名作家浩然深入焦庄户，创作了长篇小说《艳阳天》。1963年，著名评剧表演艺术家新凤霞、李忆兰、马泰、张淑桂等到焦庄户体验生活。著名作家管桦住到焦庄户的马新家，一住就是半年多，调查研究历史，体验生活。文化艺术界的知名人士袁世海、张君秋、冯志孝、关学曾等先后来焦庄户体验生活。

（五）开展中外友好交流的重要阵地

1973年7月，周恩来总理在一份文件上批示“要参观焦庄户”，说明焦庄户的对外工作已经得到党和国家领导人的充分肯定。1976年3月初，老挝总理凯山·丰威汉访华，在外交部部长乔冠华、解放军副总参谋长张才千等陪同下来到焦庄户参观，了解游击战、地道战和地雷战的起源。在外事活动中，焦庄户民兵多次进行军事表演，为宣传人民战争思想、宣传地道战的精神做出了贡献。

焦庄户地道战是中国共产党领导的人民战争的伟大创举，是世界战争史上的奇迹，也是进行爱国主义教育的生动课堂。

第三节 没有共产党就没有新中国纪念馆

房山区霞云岭乡堂上村是一个太行山深处的小山村，在这里诞生了一首永恒的红色歌曲——《没有共产党就没有新中国》。这首歌曲“立时代之潮头，发时代之先声”，唱出了中国人民的心声，唱出了一条被历史证明的颠扑不破的真理——没有共产党就没有新中国，没有共产党就没有中华民族的伟大复兴。如今，没有共产党就没有新中国纪念馆成为北京红色地标。

“没有共产党就没有新中国，没有共产党就没有新中国。共产党，辛劳为民族，共产党他一心救中国，他指给了人民解放的道路，他领导中国走向光明……”这首在华夏大地传唱了几代人的红色歌曲深深扎根在每一个中国人心中，唱出了中华儿女的共同心愿，唱出了时代

2016 年北京党史宣传月活动启动仪式在堂上村举办（骆洪刚　摄）

最强音！《没有共产党就没有新中国》这首歌曲就诞生在北京市房山区霞云岭乡堂上村，直到全面抗战爆发前夕，这里还是一片相对封闭的土地，1943年却伴随着《没有共产党就没有新中国》歌曲的传唱而声名远扬。

一、《没有共产党就没有新中国》词曲诞生

《没有共产党就没有新中国》这首经典红色歌曲的词曲作者叫曹火星①。1943年秋，19岁的曹火星和队友来到当时隶属冀察区（今房山、涞水、涿县山区一带）的堂上村，当时他是晋察冀边区抗日救国联合会群众剧社的音乐组组长。为了反"扫荡"，群众剧社化整为零，深入群众中宣传抗日。堂上村四面环山，村西头的山脚下有个中堂庙，坐北朝南，是村里的小学校。曹火星和队友到了村里后就宿营在中堂庙的东屋，他平日一边书写抗日标语，组织村里的文艺宣传队唱歌、排戏，一边搞创作。当时，"霸王鞭"这种民间音乐在平西一带很流行，他便决定借用民歌曲调填写新词，创作了这首经典的革命歌曲《没有共产党就没有新中国》。

1943年年初，斯大林格勒保卫战取得胜利，世界反法西斯战争形势发生根本转变。中国共产党领导的敌后抗日战场发挥着巨大影响。这时，由蒋介石授意、陶希圣执笔的《中国之命运》②出版，书

---

① 曹火星（1924—1999），原名曹峙，河北省平山县西岗南村人，中共党员。1938年，他在平山县农会参加革命工作。1940年，他进入华北联大学习音乐，为表达抗战到底、不怕牺牲的决心而把自己的名字改为"曹火星"。1943年，他创作了代表作《没有共产党就没有新中国》，成为中国革命音乐的不朽之作。新中国成立后，他紧扣时代脉搏，创作了一系列反映亿万人民投身社会主义建设事业的歌曲。他曾任天津市文化局局长、全国文联委员、全国音协常务理事。他一生创作了千余首歌曲，被誉为"人民音乐家"，其主要代表作有《没有共产党就没有新中国》《勘探工人之歌》《我们的祖国到处是春天》《人民总理人民爱》《拥护共产党》等。

② 《中国之命运》由正中书局于1943年出版，核心是宣扬只有国民党救中国、只有"三民主义"救中国。

中宣称“没有国民党，那就是没有了中国，中国的命运，完全寄托于国民党”。同时，污蔑中国共产党是“新式封建”“组织武力、割据地方”，八路军、新四军及敌后游击队“游而不击”，是“变相军阀”，并以最后通牒式的口吻威胁取消中国共产党和抗日民主力量。这使曹火星心中无比愤慨，也激起他强烈的创作欲望，那就是通过文艺作品来驳斥和反击国民党的谬论。

曹火星

山中的秋夜渐凉，队友们都睡了，曹火星披衣坐在土炕上，他在马灯下专心致志地进行词曲创作。凝视着跳动的油灯，他的思绪回到了之前在剧社和大家在一起的日子，感到生活在革命队伍中的温暖。再联系到自己在成长过程中目睹抗日根据地的广大人民在共产党领导下克服种种困难坚持抗战，在边区搞民主选举、减租减息、大生产等鲜活的事实，他的脑海中突然闪出前几天读过的延安《解放日报》上的一篇社论《没有共产党就没有中国》，这是针对蒋介石鼓吹“没有国民党，那就是没有了中国”的论调而作的。想到这些，曹火星心潮澎湃。他思考了一会儿，便在纸上写下了一句话：“没有共产党就没有中国。”新歌的题目诞生了！这也是这首歌曲的主题。创作的激情鼓励着他，刚才思绪中的一幅幅画面化作歌词在笔端倾泻而出：“没有共产党就没有中国，没有共产党就没有中国。共产党辛劳为民族，共产党一心救中国……它坚持抗战六年多，它改善了人民生活。它建设了敌后根据地，它实行了民主好处多……”接连几天，曹火星一有空就坐在炕沿上，一边哼唱，一边写写画画，经过反复修改，歌曲《没有共产党就没有中国》便诞生了。

曹火星对歌曲的结构做了精心安排，写成了由10个乐句构成的

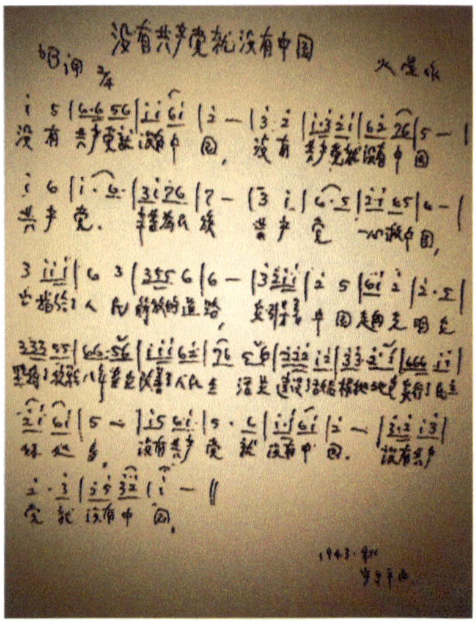

曹火星《没有共产党就没有中国》手稿

单乐段，每两句的节奏基本相同，构成对称呼应的关系；歌曲的首尾呼应，组成连贯发展、结构严密的统一体，第一、二句歌词予以强调，语气平顺而又恳切。从第三句起，一系列的排比句在曲调、节奏和句法上做了有层次的安排，从平心静气的叙述到连珠炮式的短垛句，情绪越来越激动，好似扳着指头列举事实，给人以气壮山河、毋庸置疑之感，把歌曲推向旋律高潮。最后两句是开头两句的再现，显得更加坚定有力。

这首歌写成后，首先通过小学生们用“霸王鞭”的形式演唱，然后由村剧团演唱，由于歌词简单、节奏简练，朗朗上口，很快大家就学会了，而且在周围各村流传开来。1943年10月底，群众剧社回到专区，正值专区举办县级干部学习班。涞水县的一位干部拿走了歌曲文稿，并第一次油印成歌篇在县里传唱。后来，曹火星又在河北易县举办的1000多人参加的干部学习班上教唱。就这样，这首歌就像长了翅膀一样，从地方传到部队，从晋察冀边区传到其他抗日根据地。

随着时间的流逝，这首歌的歌词曾多次变化。1943年歌词中的“坚持抗战六年多”，到了1944年，群众将其改成了“坚持抗战七年多”，到1945年，又改成了“坚持抗战八年多”。《没有共产党就没有中国》的传唱，始终伴随着人民军队进军的步伐，伴随着民族解放的前进号角。中国共产党领导中国人民赢得了抗日战争、解放战争的胜利，迎来了新中国的建设及改革开放新时代，中国从积贫积弱走向繁荣富强。

《没有共产党就没有中国》和我们现在耳熟能详的歌曲《没有共产党就没有新中国》相比，少了很重要的“新”字。这个“新”字是何时、因何原因加上去的，有很多种说法。

一种说法是逄先知在《毛泽东和他的秘书田家英》中所记：1950年的一天，毛泽东在中南海听到女儿李讷唱“没有共产党就没有中国”时就提出来这个话不科学、不准确。因为中国已经有几千年的历史了，是先有中国，后来才有共产党。所以，应该在“中国”前面加一个“新”字，即“没有共产党就没有新中国”。这种说法得到了李讷本人的肯定。

另一种说法来源于《叶子龙回忆录》：1950年的一天下午，毛泽东在中南海的院子里散步时听到叶子龙的女儿叶燕在唱这首歌，毛泽东询问有关情况后建议加个“新”字。1994年，叶燕在《北京晚报》上发表的文章《毛主席给加的“新”字》中也详细叙述了这一经过。

还有一种说法认为，爱国民主人士章乃器是这一变更的推动者。曹火星在文章《〈没有共产党就没有新中国〉创作琐忆》中说：“当时‘没有新中国’的‘新’字，是针对蒋介石《中国之命运》中‘没有国民党就没有中国’的狂言而写的。1949年1月7日，章乃器应中共中央电邀，和叶圣陶、茅盾这些民主人士一起秘密从香港北上，参加新政治协商会议的筹备工作，到达东北解放区。在参观过程中，就有人唱起了这首歌，开头的歌词是‘没有共产党就没有中国’。章乃器感到这句歌词有些不妥，提出要增加一个‘新’字，改为‘没有共产党就没有新中国’。章乃器说，因为从历史时序上是先有中国，后有中国共产党。他的提议很快被有关部门反映给中央。不久，章乃器在北京见到毛泽东，毛泽东对他说，‘你提的意见很好，我们已经让作者把歌词改了’。”曹火星本人也曾经说过，在1949年人民解放军攻克天津前夕，接到上级部门通知，对歌词进行了改动，于是才有了《没有共产党就没有新中国》这首代表亿万中国人民心声的歌曲，唱遍了祖国大江南北和长城内外，成为与中共党史相伴的不朽之作。

二、纪念馆的建立经过

没有共产党就没有新中国纪念馆始建于2001年6月，在庆祝中国共产党成立80周年之际，房山区霞云岭乡堂上村举行了《没有共产党就没有新中国》歌曲诞生地纪念雕塑揭幕仪式。早在2000年11月，房山区委领导就提出，在建党80周年之际，利用霞云岭乡堂上村的红色资源优势，开展特色纪念活动。同年12月，经过多次研究，确定了利用《没有共产党就没有新中国》歌曲诞生地开展隆重纪念建党80周年活动的思路，并着手进行准备工作。2001年年初，中共中央和中共北京市委相继发出通知，要求各地结合实际，开展丰富多彩的纪念中国共产党成立80周年的活动，房山区委形成了一套比较完整的工作方案。一是请江泽民同志为《没有共产党就没有新中国》歌曲诞生地题词；二是在府前广场和霞云岭乡堂上村建立纪念雕塑，镌刻江泽民同志的题词，举行揭幕仪式；三是在府前广场组织一场主题为“没有共产党就没有新中国”的大型纪念文艺演出。

这个宏大构想激发出堂上村老党员们的极大热情。2001年3月，堂上村党支部的66名党员给江泽民同志写了一封信《让我们心中的歌代代相传》。信中写道：“《没有共产党就没有新中国》这首革命歌曲就是1943年10月在我们村诞生的。怀着浓厚的感情，村里的党员群众已经把这首歌唱了近60年，我们一直有个愿望，就是在村里建立一个教育基地，让世世代代都记住这首歌。”他们要求在建党80周年时把村里的纪念室修好，再建一座纪念碑，并希望江泽民同志为这个纪念地题词。与此同时，房山区委做出决定，以区委的名义正式向市委提交关于请中央首长为《没有共产党就没有新中国》歌曲诞生地题词的请示，并附上堂上村党员的信。2001年3月23日，房山区委正式向市委报送了请示，引起了市委领导的高度重视，并很快做出批示，认为房山区的纪念活动很有特色，同意有关安排和设想，并明确指示要把房山区的纪念活动列为全市重点做好的纪念活动之一。不久，市委指示由市委宣传部牵头，与房山区委共同把堂上村的纪念活动抓紧抓好。这样，纪念活动就升格为全市纪念建党80周年的重点活动之一。中央政治局委员、市委书记贾庆林非常重视房山区的纪念活动，他在市委拟向中央报送的请示上批示：同意报请中央，建议附一份有关歌曲创作传唱的简要说明。按照指示，房山区委迅速组织相关人员草拟有关歌曲创作传唱的说明。文件呈报中央办公厅后，贾庆林在文件传递的关键环节亲自协调。2001年6月初，江泽民同志题写了“没有共产党就没有新中国”。

房山区委高度重视江泽民同志题词一事。堂上村纪念地主体雕塑小样经市委主要领导审阅后，再经市委常委会议讨论通过；针对房山区委呈送的雕塑题词，市委领导逐字逐句审阅，严格把关，再由市委常委会议讨论通过。为使题记书法体与江泽民同志的题词相映衬，贾庆林亲自推荐著名书法家张瑞龄书写题记。与此同时，堂上村爱国主义教育基地的展室设计、布展和遗址修复工作也随之启动。

2001年6月27日，《没有共产党就没有新中国》词曲创作地纪念雕塑揭幕仪式在房山区霞云岭乡堂上村隆重举行。北京市委书记贾庆林、曹火星的女儿曹红怡、房山区委领导和堂上村党支部书记共同为纪念雕塑揭幕。

三、纪念馆成为爱国主义教育的重要基地

2001年，在中国共产党成立80周年之际建成了纪念雕塑。雕塑通高5米，由基座和地球、旗帜两部分组成。2006年，在纪念建党85周年之际，纪念馆正式落成。整个纪念馆占地面积6000平方米，其中展览面积1800平方米，传唱大舞台4000平方米。

2011年，在中国共产党成立90周年之际，纪念馆新增了大型金属党旗、党旗广场、《没有共产党就没有新中国》歌曲标志柱。其中，党旗广场占地面积10000平方米，党旗面积960平方米，作为整个纪念馆景区的主题象征。纪念馆设大型主题展览，展馆分3个展区，展出照片800幅、油画1幅、浮雕1座、蜡像1尊、幻影成像1部，运用

传统与现代相结合的艺术手段生动地再现了《没有共产党就没有新中国》歌曲诞生、传唱的历史过程。2003年，纪念馆被市政府批准为北京市爱国主义教育基地，2011年入选《全国红色旅游经典景区第二批名录》。

岁月流逝，旋律永恒。《没有共产党就没有新中国》这首经典红色歌曲之所以不朽，是因为表达了人民的心声。正如歌曲创作者曹火星所说："我讲了真理，说了真话，写了实情，反映了群众的心声。因为说了人民的心里话，才得到人民的喜爱。"

第三章

人民解放

第一节　中共中央北京香山革命纪念地

北京西郊的香山革命纪念地是中国共产党“进京赶考”的第一站，是我们党领导解放战争走向全国胜利、新民主主义革命取得伟大胜利的总指挥部，是中国革命重心从农村转向城市的重要标志，在中国共产党历史、中华人民共和国历史上具有非常重要的地位。

香山地处北京西山山脉，山顶有两块巨石，形如香炉，从远处望去云雾缭绕，好似青烟袅袅，故有“香炉山”之称，简称香山。①这里青山翠绿，峰峦起伏，溪流潺潺，四季景色宜人，尤以秋天满山遍野的红叶令人叹为观止。历代封建帝王都把这里作为皇家御苑禁地。1949年3月，在中国人民解放战争即将迎来最后胜利的关键时刻，中共中央、中央军委决定从河北省平山县西柏坡迁到北平，首先进驻香山，在这里领导和指挥全国解放战争。新中国成立后，经过人民政府的大规模修建，将昔日封建帝王的离宫园囿开辟成香山公园，使这里真正成为人民群众休闲娱乐的风景名胜区。这里曾经是中共中央的所在地，是毛泽东、刘少奇、周恩来、朱德等老一辈革命家曾经工作、生活的地方。所以，香山保留下了许多红色文化遗址，保存着为革命而奋斗的历史记忆。

香山革命纪念地是指一个红色遗址建筑群而言。从建筑角度看，主要以香山双清别墅为核心，还包括来青轩、丽瞩楼、小白楼、思亲舍、多云亭、镇芳楼等一批建筑遗址；从文化内涵看，这些建筑和“红色文化”息息相关，被赋予了革命历史的丰富内涵。作为中共中央机关所在地和革命领袖的住所，在这里开展的重要活动、召开的重要会议、做出的重大决策、发布的重要命令、撰写的重要文章，以及

① 王同祯：《水乡北京》，团结出版社2004年版，第98页。

会见宾客等，赋予了这些红色建筑弥足珍贵的特殊意义和历史价值，值得我们永远纪念。

中共中央之所以选择在香山“安营扎寨”，建立党中央指挥中心和办公场所，与香山得天独厚的自然条件和历史渊源有密切关系，也和近代以来香山的历史演变有关。

一、香山与静宜园

早在辽金时代，香山一带就以独特的风景而被皇室看中。金世宗大定二十六年（1186年）修建香山寺行宫，经元、明、清重修后规模不断扩大，清康熙年间作为“避喧听政”之所，乾隆年间又进行了更大范围的修缮，成为西山皇家园林“三山五园”中的静宜园。这时，香山修建了大量楼阁、殿堂、亭榭、寺塔，包括最著名的二十八景，其中就有香山寺、来青轩、丽瞩楼等古建筑。

最著名的一处建筑就是来青轩。它始建于明代，原建筑仅为斋室5楹，即5间硬山顶建筑，后有2层歇山顶琉璃建筑，名曰“观音阁”。登轩远眺，山石叠嶂，林木清幽，青翠扑面而来，彰显“来青”之意。历代皇帝都喜欢来此游乐，明万历皇帝曾亲书“来青轩”3个大字，清康熙御题“普照乾坤”，乾隆也多次游幸此地，称来青轩“远眺绝旷，尽浥山川之秀，故为西山最著名处”[①]。近代以后，国力衰微，园林美景不在。来青轩连同古刹一起遭到英法联军和八国联军两度焚毁，毁坏殆尽。今天，人们只能从《静宜园二十八景》图卷中领略其美丽景致。后来在其遗址上修建了一组简单建筑。1949年3月，当中共中央由西柏坡迁至香山时，毛泽东住在双清别墅，刘少奇、朱德、周恩来、任弼时住在相距不远的来青轩。由此，来青轩就成了“四大书记”居住和办公的地方。

民国时期，香山疏于管理，一些达官显贵、军阀政客纷纷趁机进

① 王南等编著：《北京古建筑地图》（中），清华大学出版社2011年版，第183页。

驻，圈占土地，建造别墅，享受香山美景。这时，因为受西方建筑风潮影响，故在香山建造了许多西洋风格的建筑。其中，熊希龄创办的香山慈幼院产生了很大的社会影响，经过多年的经营和建设，已经初具规模。1949年，党中央之所以选择香山，与这里存在着相对完善的设施和办公条件有很大关系。目前，革命纪念地的大部分红色遗址都与香山慈幼院有关。

位于香山寺南部的双清别墅，原为金章宗时的梦感泉旧址，历代帝王都曾到此游幸。清乾隆皇帝在泉边的石壁上题写了“双清”二字，从此这里就有“双清”的称谓了。民国时期，曾任北洋政府国务总理的熊希龄在清静幽深的泉边修建了自己的别墅，名为“双清别墅”。在西北角，有一股清泉从岩洞里汩汩流出，汇成两个碧水池，清澈见底，泉水缓缓流出，分为两股清流，一股流出园外，另一股流入山下静翠湖。[①]1949年3月，中共中央机关由西柏坡迁到了香山，双清别墅便成为毛泽东的居住和办公地。

静宜园内的许多建筑大多与熊希龄创办的慈善机构有关。经过整理和修缮，一部分古建旧址用作教学之用，同时还根据需要改建和修建了一部分西式建筑，把一些过去达官显贵的别墅加以改造，也用于与慈善机构相关的方面。例如，静宜园里的镇芳楼就建在园中勤政殿的遗址上，是一栋西式的两层小楼。它是砖木钢混式结构，青砖外墙，朝东有外廊，上层有钢混式柱廊，富有现代气息，在古建筑群中显得鹤立鸡群。这座洋楼是1917年北洋大官僚张镇芳捐资修建的。当年，正值直隶、京畿一带发生大水灾，100多个县的村庄被洪水吞没，600多万人无家可归。此时熊希龄负责督办水灾善后事宜，为收养那些失去父母和被遗弃的儿童，1917年11月由京畿水灾赈济联合会拨款60万大洋在静宜园旧址创办香山慈幼院。这时熊希龄希望张镇芳捐款助赈，张镇芳通过其子张伯驹出面捐出40万大洋。为表达对张镇芳捐助的谢意，便用此款在园中建了一栋

① 王同祯：《水乡北京》，团结出版社2004年版，第99页。

楼，以“镇芳”命名，以示纪念。[1]镇芳楼成为香山慈幼院的标志性建筑，当初慈幼院的评议会、院务会等办事机构都设在这栋楼里。今天，这栋楼成为香山公园管理处的办公场所。[2]当年，这里也是中共中央机关的办公场所。

另外，静宜园内的一部分古建筑遗址经修整后也被慈幼院用于教学、生活。例如，静宜园二十八景中的丽瞩楼、多云亭等。

丽瞩楼依山而建，背西面东，因登楼眺望京城的壮丽美景尽收眼底而得名。据史料记载，丽瞩楼前面的大门上书“太和宫”，进门后是正殿“横秀馆”，为3间歇山顶殿宇，其后有一栋4柱3间木牌楼，穿过牌楼可见一栋2层5开间硬山顶楼阁，檐下悬挂乾隆御题“丽瞩楼”匾额。院内北侧建筑为清寄轩，是乾隆皇帝生母皇太后游览香山时的寝宫。[3]丽瞩楼在1860年第二次鸦片战争中被英法联军彻底毁坏。民国时期，筹建香山慈幼院时在丽瞩楼遗址处修建了学习自然科学的理化馆，建起了各种理化实验室。1949年，中共中央迁至香山后，丽瞩楼便成为党中央的专用电话局，全面负责中央机关的通信事务。

在多云亭曾收养了来自华北各省的灾童及贫苦孩子，为了让他们有“回家”的感觉，院长熊希龄命人在多云亭旧址上建了白云亭和思亲舍，并写下这样一段文字：“这些孩子都是真心地爱我，把我当他们的父母，我却把他们当我的儿女，成立我们这个大家庭。这便是我的终身志愿了。”香山慈幼院还决定将每年7月7日定为“回家节”，取“白云亲舍”之意，白云亭和思亲舍寄托了全院师生对慈幼院这个大家庭的思念之情。新中国成立后，白云亭经修建后恢复原名“多

---

① 焦雄：《北京西郊宅园记》，北京燕山出版社1996年版，第209页。

② 当年，慈幼院的教学管理非常规范和严格，并且专门聘请胡适、蒋梦麟、李大钊、张伯苓等十几位著名学者作为评议专家在镇芳楼召开评议会，以监督和改进慈幼院的教学工作。

③ 乾隆四十四年（1779年），乾隆有诗曰：“触目感相关，云轩廿载间。惟深增痛志，那复侍愉颜。飒飒阶松籁，依依坡鹿斑。向年祝厘景，挥泪对苍山。”

云亭”。

小白楼是一处近代修建的香山西式建筑，主体为一栋二层砖木结构的小洋楼，这里原名叫“绿云舫”，也是静宜园二十八景之一。民国时期，将此改建为图书馆，供慈幼院的师生查阅资料、学习之用，因外观呈白色，所以俗称小白楼。1926—1937年，图书馆藏书由6万册增至12万册。1949年3月，毛泽东率中共中央机关迁至香山，小白楼转给中共中央及相关单位使用。

总之，静宜园这座具有悠久历史的宫廷园囿，近代以来遭到严重破坏，民国时期成为达官显贵的独享乐园。随着人民解放战争走向胜利，党中央和毛泽东来到这里，领导革命大业，使这里焕发了生机。这里见证了中国革命的光辉岁月，记录下革命领袖运筹帷幄，指挥解放战争取得最后胜利的光荣时刻。

二、双清别墅的历史源流与建筑风格

双清别墅是一座依山而建的庭院，原为清乾隆十年（1745年）所建的松坞云庄中栖云楼遗址。1917年，熊希龄在香山创建香山慈幼院并任院长时将此处辟为私人宅邸，命名为“双清别墅”。1949年3月，中共中央机关由河北省西柏坡迁到北平，在香山办公。1949年3—9月，毛泽东在双清别墅居住和工作，在此发表了《论人民民主专政》等文章，签发了向全国进军的命令，并在此和中共中央一起指挥了渡江战役，会见了各民主党派代表人物和各界爱国人士，筹备中华人民共和国成立。①

这座小庭院景色宜人，风光秀美，不仅背靠重峦叠嶂的山峰，而且庭院本身就有“双清小八景”。放生池长25米、宽20米，池内金鱼畅游，莲花盛开，令人赏心悦目。梦感亭，即六角亭，相传金

① 中共北京市委党史研究室编：《北京市革命遗址通览》，中共党史出版社2012年版，第63页。

双清别墅

章宗在梦中感到有泉水涌出，故命名。大石台长4米、宽1.5米，位于水域南面，为栖云楼遗址的台基，也是静宜园二十八景之一。遗址由青石环绕，台基之上有众多明显的柱础痕迹，台基上尚有石雕栏杆，同时还存有一个大型须弥座。①栖云楼在1860年和1900年遭到英法联军和八国联军的野蛮焚毁，仅留下房子的石头台基。顺着大石台两侧叠石可登上台基，可以想象当年登上高高的栖云楼在云雾缭绕中俯瞰水池和六角亭的场景。紧挨着大石台的南侧是当年中共中央在香山时为防止国民党飞机轰炸而修建的防空洞。古经幢位于梦感亭北侧，呈六角形，刻满经文，沧桑古朴。石屏风是一座精美的石雕屏风，顶部为圆弧形，上雕龙头，中央辟为佛龛，外框为拱形，内部雕有小型坐佛，两侧石柱均为静宜园遗物，中间为佛龛，两边刻有“翠竹满庭瞻法相，白云一坞识宗风”，是乾隆御笔。石屏风下有一个弧形的小水池，内设喷泉。

蟾蜍峰是双清别墅向西之顶峰，因峰上有巨石如望天之蟾蜍而得名。双清泉石壁上有乾隆题写的“双清”二字，旁边石上有乾隆御笔

① 栖云楼风景秀美别致，乾隆曾赞美曰：“当山之半，右倚层岩，左瞰远岫，亭榭略具。虽逼处西偏，未尽兹山之胜，而堂密荟蔚，致颇幽秀……”（乾隆《栖云楼》诗序）。

诗迹。[①]

经过一个半圆拱形大门进入双清别墅院内，北侧为正厅3间，东西各带一间耳房，灰砖砌筑，外刷白粉，正房为毛泽东的住所和办公室。中间是大客厅兼会议室，现存有一张大写字台，以及沙发、会议桌等办公用品，墙上挂着当时的全国作战地图。院子的西侧有一块稍微高一些的台地，上面建有一间偏厅，现为展室。这样两层台地共同组成了一个整体的别墅院落，四周是虎皮石砌筑的院墙，南、西两侧围墙兼作护坡，直接与岩壁连为一体。西侧台地上的西北处有一扇旁门，与北侧山路相通，走出西北小门，顺着山路走不远就到了“四大书记”的住所——来青轩。

双清别墅因为这段特殊经历而被辟为革命遗址纪念地，1979年以“近现代重要史迹及代表性建筑”的名义被列为北京市文物保护单位，至今保存完好，作为香山公园的一个重要景区向游客开放。

双清别墅的建筑风格也颇具特点，是中西合璧式园林建筑。双清别墅是在清代皇家园林基础上建成的，从选址到营造均按照中国古典园林注重自然景观的建筑思想实施。双清别墅的地理位置优越，其背后重峦叠嶂，树木茂密，近处泉水汇聚，风景如画。栖云楼遗址被辟作赏景石台，台下青石假山以及湖石被完好地保存在园中，至于石刻、对联、香炉、石幢、柱础等也都成为精致的点缀，充分体现了《园冶》中所说的“远借、邻借、仰借、俯借”等传统造园手法。正如乾隆概括的“右倚层岩，左瞰远岫”“堂密荟蔚，致颇幽秀”，充分继承了园林建筑所蕴含的中国传统文化。

同时，双清别墅是一座带有西式建筑风格的乡村别墅，体现了西式园林的艺术特征，其布局方式、建筑和水景处理均借鉴了中国建筑艺术，具有中西合璧、独树一帜的特点。整个建筑密度很小，没有按照中国传统建筑式样而设计为游廊，园中的放生池设计为对称的几何

① 中共北京市委党史研究室、北京市文物局：《红色寻踪——北京革命纪念地指南》，中共党史出版社2004年版，第66页。

造型，把直线和曲线结合起来，表现出较强的西式园林色彩。整体建筑造型突破了传统形式，但没有全盘照搬西式园林。放生池岸为平滑的条石而非古典园林中常见的参差驳岸；西北侧喷泉水池以雕饰的弧线形石屏风为背景，这是意大利巴洛克风格常见的手法，但池内又以传统方式散置几块湖石，富有趣味，体现了建筑与环境融为一体的特征。在建筑物的设计上，也充分考虑与周围自然环境融合而采取很多弧形、低密度设计，把层叠的山石、径流的泉水很好地与建筑物融合，充分依托院内的银杏、侧柏、油松、栾树、旱柳等大量古树，强化了不同层次植被的观赏效果，以优美的自然环境为依托，营造出独特而丰富的景观。

三、中共中央在香山的光辉岁月

1948年9月12日—1949年1月31日，中国人民解放军在辽沈、淮海、平津三大战役中取得了重大胜利，将国民党的主要军事力量基本消灭。三大战役的胜利为中国革命在全国的最后胜利奠定了基础。1949年3月13日，毛泽东在中共七届二中全会上做了重要报告，强调党的工作中心必须由乡村转移到城市的战略决策。3月23日，毛泽东、朱德、刘少奇、周恩来、任弼时等中央领导率领中共中央机关、人民解放军总部离开西柏坡迁往北平,3月25日进驻香山。[①]党中央和毛泽东在香山期间，正处在重大历史转折时期，是中国人民解放战争走向全国胜利的过渡期。在这个关键的历史时刻，香山的双清别墅、来青轩等一大批建筑不仅是中共中央办公场所，而且是进行重要政治活动的中心，是党中央和毛泽东领导全国解放战争、筹建中华人民共和国、筹备中央人民政府的总指挥部。因此，香山革命纪念地作为重大历史的见证者而闻名于世，成为今天进行革命传统教育和爱国主义教育的重要基地。

---

① 唐黎标:《建国前夕中共中央移居香山内幕》，载《文史春秋》2010年第10期。

在离别西柏坡时，毛泽东曾笑着对周恩来说："要进城了有点激动啊！我们今天是进京'赶考'去啊！"周恩来笑着接过话题说："我们都应当考试及格，不是退回来。"毛泽东说："退回去就失败了。我们一定要考个好成绩，决不当李自成！"①

毛泽东抵达香山后，一直住在双清别墅。毛泽东很喜欢这座幽静宽敞的小庭院，不仅可以生活、会客等，还可以召集会议、商议工作，离朱德、刘少奇、周恩来、任弼时4位书记所居住的来青轩仅咫尺之遥，开会非常方便。虽然毛泽东在此仅居住了半年多时间，但双清别墅仍在中国革命史上具有重要的意义。在这里，党中央和毛泽东领导了全国解放事业，在军事斗争、政治建设、统一战线、恢复经济等各个方面取得了重大胜利，为新中国诞生奠定了坚实基础。

（一）运筹帷幄，揭露和谈阴谋

针对国民党被迫提出的求和谈判，毛泽东在进驻香山的第二天就发表声明：中共中央决定派周恩来为首席代表与国民党开始谈判，以毛泽东1月14日对时局的声明中所提出的8项条件为双方谈判的基础。1949年4月1日，由张治中、邵力子、章士钊等人组成的国民党代表团抵达北平。4月8日，毛泽东邀请张治中来香山交换意见，周恩来就《国内和平协定》草案做了详细说明，强调中共已尽最大可能采纳意见，希望南京政府以人民生命财产为重，尽快签字，以实现和平。最后，国民党当局一意孤行，拒绝接受协定，国共谈判宣告破裂。②

（二）指挥渡江战役，百万雄师过大江

其实，毛泽东早就看清了蒋介石的"和谈"伎俩只是缓兵之计，针对国民党所谓"划江而治"的幻想，他已经下定决心，即"不论谈判成败，人民解放军必须渡江"。1949年4月21日，毛泽东主席和朱德总司令在香山双清别墅发出向全国进军的命令，命

① 孟昭庚：《毛泽东在香山双清别墅》，载《文史精华》2009年第9期。

② 中共中央党史研究室：《中国共产党历史》第一卷下册，中共党史出版社2011年版，第486页。

令“中国人民解放军奋勇前进，坚决、彻底、干净、全部地歼灭中国境内一切敢于抵抗的国民党反动派，解放全国人民”。接到进军号令，人民解放军立即向尚未解放的广大区域发起规模空前的大进军。渡江战役是毛泽东在香山指挥的最大一次战役。在战役打响后，国民党军队苦心经营的长江防线在人民解放军的强大攻势下全线崩溃。4月22日，毛泽东在双清别墅为中央军委起草祝贺第三野战军第7、9兵团胜利渡江的电报，为新华社写了《我三十万大军胜利渡过长江》和《人民解放军百万大军横渡长江》的新闻稿。4月23日晚，第三野战军一部解放南京，宣告国民党22年反动统治的彻底覆灭。渡江战役的成功和南京的解放让毛泽东非常高兴，4月25日，他在双清别墅六角凉亭阅读《进步日报》关于南京解放的号外时被摄影师徐肖冰拍摄下来，成为永久的记忆。毛泽东在这里写下《七律·人民解放军占领南京》这一著名诗篇。[1]此后，中国人民解放军一鼓作气，很快解放了西北、西南、华南等地区，进而取得了全国解放战争的伟大胜利。

南京解放
千里江防轉眼粉碎
南京反動政權滅亡
鎮江無錫武進蘇州丹陽先後解放

《进步日报》“南京解放”号外

---

① 张源洪：《毛泽东在香山》，载《北京党史》1999年第2期。

（三）制定“四面八方”的经济政策

毛泽东在香山一方面领导军事和政治工作，另一方面又在谋划新中国经济建设的大政方针。1949年4月中旬，毛泽东住进双清别墅不久，根据当时全国财政经济严重困难的状况，决定改善民生，恢复经济，及时提出“公私兼顾、劳资两利、城乡互助、内外交流”即“四面八方”的经济政策。[①]之后，这一政策被写进了共同纲领，成为新中国建设初期的重要方针。实践证明，毛泽东在香山提出的这一积极方针，对于克服新中国成立初期所面临的财政经济困难、恢复和发展国民经济、稳定社会秩序起到了重要作用。

中共中央在香山做出的另一项重大举措是决定成立中央财政经济委员会。这是对分散的财政经济工作向统一经济形式过渡而采取的重大措施，是对即将成立的中央政府做重要准备。[②]1949年4月10日，中共中央在香山致电东北局，调陈云来中央参加筹划成立中央财经委员会的工作，这一机构成为党中央领导全国财经工作的统帅部。5月31日，中共中央在香山召开财经工作会议，刘少奇根据会议情况为中央起草了《中国人民革命军事委员会关于建立中央财政经济机构大纲》（草案），对目的、组织、职能做了详细阐述，成为以后成立的中央人民政府各经济部门的雏形。中央人民政府成立后，在原中央财经委员会的基础上，于10月21日正式成立了中央人民政府政务院财经委员会，仍简称中财委，负责统一领导全国财政经济工作。在香山期间，毛泽东、刘少奇、周恩来、陈云等提出了许多关于经济工作的重要论述。

（四）团结各方，创建中华人民共和国

党中央和毛泽东在香山领导开展的另一件大事就是团结一切爱国民主力量筹建中央人民政府，为创建新中国绘制蓝图。

早在1948年4月，随着解放战争的不断胜利，中共中央在“五一”

① 张源洪：《毛泽东在香山》，载《北京党史》1999年第2期。

② 张源洪：《为新中国奠基——中共中央在香山时期的历史作用》，载《中共党史研究》1999年第2期。

节号召“全国各民主党派、人民团体、社会贤达迅速召开政治协商会议，成立民主联合政府”。各民主党派纷纷来电来函积极响应。毛泽东从西柏坡抵达北平的当天，在西苑机场会见先期抵达的李济深、黄炎培、马叙伦、郭沫若以及傅作义等160位各界人士。入住香山不久，毛泽东先后在双清别墅接待了张澜、李济深、何香凝、沈钧儒、柳亚子等人。毛泽东对这些民主人士十分尊重，不仅亲自出门迎接，而且亲自搀扶老先生上下车和台阶。入室畅谈，毛泽东态度诚恳，认真听取他们对召开政治协商会议的意见，共同商议建立新中国的重大事宜。1949年6月19日，毛泽东在双清别墅给宋庆龄写信，并派邓颖超去上海邀请宋庆龄来北平参加新政治协商会议“共商建国大事”。之后，毛泽东又亲自去前门火车站迎接宋庆龄。[①]

接着，中共中央在北平召开了各界人民团体代表大会，恢复和建立全国性群众团体组织，这是建立全国人民政权的基础和重要组成部分。[②]1949年4月4日—5月，毛泽东、朱德、刘少奇在香山连续接见了中华妇女第一次全国代表大会、中华全国青年第一次代表大会、华北职工代表大会的代表。过了不到2个月的时间，中共中央连续发出7份电报，指示各中央局和分局、各地党委迅速召开各界代表会议，加强地方民主政权建设，为全国新政协的召开和成立中央人民政府奠定坚实基础。

1949年6月15日，毛泽东在新政协筹备会第一次全体会议上指出：完成各项必要的准备工作，迅速召开新的政治协商会议，成立民主联合政府，以便领导全国人民，肃清国民党反动派的残余力量，统一全中国。9月17日，筹备会召开第二次全体会议，正式将新政协定名为“中国人民政治协商会议”，9月21日，中国人民政治协商会议第一次全体会议召开。会上讨论通过了共同纲领，选举毛泽东为中央人民政府主席，朱德、刘少奇、宋庆龄、李济深、张澜、高岗为副主

---

① 朱如华：《毛泽东在香山》，载《炎黄春秋》2017年第12期。

② 张洪源：《为新中国奠基——中共中央在香山时期的历史作用》，载《中共党史研究》1999年第2期。

席。10月1日，中华人民共和国中央人民政府宣布成立，标志着中国新民主主义革命取得了伟大胜利，标志着中国人民当家做主新时代的开始。

（五）毛泽东在双清别墅的理论成果

党中央在香山期间，正值中国革命历史大转折、解放战争大决战的关键时刻，在政治、军事、经济、外交、文化等各个方面都需要向国内外阐明中国共产党的主张，为此，毛泽东在双清别墅写了很多文章。据统计，1949年4—9月中旬，毛泽东在香山撰写的文章收入《毛泽东选集》中的就有11篇。[①]其中，包括4月4日发表的为争取李宗仁政府接受和平协定的《南京政府向何处去？》的社论，4月23日和朱德联名发布的《向全国进军的命令》，4月25日发表的《中国人民解放军布告》，4月30日发表的《中国人民解放军总部发言人为英国军舰暴行发表的声明》，6月15日发表的《在新政治协商会议上的讲话》，6月30日发表的重要理论文章《论人民民主专政》。同时，毛泽东还为新华社写了针对美国发表的《美国与中国的关系》白皮书的5篇评论，如《丢掉幻想，准备斗争》《别了，司徒雷登》《为什么要讨论白皮书》《“友谊”还是侵略》《唯心历史观的破产》。

毛泽东在这个历史转折关头领导全党完成了中华民族独立和人民解放的伟大使命，无论在革命实践活动中还是在理论探索上都丰富和发展了马克思主义，为中国革命的最后胜利做出了不朽贡献。

四、香山革命纪念馆

2019年9月，黄栌叶未红，香山却已经“红”了。坐落于山脚下的香山革命纪念馆和香山公园内的8处革命纪念地旧址正式开放，吸引了众多的参观群众。大家怀着崇敬的心情，来到这里，回顾“为新中国奠基”的历史伟业，继承和发扬把革命事业进行到底的精神，重

---

① 张源洪：《毛泽东在香山》，载《北京党史》1999年第2期。

温中国共产党的初心和使命，以“赶考”的清醒和坚定回答好新时代的问卷。

新落成的香山革命纪念馆位于香山脚下的南侧，向北沿缓坡而上，不远便抵达香山公园的正门。纪念馆于2018年4月23日开始建设，占地2.4公顷，建筑面积17985平方米。纪念馆采用新中式风格，气势宏伟，庄重大气，四梁八柱的雨棚造型寓意党中央在香山为新中国搭建“四梁八柱”，28根高大的廊柱，象征中国共产党从建党到建立新中国28年的奋斗历程。南广场面积约3600平方米，作为礼仪广场，矗立起高19.49米的旗杆，寓意中华人民共和国诞生于1949年。

纪念馆为两层建筑结构，一层内设专题展厅、学术报告厅、观众休息区、观众服务区、文创产品区、文物库房、餐厅和办公等区域。二层东侧为主场序厅，呈环形设计，高8米，面积540平方米，序厅正中矗立《毛泽东同志在香山》大型雕塑，背景油画为《香山之春》，油画面积320平方米，雕塑左侧为《渡江战役》浮雕，右侧为《共商国是》浮雕。纪念馆建筑的最大特点是设计了两条坐南朝北的轴线，便于举办重大政治活动。

纪念馆加入新媒体艺术。动态影像视频还原历史，展馆内《西苑机场阅兵》和《开国大典》原始影片首次对外公开。《人民欢迎解放军进城》第一次采用“步入式”的新展示形式，让观众能亲身体会到欢迎解放军进城的真实感觉。《开国大典》首次采用全息影像技术，通过LED屏将开国大典中阅兵等全过程原始影像展出。①

香山革命纪念馆的主题展览是《为新中国奠基——中共中央在北京香山》，由“进京‘赶考’”“进驻香山”“继续指挥解放全中国”“新中国筹建”“不忘初心　牢记使命　永远奋斗”5个部分组成，按照历史脉络，通过800多张图片、地图、表格和1200多件文物、文

① 罗晓静：《解密香山革命纪念地：首次开放8处旧址，新建二层纪念馆》，载《新京报》，2019年9月12日。

献和档案，全景式生动再现中共中央在香山期间领导全国各族人民，完成民族独立和人民解放的历史使命、开启中国历史发展新纪元的光辉历程。[①]

香山革命纪念馆9月13日正式开放以来，共接待27665人。其中，许多社会团体、企事业单位也纷纷组团参观，团体观众550余批次25081人，占观众人数的约90%。在纪念馆里，多数观众都胸佩党徽，庄严肃穆，驻足在每一幅展板前，观看着那些珍贵画面，重温历史，缅怀老一辈革命家的壮志情怀。留言簿的台前人流不断，人们迫不及待地留下自己参观后的感悟，书写下自己对祖国的祝福。[②]

9月12日，中共中央总书记、国家主席、中央军委主席习近平专程前往中共中央北京香山革命纪念地，瞻仰双清别墅、来青轩等革命旧址，参观香山革命纪念馆，观看《为新中国奠基》主题展览，回顾中国共产党领导中国人民夺取全国胜利和党中央筹建中华人民共和国的光辉历史，缅怀毛泽东等老一辈革命家的丰功伟绩。

习近平总书记走进纪念馆，认真听取了每一个单元的讲解。正在播放的《北平和平解放》《西苑机场阅兵》《开国大典》等珍贵影像纪录片，吸引了习近平总书记的目光。他驻足观看，不时同大家交谈，回顾当年党中央进驻北京的历史细节。在中国人民解放军进驻北京香山示意图、毛泽东的《论人民民主专政》、中国人民政治协商会议等专题展柜前，习近平总书记仔细听取介绍，对当年党中央筹建新中国的历史感慨良多。

参观结束时，习近平总书记在纪念馆序厅发表了重要讲话。他表示，1949年3月23日，中共中央和毛泽东同志离开西柏坡前往北平，25日进驻北京香山，这里成为党中央所在地。在这里，毛泽东、朱德同志发布向全国进军的命令，吹响了“打过长江去，解放全中国”的伟大号角，中国人民解放军以摧枯拉朽之势向全国胜利大进军。在

---

① 《从胜利走向胜利——香山革命纪念地首日开放见闻》，载新华网，2019年9月13日。

② 《香山革命纪念地开放首周迎客12万余人》，载《北京日报》，2019年9月20日。

这里，毛泽东同志发表了《论人民民主专政》，为新中国的建立奠定理论基础和政策基础。在这里，中共中央同各民主党派、各界人士共同筹备中国人民政治协商会议，制定通过了起到临时宪法作用的《中国人民政治协商会议共同纲领》，确定了新中国的国体和政体，制定了一系列基本政策，描绘了建立、建设新中国的宏伟蓝图。

习近平总书记强调，全党全国各族人民要紧密团结起来，不忘初心、牢记使命，锐意进取、开拓创新，沿着中国特色社会主义道路，满怀信心继续把新中国巩固好、发展好，为实现“两个一百年”奋斗目标、实现中华民族伟大复兴的中国梦而不懈奋斗！

9月14日上午，北京市委常委会召开扩大会议，传达学习贯彻习近平总书记视察北京香山革命纪念地时的重要讲话精神。会议指出，习近平总书记视察北京香山革命纪念地，是今年第三次视察北京，充分体现了对北京市工作的高度重视和巨大关怀，对全市广大党员干部群众是极大鼓舞和鞭策。在新中国成立70周年前夕、“不忘初心、牢记使命”主题教育不断向纵深推进之际，习近平总书记发表的重要讲话，对指导当前各项工作都具有重要意义，使我们再次受到了深刻的思想政治洗礼。我们要认真学习贯彻，切实增强“四个意识”、坚定“四个自信”、做到“两个维护”，传承红色基因，发扬革命传统，坚定理想信念，践行初心使命，继续走好“赶考”之路，更加奋发有为地推动首都新发展。①

香山不仅见证了筹备新中国的历史时刻，而且让人感受到人民政权诞生的艰辛历程与来之不易，对我们坚定共产主义理想信念、增强“四个自信”，奋力实现中华民族伟大复兴的中国梦具有重要的教育意义。

① 《传达学习贯彻习近平总书记视察北京香山革命纪念地时的重要讲话精神》，载《北京日报》，2019年9月14日。

第二节　北京饭店

北京饭店见证了中华民族近百年的兴衰荣辱。1949年，北平和平解放，北京饭店的命运随之转变。新中国成立后，这里成为党和国家政治、外交活动的重要舞台，见证了中国社会主义革命和建设、改革开放的光荣历史，见证了中华民族屹立于世界民族之林的辉煌成就。

北京饭店位于北京市东城区东长安街33号，始建于20世纪初，是一座著名的百年老店。饭店东侧与驰名中外的王府井商业街一步之遥，西侧与雄伟的天安门、威严的紫禁城相邻，尽享独特的地理优势。北京饭店的4栋一字排开的大楼恰似一部厚重的史书，述说着它的前世与今生、屈辱与抗争、光荣与梦想。

北京饭店

一、百年老店的前世今生

1900年，两个法国人邦扎和佩拉蒂在东交民巷外国兵营东面开了一家小酒馆（今苏州胡同南边路东），只有3间门脸。第二年，这家小酒馆迁到兵营北面（今东单菜市场的旁边），正式挂起了“北京饭店”的招牌。不久，意大利人卢苏买下了北京饭店的经营权。这时候的北京饭店还是中国旧式院落，前院是三合房，东厢房是酒柜，西厢房是客厅，北上房是餐厅。在后院开了20多间客房，成了吃住齐全的正式饭店。1903年，卢苏在东长安街王府井南口买了一些房子，把饭店迁到这里，并筹资准备盖一座5层的高级饭店，但是只盖了一层就停工了。1907年，卢苏又把经营多年的北京饭店全部转卖给了中法实业银行，饭店由此交给法国人经营并扩建，同时改为有限公司，董事长是法国人拉费勒，先后由法国人麦义、荻叶、罗斯坦担任经理。

中法实业银行接管北京饭店后，首先盖完了卢苏未曾完工的5层红砖楼房（北京饭店老楼，现已拆除），设有48套上等西式客房，有自己的水塔、几十名服务人员。工作人员分工也更细了，有在厨房工作的，有专管服务的，有管水泵的，有管账目的。1915年，经营者再次进行大规模装修，新客房全部配有暖气、私人浴室及可冲式卫生间，装修一新的北京饭店被当时媒体称为“北京首屈一指的高级饭店”。

1917年，又在北京饭店旧楼旁边建起一座7层法式洋楼，即北京饭店中楼。当时的设计者和施工方采用的水泥标号和墙体厚度都大大超出了结构标准及建筑规范的要求，使得大楼十分坚固。整个建筑占地面积约5700平方米，地上7层，地下1层，其底层层高为7.75米，有餐厅、厨房、理发室等，2～6层是客房，每层21套客房，共105套。这次扩建后，北京饭店的装修更加豪华，每一间都配备有私人浴室及市内电话，两部奥的斯牌升降电梯可将客人直送至7层的酒吧和可供宾客跳舞的室外花园。当时，北京饭店被誉为“远东唯一豪华酒店”，亦成为来京的中外贵宾的首选下榻之地。这座7层洋楼（称中楼，今为B座）至今仍矗立在北京饭店东楼和西楼中间，成为北京饭店历史上重要的里程碑。2006年，中楼被重新改造，其中有5间精致的贵宾套房，每间面积达154平方米，最吸引人的是设置9间以孙中山、郭沫若、戴高乐、萧伯纳等中外名人命名的豪华套房，记录了曾下榻饭店的名人足迹。

1937年，一家日本公司从法国人手中接手了北京饭店的大部分股权并成为大股东，当时饭店的许多客人都是日本人，因此一些客房便被重新装修为日式风格。1940年后，北京饭店开始由日本人经营，改名为株式会社北京饭店，并按照日式风格进行了重新装修。抗战胜利后，北京饭店进入国民党经营管理时期，先后由国民党军事委员会战地服务团、国民党北平政府、北京饭店整理委员会负责经营管理。

1949年，随着中华人民共和国成立，北京饭店回到人民的怀抱，也迎来了新的生机，跨入了大发展时期。随着中国的国际地位不断提高，外事活动日益频繁，北京饭店原有的建筑和设备已远远不能满足和适应与日俱增的需要。1954年，在原来北京饭店7层洋楼的西侧再建了一座8层大楼，这就是西楼（现在称C座），而原来的7层旧楼就成为中楼。整栋楼的建筑面积达26000多平方米，增加了200多套客房，拥有能容纳1000多人就座的大宴会厅。

20世纪70年代，北京饭店进一步扩建，拆除了北京饭店旧东楼（最早的5层砖木结构红楼），旧楼西侧的中楼仍然保留。同时，在中楼的东侧又建起一座18层的大楼，就是北京饭店东楼（现在称A座）。这次扩建是在周恩来、李先念、万里等老一辈革命家亲自领导下完成的。周恩来提出要把北京饭店原有的350～370间客房扩大到1000间以上，要同时容纳2000人饮食起居、社交活动、文化娱乐、外事谈判。接到任务的北京饭店军管会首先向国务院上报计划扩建42000平方米，按当时一平方米600元计算，共需投资2520万元。周恩来根据当时国内基建工程经常出现在建设中不断追加投资的情况，要求全面规划，设计必须周到详尽。同时，周恩来曾决定拆除西楼西侧的古建筑堂子，在其位置上建设一栋高层汽车停车楼，以解决北京饭店建成后的停车问题（“文化大革命”结束后，国务院副总理万里决定将此处改建为贵宾楼）。周恩来还决定在修建新北京饭店的同时在霞公府修建一座北京饭店职工宿舍楼，与新北京饭店东楼同时建成，大大改善了北京饭店服务人员的生活条件。最终，用了1年零3个月建成了东楼，成为首都当时最高的建筑。

为了更新设备，20世纪90年代北京饭店再一次进行扩建，由香港霍英东资助在3栋楼的西侧又建成了一座豪华的新建筑，即具有国际一流水平的贵宾楼（也称D座）。贵宾楼建成后，北京饭店更加突出地耸立在王府井大街南端，成为面向长安街的一个重要地标。1984年，北京饭店东楼落成10周年之际，邓小平题写了“北京饭店”4字，被制成霓虹灯，一直高挂在饭店前厅门楼之上。

二、中西合璧的建筑风格

北京饭店楼体建筑气宇轩昂、中西合璧，古典建筑与现代风格相得益彰。4栋不同时代的建筑（中楼、西楼、东楼、贵宾楼）错落有致，异彩纷呈，展现了20世纪中国建筑风格的变化。

欧式风格的中楼为北京饭店现存最早的建筑，建于1917年，由当时法国著名建筑师毛平先生设计，砖混结构，整个建筑外立面为米黄色，庄重大方，像一顶王冠，外装饰是典型的欧式风格，黄铜大门具有近代欧洲折中主义风格。外立面用红砖清水墙和浅灰色的抹灰墙装饰，并带有拱门和檐口托饰等西方建筑元素。2006年，重新改造后的中楼在传统的欧式风格基础上融入了更多的东方特色，特别是中国化的元素。外面的扇形装饰边框采用了中国庭院围墙上的窗式设计，具有东方花形特色，寓意“和气生财”。进入饭店大厅，几道拱门错落有致地排列在饭店大堂，高耸的拱形屋顶使整个大厅的空间显得十分宽敞。北部正对大门的为左右双分式大楼梯。室内装修朴素大方，巨大的采光窗占据了大面积的外墙。正门为大玻璃旋转门，集中体现了饭店的豪华、尊贵。走进旋转门，进入富丽堂皇的门厅，黄白拼花大理石地上铺着厚厚的大红地毯，嵌着美丽花纹的西式立柱和拱梁巧妙地把大厅营造成既有分隔又成整体的效果。大厅四周的墙上镶着用菲律宾柚木精心制作的足有一人多高的护墙板。绚丽的天花板上垂下一盏盏硕大的、灿若群星的水晶吊灯，与两旁柱子上镶嵌的水晶玻璃交相辉映，把整个大厅点缀得如同幻境一般。正对大门的是一组台阶，大红地毯一直沿着台阶向上伸展，并且用金光闪闪的铜管压紧，更显富丽堂皇。

中西合璧的西楼于1954年建成，由中央建工部建筑设计院戴念慈设计并主持建造。西楼与中楼的层高基本一致，两栋楼中间由通道相连。西楼顶部4角是攒尖顶式的亭子造型，屋顶4角带有3层重檐，檐角微微上翘，檐和顶上都铺装了黄色琉璃瓦。顶层上连接两端方亭的敞廊采用传统的雀替，其间白色的柱子及其上白色的横楣所形成的柱枋框架，与红色墙面形成色彩上的对比，入口则采用中式牌坊。这些都是中国传统建筑的典型特征，使西楼具有了浓厚的民族风格。同时，西楼还借鉴了中楼的样式，在窗户设计上采用了西式建筑中常用的“小凸窗”“挑阳台”元素，使之与中楼看上去各具特色，又保持了协调一致。新楼具有浓厚的民族特色，在宴会厅大门前装饰了古色古香的大圆柱和造型奇特的大型宫灯，圆柱上绘满金色穿枝西番莲图案，四周配以黄缎环形花饰护壁，使大厅金碧辉煌，气势恢宏。门厅顶部是彩绘描金，配有雀替造型的雕梁画栋，5盏外形别致的莲花金穗大吊灯从藻井花饰中垂下，更增添了中国传统建筑特色。13级大理石台阶上铺满红色地毯，地毯上是5樘包铜大门，门上饰有镂空花格，门前挂着金穗宫灯，把宴会厅外观装点得庄严肃穆。包铜大门里面就是容纳千人的宴会厅，大厅正面是装饰华丽的舞台，舞台上方是镂雕成祥云图案的贴金横楣，都具有典型的民族色彩。宴会厅另外3面由中国传统建筑常用的廊、柱、栏构成，皆是彩绘描金。宴会厅的天花板上装饰着六角形宫灯，拱卫着正中的3盏镏金莲花形大吊灯。

东楼于1974年建成，由著名建筑师张镈设计。这栋建筑外观具有明显的现代简约风格，因此，与之前的几栋建筑都形成鲜明反差，显得独树一帜。[①]在建筑立面上，垂直的柱子与阳台形成的水平条带相互交织在一起，构成网状图案，使整栋建筑显得十分轻快。同时，与北京饭店的其他建筑相比，东楼因其独有的高度而引人注目。东楼有18层，高80米，占地面积8000多平方米，总建筑面积88000多平方米，主楼从长安街上向后移，高度是建筑群中其他建筑的两倍。东楼与旧楼用连廊相连通，浑然一体；正门外是一座极其宏伟的门廊，高10米多，全部用灰色花岗岩砌成；6根粗细为两人合抱的北京白虎涧出产的磨光花岗岩柱子承托起金碧辉煌的玻璃廊檐；正面是青岛花岗岩石砌成的18级宽台阶。楼前左右两侧各有一棵玉兰花树，这是1974年大楼落成时周恩来特别指示种下的。

饭店内部装饰典雅大方，具有浓厚的民族风格。一楼大厅面积440平方米，高7.85米，地面满铺红灰色大理石，墙面分为两段，3.7米（与高层部分首层净高取齐）以下贴奶油色大理石，3.7米以上为穿孔五夹板上米黄色油漆小拉毛。大厅里有淡黄色沥粉贴金圆柱，天花板上是仿古彩绘井式顶灯，用浅绿色沥粉彩画烘托出45个乳白色圆盘玻璃灯，与4根淡黄色沥粉贴金圆柱相呼应，形成了比较浓郁的中国风格。彩色世界地图上有24个时钟指示着世界24个时区，这样的时钟是首次安装在我国的大饭店里。东侧是面积约840平方米的大餐厅，净高5.84米，使用双层拼花木地板。天花板采用六边形组成的图案，暗灯、通风口和广播喇叭均匀布置成满天星状。六边形之间的凹缝中间镶有一条金色氧化铝条，使整个天花板图案显得精致而又有变化。餐厅东立面是一幅高5米、长17米的满墙装饰壁画，即用著名的景德镇陶瓷马赛克镶嵌的桂林风景画，借以开阔视野、扩大空间、活跃气氛。中、小餐厅的装修全部为硬木地板、乳胶漆墙面。

古典与现代有机融合的贵宾楼于1990年建成，由北京建筑设计

① 张镈：《我的建筑创作道路》，天津大学出版社2011年版，第241页。

院成德兰、田万新设计，建筑面积43000平方米，客房208套，将原汁原味复制的传统牌坊、皇城的红墙和现代建筑3种元素直接拼合在一起。它的大门隐藏在红墙内，饭店前3间4柱7楼式牌坊与残存的红墙相得益彰，不仅是贵宾楼的独特象征，也是长安街上独特的风景线。

三、一个世纪的光荣与梦想

（一）北京饭店是中国近现代史上许多重大事件的见证者

一个多世纪的北京饭店发展史就是一部浓缩的中国近现代史，数不尽的重大历史事件发生在这里，无数叱咤风云的历史人物在这里留下了他们载入史册的身影。

据北京饭店的店史记载，末代皇帝溥仪在御花园第一次品尝西式茶点，就是北京饭店派人服侍的。这里也曾吸引世界名流驻足，一战时期的协约国军队总司令福煦、二战时期著名的反法西斯英雄蒙哥马利都是这里的座上宾；英国作家萧伯纳、印度诗人泰戈尔、张学良将军和冯玉祥将军也曾经下榻于此。这里也是中国民主革命的先行者孙中山先生最后入住的饭店。1924年11月，孙中山为实现民主共和，赴京与冯玉祥、段祺瑞共同协商召开国民会议和废除不平等条约等事宜。11月24日，孙中山从广州启程，取道上海、日本，于1924年年底到达天津。此时，段祺瑞等人决定用少数军阀参加的“善后会议”代替“国民会议”，实际上就是将政权把持在少数军阀政客手中，他们对于孙中山提出的“废除不平等条约”的主张置若罔闻。尽管如此，孙中山不顾重病在身，毅然决定进京，做最后的努力。1924年12月31日，孙中山从天津启程来到北京。当时的《申报》这样报道：“孙文今午四时半到京，在东站欢迎有二百余团体，围场人数达3万以上，车到站时，欢迎人大呼万岁，人声振耳，万头攒动……”[①]孙

① 《申报》，1924年12月31日。

中山下榻地点就是北京饭店，住在506号房间，直到1925年1月26日住进协和医院。1925年1月17日，孙中山签发了著名的《为反对包办善后会议事致段祺瑞电》，电报长达1500多字，这是孙中山病入膏肓之际发出的声讨军阀的最后檄文。北京饭店至今保留着孙中山下榻的房间及他使用过的两把椅子和一张圆桌。

抗日战争胜利后，国民党北平市政府接收了北京饭店，1946年国共谈判签署停战协议后，军事调处执行部的共产党、国民党和美国三方代表的办事处执行部就设在北京饭店。1946年1月13日晚，叶剑英在北京饭店108号房间接见了北平市各报记者，并且发表了重要谈话。随后，三方代表的办事机构入驻根据抽签确定的房间，共产党代表住在中二楼和原来东面的红楼，国民党代表住在中三楼和四楼，美方代表住在中五楼和六楼。1946年2月28日，在这里举行了为欢迎三人小组成员周恩来、张治中、马歇尔的鸡尾酒会。

1949年4月，国共两党在北平开始和平谈判。整个谈判虽主要在中南海勤政殿和六国饭店举行，但是国民党方面的和谈代表张治中、邵力子、章士钊等都住在北京饭店。谈判期间，还有一次非常重要的会议也是在北京饭店举行的，毛泽东、刘少奇、周恩来都出席了这次会议。

新中国成立后，北京饭店还接待了众多著名的历史人物，如前国民党代总统李宗仁、国际友人埃德加·斯诺等。1950年6月，朝鲜战争爆发，中央召开会议讨论出兵朝鲜问题，并且电令彭德怀即刻赴京参加会议。当时，彭德怀被安排住在北京饭店。1960年，北京饭店接待了一位重要的客人，他就是著名的英国元帅蒙哥马利。蒙哥马利是二战时期著名的反法西斯英雄，在非洲战场上，他率领的英国军队在非常困难的条件下打败了号称“沙漠之狐”的德军将领隆美尔，还参与指挥了诺曼底登陆，为世界反法西斯战争的胜利做出了杰出贡献。他曾两次到中国访问，1960年刚刚退休就冲破各种阻力，毅然来到中国访问，并下榻于北京饭店。在此期间，他受到毛泽东的亲切接见，他预言：中国大概需要50年，一切事情就办得差不多了，50年后中国将成为一个强大的国家。

（二）北京饭店是党和国家政治活动的重要舞台

新中国成立初期的北京饭店隶属于国务院机关事务管理局，承担着重要的国家使命。那时，北京城内的高档大饭店很少。北京饭店是中央人民政府举行国务和外交活动最集中的场所，也是外国贵宾来京下榻的首选，因而在国内外颇具影响，曾号称“中国第一饭店”。在当时的北京饭店内部，为中央主要领导人都编了服务代号，如毛泽东是“一号”、刘少奇是“二号”、周恩来是“三号”。当年的北京饭店餐厅科科长王之书说，他曾有一段时间就是专门为“三号”首长服务的。国庆宴会是我们国家最隆重的宴会，参加宴会的中央首长和外国政府首脑都非常多，而且场面盛大热烈，每次都给北京饭店职工留下了珍贵记忆。其中，规模较大的是1956年的国庆招待会，共有3000多位宾客参加。北京饭店除了是对外交往的窗口外，还是新中国政治、经济、文化等方面的活动中心。从新中国成立前夕到20世纪六七十年代，中共中央的许多重要会议都在北京饭店举行，如每两年一次的驻外大使会议等专业会议，还有工业书记会议、监察书记会议、科学会议、财贸书记会议等。此外，党和政府的很多联欢活动也在北京饭店举办。

1949年7月4日，负责拟定国旗、国徽、国歌的政协筹备会第六组在北京饭店举行第一次会议，会议由叶剑英主持。[①]第六组的组长为马叙伦，叶剑英、沈雁冰为副组长，并召集翦伯赞、蔡畅、田汉、郑振铎、廖承志、张希若等组成国旗、国徽图案初选委员会。郭沫若负责组成以田汉、沈雁冰、钱三强、欧阳予倩为成员的国歌词谱初选委员会，此外还聘请一些专家为委员。这些委员会的办公地点都设在北京饭店。会议还决定公开向全国人民征求国旗、国徽图案和国歌词谱。毛泽东、周恩来等党和国家领导人在北京饭店和有关人士一起，

① 中央档案馆编：《中华人民共和国国旗国徽国歌档案》（上卷），中国文史出版社2014年版，第25页。

把《义勇军进行曲》定为向第一届政治协商会议提出的国歌提案。20世纪30年代初，聂耳曾在北京饭店观摩过外国音乐家的表演，那些世界名曲为他的创作提供了丰富素材。20世纪40年代末，田汉作为新政协代表入住北京饭店，并且亲自参加国歌评选。

1949年6月15日，中国人民政治协商会议第一届全体会议筹备会在北平举行，出席会议的重要代表及各民主党派领导人均下榻北京饭店。这是北京饭店在北平解放后承担的第一次重要会议。1948年9月—1949年3月，在周恩来的指示和关怀下，中共中央各分局的同志巧妙地把4批共350多名民主人士安全地从香港、上海、北平、天津及南洋等地护送到东北、华北等解放区，准备参加即将在北平召开的政治协商会议，他们到北平后大都住进了北京饭店。其间，毛泽东还特意到北京饭店看望了著名爱国民主人士张澜先生，以及郭沫若、许德珩、史良、黄炎培、许广平、陈嘉庚等各界著名人士。

1949年10月1日，开国大典当晚，中华人民共和国中央人民政府在北京饭店举行了盛大而隆重的新中国第一次国庆招待会，被称为“开国第一宴”，这也是北京饭店第一次承担重大的宴会任务。新中国的领导人、中国人民解放军高级将领、各民主党派和无党派民主人士、社会各界知名人士、国民党军队的起义将领、少数民族代表以及工人、农民、解放军的代表共600多人聚集在北京饭店的宴会厅，举杯庆祝新中国的诞生，毛泽东、朱德、刘少奇、周恩来等党和国家领导人出席了宴会。此次参加开国大典的宾客都下榻于此，北京饭店不仅圆满完成了接待参加开国大典的宾客的任务，而且还为开国大典的礼仪和警卫工作做出了重大贡献。1950年9月30日晚上，北京饭店又举行了庆祝中华人民共和国诞生一周年宴会。

1951年4月，西藏达赖喇嘛派出以阿沛·阿旺晋美为首的代表团抵达北京，与此同时，中央还邀请班禅额尔德尼·确吉坚赞从青海来京，以便协调西藏地方内部各派关系问题。中央政府把阿沛·阿旺晋美一行安排入住北京饭店，并派李维汉、张经武等人作为中央特派代表到北京饭店与阿沛·阿旺晋美等商谈有关谈判事宜。

阿沛·阿旺晋美以西藏地方政府官员的身份前去拜会十世班禅。几天后，恰逢“五一”节，阿沛·阿旺晋美和班禅都应邀到天安门城楼观礼，并受到毛泽东亲切接见。

经过中央人民政府代表和西藏地方政府代表的共同努力，以及十世班禅和堪布厅方面的积极配合，终于达成了共识。1951年5月23日，在中央人民政府副主席朱德、李济深和政务院副总理陈云主持下举行隆重签字仪式，正式签署《中央人民政府和西藏地方政府关于和平解放西藏办法的协议》(简称《十七条协议》)，彻底粉碎了帝国主义分裂中国西藏的图谋，维护了祖国统一，巩固了国防。

(三)北京饭店是重要的外交活动场所

1949年11月8日，中华人民共和国外交部正式成立，周恩来总理兼任外交部部长，王稼祥、李克农、章汉夫为副部长，同时还任命了各司司长，当时外交部部长临时办公室就设在北京饭店。在周总理的亲自指挥下，新中国从此开展了一系列高瞻远瞩、有声有色的外交活动，北京饭店作为当时一家主要的外事接待单位圆满地完成了许多重要的外事接待任务，为新中国外交工作的顺利展开做出了特殊贡献。

此外，1954年10月2日，北京饭店承办了由817人参加的国庆宴会。10月4日，承办了周恩来总理和陈云、邓小平、李富春等副总理宴请帮助我国建设的1158名外国专家的大宴会。10月23日，承办了毛泽东主席、朱德副主席、刘少奇委员长、周恩来总理参加的100人国宴，欢迎苏联、波兰等国政府代表团。1956年9月30日下午，国务院在北京饭店举行了一次大型国庆招待会，盛况空前。当时正值中国共产党第八次全国代表大会召开，前来参加此次大会的各国代表团都应邀出席了宴会。

北京饭店接待过的国家元首之多、举行过的重要国事活动之多，不仅在中国的饭店中居首位，而且在国际上也是有名的。仅20世纪50—70年代，就有20多个国家的30多位国家元首和政府首脑光临过北京饭店，其中包括蒙古人民共和国主席泽登巴尔、朝鲜劳动党主席金日成、越南共产党主席胡志明、缅甸总理吴努、柬埔寨国家元首西哈努克亲王、印度尼西亚总统苏加诺、日本首相田中角荣等，尤以尼克松访华最著名。

1971年，毛泽东和周恩来制定了被称为“小球推动大球”的“乒乓外交”。1971年4月10日，美国乒乓球代表团和一小批美国记者抵达北京，成为自新中国成立以来第一批获准进入中国境内的美国人，翻开了中美关系的新篇章。4月11日，中国乒乓球队回访美国，成为举世瞩目的重大事件，从此结束了中美两国20多年来人员交往断绝的局面，使中美和解取得了历史性突破。1972年2月21日，尼克松首次访华，中美关系掀开了外交史上崭新的一页。美国总统尼克松访华期间，尼克松夫人专程来到北京饭店厨房，参观琳琅满目的菜点和厨师们的操作表演。尼克松夫人在北京饭店参观了75分钟，世界上许多著名的媒体都详细报道了尼克松夫人参观北京饭店的情景，美联社记者报道了尼克松夫人参观北京饭店厨房，称北京饭店是中国烹饪技术的一个大本营。

以尼克松总统访华为契机，新中国又迎来了第三次建交高潮。随着新建交国家的迅速增加，外国驻中国使馆用房变得紧张起来，尽管中国政府在北京东郊开辟了新的使馆区，并调集了强大的建筑力量，但使馆建设一时还是跟不上需要。于是，许多国家就把使馆和外交机构临时设在了北京饭店，还在窗外插上本国的国旗，一时间北京饭店的窗口有无数国旗迎风招展，竟成了京城的一道风景线，有人戏称北京饭店为“小联合国”。

进入21世纪后，北京饭店承办了一系列重大国际会议和活动。2000年9月，第六届世界大城市首脑会议在北京饭店大宴会厅举行。不久，北京饭店又迎来了参加中非合作论坛的嘉宾。2001年，亚太经合组织第一次高官会议在北京饭店大宴会厅举行。

2005年6月1日，国际奥委会执行委员会第四次协调委员会正式批准北京饭店为2008年北京奥运会的国际奥委会总部饭店。2008年，北京饭店作为奥林匹克大家庭总部饭店成功地接待了国际奥委会主席罗格、国际奥委会荣誉主席萨马兰奇及204个国家和地区的奥委会主席，北京饭店热情周到的服务赢得了下榻贵宾们的高度赞扬。

（四）北京饭店是文化艺术的殿堂

历史的厚重赋予北京饭店华贵高雅的气质，而其独到的中国文化特质则令世界瞩目。

首先，北京饭店是音乐家经常进行交流和演出的场地。20世纪二三十年代，北京饭店就有自己的乐队，由燕京大学的奥罗普教授担任指挥，在当时声名远扬。这里也曾经响起过来自意大利的世界著名女高音歌唱家盖利·库契、俄国著名歌唱家夏里亚宾的美妙歌声。2001年6月，世界三大男高音帕瓦罗蒂、多明戈、卡雷拉斯下榻北京饭店，他们在北京紫禁城演绎了"世纪之声"。

俄国著名音乐教育家奥维尔的高足、名扬四海的小提琴大师海菲茨和美国著名小提琴家阿尔曼都曾在北京饭店演奏。著名小提琴家兼作曲家马思聪回国后曾在北京饭店举行音乐会，受到了热烈欢迎。马思聪的名曲《思乡曲》曾一度被中央人民广播电台作为对台湾广播的开始曲。北京饭店不仅吸纳西方音乐，也为中国民族音乐的发展做出了巨大贡献。

1930年冬天，北京饭店举行了一场民族音乐会，演奏者就是刘天华。刘天华与其兄刘半农①、其弟刘北茂②被誉为中国近现代史上的"刘氏三杰"。

刘天华是一位具有革新精神的音乐家，是中国近现代民族音乐的奠基者、开拓者，被称为民族音乐的一代宗师。新文化运动为民族音乐的发展开辟了新的道路。他将过去被轻视的民间乐器二胡加以改革，纳入专业音乐教学之中，使其升格为具有独特艺术魅力的独奏乐器。从青年时期开始，刘天华就热爱民乐，为了实现他"为国乐争地位"的理想，一方面，他不辞辛劳，寻访民间艺人，学习各种传统民

① 刘半农（1891—1934），江苏江阴人，中国新文化运动先驱，文学家、语言学家和教育家。

② 刘北茂（1903—1981），江苏江阴人，现代著名二胡演奏家、作曲家和教育家。

间音乐，另一方面，他又悉心钻研、学习西方音乐和西洋作曲理论。到北京以后，他又向著名的外籍教师托洛夫学习小提琴，极大地提升了自己的技艺。1922年起，应萧友梅、杨仲子先生等人聘请，刘天华先后到北京大学音乐传习所任导师、北京女子高等师范和国立艺专音乐系任教授，教授二胡、琵琶、小提琴等乐器演奏。除此之外，他还参与组织国乐改进社、乐友社、爱美乐社等音乐社团，编辑出版《音乐杂志》。

1927年除夕，刘天华在北京饭店举行的国乐演奏会上演奏了自己创作的曲目，博得空前好评。在那个对民族音乐充满偏见的时代，北京饭店为一位中国音乐家提供了展现民族音乐魅力的场所，这是中国音乐史上的一个重要事件。

中华人民共和国国歌的曲作者、著名革命音乐家聂耳曾于20世纪30年代初多次到北京饭店观摩中外音乐家的表演，为他日后的创作注入了丰富的营养。1935年，他创作的《义勇军进行曲》唱遍了白山黑水、大江南北，鼓舞着中国人民的抗日斗争。

其次，北京饭店的装饰陈设充满了艺术气息。富丽堂皇、构思奇巧的装饰艺术造型优美，独具匠心的各式器具都包含着浓郁的中华民族艺术风格。

北京饭店在建筑装饰上大量采用大理石和陶瓷。我国丰富的大理石资源品种繁多、花纹绮丽、色泽鲜艳，是建筑装饰上的上品。北京饭店采用了来自全国各地的20多种大理石，给这座现代化的饭店增添了天然美的风韵。特别值得一提的是东大楼16层的每层电梯厅的墙壁都采用一种色调的大理石，层层不同，景自天成，令人叹为观止。

陶瓷工艺的广泛应用也使北京饭店在世界的饭店中独树一帜，比如东楼外墙面装饰的黄色马赛克、客房卫生间的几何图案地砖、镶嵌的大幅瓷片壁画、大厅里的釉面廊柱都给人以浓郁的美感。其中，尤以瓷片镶嵌画《漓江春色》和釉面廊柱引人注目。

北京饭店的餐具瓷器更是出类拔萃、风格独特。1953年，周总理亲自提议制作建国瓷，供中南海和北京饭店等重要外事单位举行宴会时使用。当时，还专门成立了一个由文化部副部长郑振铎主持、文化部和轻工部等部门参加的建国瓷设计制作委员会，由中央美术学院实用美术系承担图案造型设计，景德镇的老工人和技术人员承担制作任务。后来，北京饭店的餐具除了景瓷外，又增添了湖南醴陵的釉下彩，山东淄博的鲁青瓷、象牙黄瓷，江苏宜兴的紫砂等许多品种，出现了百花齐放的局面。

在内墙上采用壁画装饰点缀。北京饭店共藏有历代名画达2000件之多，题材广泛，内容丰富，有山水风景、花鸟鱼虫、飞禽走兽等。既有线条精细、色彩绚丽的工笔重彩，也有挥洒自如的大小写意画。这里有许多不可多得的古今名人的艺术珍品，当代艺术大师徐悲鸿的画就有多幅，比如《奔马》《漓江小景》等十分引人注目。

另一位艺术大师齐白石的画作也很多，最著名的莫过于《和平万世》，这幅画是1956年他特意为北京饭店创作的。这幅画的立意和构图都很别致，满张的生宣白纸上只画了一盆映日荷花，还有一大盘硕大的柿子，留下了大片的空白。他用荷花和柿子象征着永远和平，大片的空白是为了有力地烘托出这一主题，并给人们留下无尽的遐想余地。著名画家李可染擅长山水画，他的画意境深远、气势磅礴，耐人寻味，他为北京饭店创作的大幅山水画《无限风光在险峰》，充分体现了他的艺术特点。

东楼餐厅东面有一幅高5米、长17米，用著名的景德镇陶瓷马赛克镶嵌而成的壁画——《漓江春色》，占据整个墙面。“江作青罗带，山如碧玉篸”，奇峰耸立、漫江碧透的桂林风光尽收眼底。与这幅壁画遥遥相对的是西面墙上的《创造·丰收·欢乐》大型壁画，由著名画家刘秉江、周菱夫妇完成，反映了我国少数民族人民生活、劳动的主题，塑造了汉、蒙古、回、藏等25个民族的75位不同风采的人物形象，再加上各种飞禽走兽、奇花异草以及丰收时的累累硕果，表现了全国各族人民团结奋斗建设祖国的新风貌。这幅画吸收了敦煌、永乐宫和古埃及壁画的某些手法，同时也采用了西方现代派的变形和色块表现方法，线条明晰，色彩凝重，因而既有民族风格，又有现代意识。

西楼的进门处有一幅画屏，是新中国成立初期13位中国画大师共同创作完成的。画面上既有盛开的牡丹、玉兰和山茶花，还有亭亭玉立的翠竹和芭蕉，一派春意盎然、欣欣向荣的景象。画面上还有两只低飞的和平鸽，抒发了中国人民祝愿祖国繁荣富强的美好心愿，也表达了中国人民对世界和平的渴望。画旁有一行题记，记载了13名画家的名字，他们是于非闇、陈半丁、孙诵昭、汪慎生、李鹤筹、马晋、徐燕孙、杨敏、胡絜青、郭味蕖、张中翼、田世光和段履青。

北京饭店更是中外顶尖厨艺的展示之地。北京饭店经营的菜系种类繁多，包括谭家菜、淮扬菜、四川菜、广东菜，还经营西餐及日餐等。西餐厨房能制作英、法、意、德、俄、印等异国风味的大菜，还设有专门的日本菜厨房。珍馐美味与幽雅舒适的就餐环境可谓相得益彰。其中，谭家菜是历经100多年的官府菜，更是北京饭店一朵长盛不衰的奇葩，充分体现了中华文化的博大精深。此外，北京饭店还能烹制河南菜、湖南菜、山东菜、素席菜等其他风味的菜品。

红色是中国共产党领导的革命和建设的永恒底色，这些红色记忆曾深深地印在北京饭店这座充满传奇的百年老店中，那一栋栋高高耸立在长安街边的建筑见证着一个国家和民族从积贫积弱到自立自强，再到繁荣昌盛的辉煌历史。

第三节　天安门

天安门见证了近代以来中国人民反抗帝国主义侵略和争取国家独立、民族解放的奋斗历程。1949年10月1日，毛泽东在天安门城楼上庄严宣告中华人民共和国中央人民政府成立。由此，作为明清两代皇城正门的天安门以丰富深刻的历史内涵、独特的政治地位成为新中国的象征，成为全国各族人民向往的地方。

天安门是明清两代北京皇城的正门，位于北京城南北中轴线上。天安门建于明永乐十五年（1417年），最初名为承天门，寓意“承天启运，受命于天”，设计者为明代宫廷御用建筑师蒯祥。明英宗天顺

1949年10月1日，中华人民共和国开国大典在北京天安门广场隆重举行。图为接受检阅的中国人民解放军步兵部队通过天安门前（新华社　提供）

元年（1457年），承天门被焚毁，明宪宗成化元年（1465年）重建，清顺治八年（1651年）改建后更名为天安门。

天安门由城基、城台和城楼3部分组成，城基建在1.59米高的汉白玉须弥座之上，城台为10余米高的红色墩台，城楼为重檐歇山黄琉璃瓦顶的大殿，城台下部有5个门阙。天安门面阔9间、进深5间，通高34.7米、长66米、宽37米，7座汉白玉雕栏石桥横跨在城楼前的金水河上，称金水桥。①

天安门在中国历史上具有非常重要的意义。1919年5月4日，天安门前爆发了震惊中外的五四运动，成为中国新民主主义革命的开端。1949年10月1日，这里举行了盛大的开国大典，毛泽东在天安门城楼上庄严地向全世界宣告中华人民共和国中央人民政府成立。从此，天安门成为中华人民共和国的象征性建筑。新中国成立后历次重大的庆典活动都是在天安门城楼和天安门广场举行的。1961年3月，天安门被国务院公布为全国重点文物保护单位。1988年，天安门城楼正式对外开放。1997年6月，天安门城楼和天安门广场被中央宣传部公布为全国爱国主义教育示范基地。②这里不仅成为全国各族人民心目中崇敬向往的地方，而且也是享誉世界的一张中国“金名片”。

作为北京皇城的一座具有悠久历史的古代建筑，天安门走过了一段艰难曲折的历程，见证了中国从封建王朝覆灭到新民主主义革命开端，最后取得革命胜利的光辉历史。

一、天安门的历史沿革与建筑特点

天安门是北京皇城的正门，是皇城4门中形制和规格最高者，它上有城楼，下有城台，显得高大庄严、气势宏伟，至今已有600多年的历史。

---

① 中共北京市委党史研究室编：《北京市革命遗址通览》，中共党史出版社2012年版，第16页。

② 同上。

据明清两代的文献记载，对于皇城大门的定义略有不同：明代皇城包含天安门前的“T”字形宫廷广场，整个皇城共设6门，分别为大明门（清代改称大清门）、长安左门、长安右门、东安门、西安门、北安门（清代改称地安门）；清代初年的皇城则不包括天安门前广场，皇城设4门，分别为天安门、东安门、西安门、地安门。但清嘉庆《大清会典》中又将大清门、长安左门、长安右门加到皇城的城门之中，这样皇城的城门就从4个增加到了7个，尽管如此，天安门的皇城正门地位仍然没有变化。①

明朝定都北京以后，着手改建元大都城，永乐四年（1406年）开始营建紫禁城宫殿，到永乐十八年（1420年）宫殿的主要建筑基本建成，作为皇城正门的承天门是在永乐十五年（1417年）建成的，比整个宫殿的竣工早3年。虽取“承天启运”之意，但是却“天运不顺”，仅过了40年，即明天顺元年（1457年）遭遇大火而焚毁。又过了8年，明成化元年（1465年）才在工部尚书白圭主持下重新修复。这次修复时将其位置略向南移，这就奠定了现在天安门的位置。明末农民起义中李自成率大军攻入北京，天安门再遭战火毁坏，直到清顺治八年（1651年）才进行重建，改称天安门。

明代的承天门造型和风格与今天的天安门大致相同，当时是按照明朝初期的南京承天门的样式建造的，即木梁构架、砖墙结构、歇山重檐，架设在有5个券洞的台座上，但规模较小，面阔5间，进深3间。清代重建时扩大了其规模，面阔改成9间，进深为5间，各种装饰构件、材料以及颜色也比以前更加尊贵、豪华，以显示新王朝的气势。

据《国朝宫史续编》记载：“正中南向者为天安门，五阙，上覆重檐九楹，彤扉三十有六，前临御河，跨石梁七，为外金水桥。桥南北石狮各二。其南华表对峙。国家大庆覃恩，宣昭书于门楼上，由垛

① 王南：《古都北京》，清华大学出版社2012年版，第67页。

口正中承以朵云，设金凤衔而下焉。是为皇城正门。”[①]这一段文字虽然很短，但却准确描述了天安门在整座皇城结构中所具有的重要意义。

首先，天安门作为皇城的正门，必以高大、宽厚、气势宏伟的建筑体量而显示其“天下正中”的特点。城台和城楼是天安门最核心的建筑部分。城台底部东西长120米、南北宽40米，占地4800平方米，两侧与皇城南墙相连。城台设5道券门，中央为御路门，即皇帝专用之门，两侧为王公门，最外侧为品级门。御路门最宽达5.48米，王公门宽4.58米，品级门宽3.54米。举行盛大活动时，皇帝、王公及官员分别从不同的券门进出。城台北侧两端有马道可以登台。城台立面分为3段，最下面为1.59米高的汉白玉须弥座台基，中部为红墙，用白灰膏、江米汁灌浆，顶部为1米高的灰色女儿墙，上覆黄琉璃瓦的墙帽。城台墙面有明显收分，台顶距地面12.3米。天安门建筑的整体外观充分彰显了皇家权威与尊严。

城楼部分是天安门的中心，最为壮观。城楼采用重檐歇山造型，覆黄色琉璃瓦顶，面阔9间，进深5间。台基面宽61.48米，约为城台宽度的一半。城楼高22.4米，约为城台高度的两倍。这样就使城楼与城台共同形成“一纵一横”的平衡构图，总体结构显得气势壮观、和谐稳固。[②]

天安门的屋顶设计也颇具特色：在高大的重檐歇山式尾翼部分，采用规格为四样的吉祥造型。檐角脊兽成单，排列为九，也是最高级别，顺序是龙、凤、狮子、天马、海马、狻猊、狎鱼、獬豸、斗牛。屋顶两侧以山花板装饰，上刻梨花寿带，油漆贴金，显得美轮美奂、金碧辉煌。[③]

天安门前还有外金水河蜿蜒流过，与故宫太和门前的内金水河遥相呼应，形成“对景”的视觉效果。水源来自西山水系，经长河过高

---

① ［清］庆桂等编纂、左步青点校：《国朝宫史续编》，北京古籍出版社1994年版，第389页。

② 王南：《古都北京》，清华大学出版社2012年版，第69页。

③ 张承佑：《天安门城楼及天安门广场》，载《古建园林技术》1986年第2期。

梁桥，人西直门后流入积水潭、什刹海，汇入北海、中南海，流过天安门。外金水河上有5座汉白玉石桥，分别与城台上的5扇券门对应，为御路桥、王公桥和品级桥。在太庙（今劳动人民文化宫）和社稷坛（今中山公园）南门前还各有一座石桥，这是乾隆年间建成的公生桥。此外，门前、门内各有一对华表，其中门内的一对华表坐南朝北称为“望君出”，门外的一对华表坐北朝南称为“望君归”。同时，这里还各有一对石狮。这都是明代成化年间重修时设立的。华表、石狮、金水桥共同构成天安门城楼前的一道庄严肃穆的景观，起到一种大典礼台的“前奏曲”的壮美效果。

不仅单体的天安门气势宏伟，更要将其放在一个整体中考察，放到一个大环境中去研究，方能更清晰地发现其独特的建筑之美。中国建筑“一开始就不是以单一的独立个别建筑物为目标，而是以空间规模巨大、平面铺开、相互连接和配合的群体建筑为特征的。它重视的是各个建筑物之间的平面整体的有机安排”①。这一点和西方建筑完全不同，中国建筑并不像西方建筑那样追求单体的高耸入云，如果孤立地去看一座建筑，反而显得低矮、平淡、颜色单一，并不刻意追求体形和相貌上的突出，而是在建筑群中去体现均衡、和谐的结构布局，即追求建筑的整体美，也就是一种大美，这才是中国建筑之所以在世界上独树一帜的重要原因。天安门的建筑价值和特殊魅力也体现在其中。

我们可以从紫禁城建筑群乃至整个城市的大背景中来把握天安门的特殊意义。天安门南面“T”字形宫廷广场上有很重要的一组建筑群，包括大明门、千步廊、朝房、长安左门、长安右门，与天安门共同构成一个封闭的广场，这个广场是从市井世界（经过棋盘街，又称天街）进入皇城禁区的过渡，起到一种缓冲、调整心态的作用。走到这个广场的尽头，就到了皇城的正门——天安门了，所以天安门是联系和沟通北京平民社会的第一道门户。这其中有一个层层递进的韵律

① 李泽厚：《美的历程》，中国社会科学出版社1984年版，第75—76页。

感，给人以强烈的震撼：刚穿过熙熙攘攘、热闹非凡的前门外大街，看到的是商业的繁华与喧嚣，当一走过棋盘街，进入高耸的大清门，顿时气氛便异常肃穆，无疑在提醒人们要屏息静气、全神贯注，沿着千步廊，怀着崇敬的心情走进紫禁城。但是，还有一扇城门挡在人们的眼前，这就是皇城大门。人们在踏入皇家宫廷之前，第一眼看见的就是天安门的样子，从建筑的角度营造出“重重门阙，幽深宫殿”的视觉效果。同时，步入皇宫时的静穆心理也就油然而生了。

其次，从天安门与故宫三大殿的关系看天安门的特殊重要性。与规模宏大的紫禁城建筑群比较，天安门好像只是一扇简单的门而已，当人们进入仿佛迷宫般的紫禁城后，似乎很快忘记了进入宫殿的第一道大门。但是，天安门就像进入这座迷宫的“导引”，承上启下，外引内连，把平民社会与宫廷世界连接起来，形成一个完整的国家概念。同时，天安门在建筑文化方面也契合了中国“天人合一”的哲学思想，“承天启运”的寓意得到了最好的展示。在环境学上，中国古代建筑讲究“背山面水”的风水理念，强调人与自然的和谐共生，天安门前的外金水河与紫禁城北面的景山构成一山一水，相得益彰，相互对应，既体现了对中国城池之拱卫，又环绕皇宫形成山水相连的艺术效果，颇具感染力和冲击力，构成了一幅具有自然之趣的美丽画卷！

著名建筑大师梁思成在对北京中轴线的描述中，曾谈到天安门的价值：“由中华门到天安门，一起一伏，一伏而又起，这中间千步廊（民国初年已拆除）御路的长度和天安门面前的宽度，是最大胆的空间处理，衬托着建筑重点的安排。由天安门起，是一系列轻重不一的宫门和广庭，金色照耀的瓦顶，一层又一层的起伏峋峙，一直引到太和殿顶，便到达中轴线前半的极点。”[①]在这段描绘中，我们可以看到天安门在皇城布局中的中心地位。天安门前面的广场只是一个过渡，设计成狭窄的细长空间，作为通向皇宫的一个铺垫而已。狭长的甬道

① 朱祖希：《营国匠意》，中华书局2007年版，第174页。

和宽阔的天安门城台形成鲜明的对比，给人的视觉上造成巨大冲击，对人的心理形成震慑性效果。进入天安门之后，建筑形制和风格为之一变，完全是一片金碧辉煌的宫殿建筑群。宫墙内，高台上耸立着巨大的三大殿，象征着“君临天下”的权威与气势。

二、从“天子之门”“宫廷广场”到“庶民广场”

具有3000余年建城史和800余年建都史的北京城是一座先有规划而后兴建的历史文化名城。在规划中，皇帝宫殿被规划设计在城市中心的位置，以体现皇权的至高无上。明朝朱棣在发动“靖难之役”，并成功夺取皇位后，决定迁都北京。明永乐四年（1406年）在北京始建皇宫，到永乐十八年（1420年）基本建成，历经明清两代24位皇帝，至今已经有600多年的历史，这里一直是封建帝王统治全国的政治中心。

古代北京城的城市布局被设计为三重格局，其中位于城市中心的是皇宫，被称为宫城。宫城之外是皇城，主要设置一些为宫廷服务的内府机构和官僚衙署，百姓严禁入内，属于皇家禁区。皇城之外才是京城，包括内城和外城两部分，这里是普通百姓居住的生活区和商业娱乐区。如果要进入北京的皇宫，多从天安门进入，因为天安门是皇城的南大门，也是正门，过了天安门、端门就可以直达皇宫的午门，从而进入明清两朝的皇宫——紫禁城。

天安门在明代称承天门，象征着皇帝秉承上天的旨意，“奉天承运”统治人间的黎民百姓，由此天安门又被称为“天子之门”，其政治意义十分明显。为此，天安门在建筑造型、建筑风格等方面无不渗透着体现皇权统治与君权神授的政治寓意。

在天安门的左（东）边是皇家祭祖的太庙，右（西）边是社稷坛，合乎中国传统都城的“左祖右社”的规划思想。天安门的南面正对着的大门称为大明门（清代称大清门，民国后改称中华门），而在这二门之间形成了一个“凸”字形宫廷广场，两旁的建筑群则按照“左文右武”分别设置吏、户、礼、工、兵、刑六部等封建衙署机构。

天安门是明清两代封建帝王颁发诏令即“金凤颁诏”之地。凡遇皇帝发布诏书，都要在这里举行隆重仪式，以此昭告天下。在城楼上正中设立宣诏台，由宣诏官在城楼上宣读皇帝颁发的诏书，然后将诏书衔于木雕的金色凤凰口中，用滑车徐徐系下（明代是用龙头竿以彩绳系下），下面的礼部官员托举朵云盘承接，放入龙亭内抬至礼部，然后用黄纸誊写，分送全国各地。这一仪式的全过程被称为“金凤颁诏”。①

同时，天安门也是皇家举行盛大典礼的必经之地。皇帝登基、大婚等重大庆典活动时才能开启天安门。皇帝平时并不走天安门，只是每年祭天、祭地、祭五谷时才会由此门出入。

另外，天安门还是“金殿传胪”的场所，即公布科举考试中殿试成绩的地方。明清以来的科举考试，在殿试考完后，凡考中进士的人都要在殿上传呼姓名，写在黄榜上，由礼部官员捧出午门，放进龙亭，在鼓乐引导下，经天安门出长安左门，张挂在临时搭建的龙棚里，新科状元带领进士们在此看张挂的黄榜。看榜后，考中的前3名进士——状元、榜眼、探花会受到皇帝的特殊恩宠，插上金花，身披红绸，骑马游街，隆重的仪仗队将其迎接到城北的顺天府衙里举行饮宴。这一过程被称为“金殿传胪”。②这些被皇帝钦点的进士就成了“一举成名天下知”的新晋权贵。天安门作为显示“天子门生”的尊贵和“鲤鱼跳龙门”的见证，象征着中国古代重视人才培养的文治教化之风。

1911年，辛亥革命推翻了腐朽没落的清政府，天安门连同天安门广场、紫禁城、社稷坛、太庙等这些昔日皇家建筑的命运发生了巨大变化。随着近代城市理念的引进，古都北京开始逐渐显露出现代文

① 王南：《古都北京》，清华大学出版社2012年版，第68页。

② 王宏志编著：《天安门广场革命简史》，上海人民出版社1979年版，第5页。

明的曙光。

1914年5月，朱启钤任北洋政府交通总长期间启动了改造旧都城的计划，拆除了天安门前的千步廊，打通了东、西长安街，开放南、北长街和南、北池子，修筑沥青路，天安门广场的封闭格局被打破了，使原封闭的广场变成了可自由穿行和逗留的开放空间，威严而神秘的皇权消失了。1915年，正阳门城楼经过改造，拆除了瓮城城墙，改善了交通，拓展了道路。之后，紫禁城被辟为博物院，社稷坛、颐和园、北海、天坛等皇家禁地被改建为城市公园。正因为有朱启钤对天安门广场进行的第一次改造，天安门周围的空间布局发生了重大变化，随着空间范围的扩大，交通设施逐步改善，以天安门为中心的新城市广场开始形成。这个广场虽然还不能和新中国成立后的大广场相媲美，但与封建时代的宫廷广场相比，其进步意义仍十分明显。一个重要的特点就是广场的性质发生了本质变化，皇家专制的色彩逐渐褪去，“民主”“公众”“平等”等进步思想贯穿到城市和建筑当中。因此，这时的天安门不再是封建皇城的门阙，而成为建筑文化遗产的象征，或者说是反映中国古代建筑艺术的符号。这时，天安门广场也不再是皇家禁地，而成为具有近代色彩的公众活动场所。于是，集会、庆典、游行等各种活动纷纷选择在此进行，昔日沉寂森严、人迹罕至的宫廷广场变为日趋活跃的市民公共场所。

但是，辛亥革命的胜利果实被袁世凯篡夺，中国陷入军阀混战的局面。尽管这样，天安门和天安门广场的围墙一旦被革命风暴所冲破，任何封建余孽和反动派企图把它们重新圈为禁地已经是不可能了。1916年，封建军阀张勋妄图复辟帝制，率领辫子军开进天安门广场，想拥戴末代皇帝溥仪复位，把中华门改称大清门，但是在全国人民的巨大反对浪潮中，其复辟梦仅仅做了12天就彻底破灭了。同年7月，北京市民在天安门广场集会，庆祝共和的胜利。这是天安门前举行的首次群众集会。之后，各种政治团体、党派组织、社会机构便把这里作为举办活动的中心。思想潮流涌动，各派力量登场，天安门的中心地位和政治意义愈加明显。[①]

俄国十月革命胜利后，一批先进的中国知识分子在天安门广场发表演讲，大声疾呼，传播新思想，宣传新主张，启发民众觉悟。1918年11月，李大钊在紧邻天安门的中央公园（即中山公园）发表了著名演说《庶民的胜利》，他大声疾呼，“一个事件的发生，是世界风云发生的先兆。1789年的法国革命，是19世纪中各国革命的先声。1917年的俄国革命，是20世纪中世界革命的先声”，反映了他坚定走十月革命道路的决心和勇气。他指出，“须知今后的世界，变成劳工的世界。我们应该用此潮流为使一切人人变成工人的机会，不该用此潮流为使一切人人变成强盗的机会”，“要想在这个世界上当一个庶民，应该在这个世界上当一名工人。诸位啊，快去做工了”！[②]这些振聋发聩的呼喊，预示着一个新时代的到来。

三、见证爱国民主斗争

广场是城市文明的核心，几乎世界上每一座历史文化名城都有自己的城市广场，它是铭刻历史记忆、凝聚民族文化、弘扬民族精神的场所。在世界城市中，有的城市广场是经过规划设计而建成的，但更多的广场是在长期的历史演变中逐渐形成的，其中在此发生的一些对民族、国家产生重大影响的历史事件是形成城市广场的重要原因。

天安门广场正好印证了这一点。天安门是这个广场的地标性建筑，并以此为中心，伴随着此起彼伏的重大历史事件和声势浩大的群众运动，使这里由一个狭窄而封闭的宫廷广场变为群体性、公共性、开放性的城市广场。尤其是20世纪以来，革命运动大多通过广场获得最终体现。其中，五四运动就爆发在天安门广场，成为中国历史的转折点和分水岭。

---

① 王宏志编著：《天安门广场革命简史》，上海人民出版社1979年版，第15页。

② 中国李大钊研究会编注：《李大钊全集》（第二卷），人民出版社2006年版，第254页。

1919年5月4日，几千名爱国学生在天安门前集会，高呼“外争主权，内除国贼”等口号，要求拒绝在《巴黎和约》上签字。由此引发的五四运动揭开了中国人民反帝爱国运动的新篇章，成为中国新民主主义革命的开端。

1919年1月18日，帝国主义国家在巴黎召开所谓的和平会议。作为战胜国的中国代表在人民的压力下，在会上提出废除日本同袁世凯签订的“二十一条”、收回德国从我国山东夺取的权利等正义要求，遭到帝国主义国家的拒绝。4月30日，巴黎和会拒绝中国人民的正当要求，承认日本对青岛的占领，并把德国在山东的权益移交给日本。消息传来，国内舆论一片哗然，长期蕴藏在中国人民心中的愤怒像火山一样爆发出来了。5月3日，北京各报刊登了青岛危急的消息，北京的爱国学生被巴黎和会的无理决定激怒了。当晚，北京高校派出代表在北京大学三院开会，做出决定：5月4日联合北京学界，在北京市中心的天安门前举行爱国示威游行；通电各界一致奋起抗争，并通电巴黎和会代表不得在和约上签字。

5月4日，伟大的反帝爱国运动爆发了。当天下午，北京大学等13所大中专学校的3000多名学生从四面八方汇集到天安门广场。他们在天安门前围成一个圆形的临时会场，周围还有不少市民观看。平日沉寂的天安门广场，这一天沸腾起来了。广场上标语、旗子迎风飘扬，集会现场群情激愤，游行队伍不断汇集，任何力量也阻挡不住青年学生的爱国激情。学生们在天安门广场举行大会，并向围观的市民散发传单，宣传救亡爱国主张，揭露帝国主义的强盗行径，指出：“山东亡，是中国亡矣。”呼吁广大民众：“岂能目睹此强暴之欺凌我，压迫我，奴役我，牛马我，而不作万死一生之呼救乎？”号召大家要在“国家存亡、土地割裂、问题吃紧之时”“能下一大决心，作最后之愤救”。他们高呼“外争主权，内除国贼”“还我青岛”“头可断，青岛不可失”“保卫主权”“拒绝在和约上签字”[1]等口号。

---

① 王宏志编著：《天安门广场革命简史》，上海人民出版社1979年版，第19页。

会后，学生们冲破军阀政府的阻挠，举行了游行示威活动。浩浩荡荡的游行队伍从天安门广场出发，先到东交民巷，向美国使馆递交抗议书。之后，学生们直奔位于赵家楼胡同的北洋政府官僚曹汝霖的住宅，出现了火烧曹宅的历史一幕。北洋政府派出大批军警镇压爱国学生，当场抓捕学生30多人。

在天安门广场点燃的“五四”火炬迅速燃遍全国，各地纷纷响应北京学生的爱国斗争，一场规模浩大的爱国主义运动从此开始，揭开了中国新民主主义革命的序幕。

五四运动以后，天安门广场又爆发过一系列反帝反封建的爱国斗争，谱写了中国革命的壮烈篇章。

抗日战争胜利不到一年，蒋介石就发动了全面内战。国民党政府为了打内战，拼命搜刮老百姓，导致物价飞涨，民不聊生。在这黑暗的日子里，人民难以生存，于是一场“反饥饿、反内战、反迫害”的学生运动在中共北平地下组织的领导下迅速发展，声势越来越大。

1946年12月24日，驻华美国士兵强奸了北大学生沈崇，之后在北平爆发了声势浩大的抗议驻华美军暴行的群众运动。12月30日，约一万名大学生走上街头，高呼“美军退出中国”“维护主权独立”等口号，举行了示威游行。游行队伍向天安门方向前进时遭到了一伙由国民党政府指使的特务、流氓的骚扰。这次运动充分显示了中国人民不畏强暴和反对独裁统治的坚强决心。

1947年5月18日，国民党政府颁布了所谓《维持社会秩序临时办法》，严禁10人以上的请愿和一切罢工、罢课、游行示威，下令各地军警对爱国民主运动实行血腥镇压。这一消息传出后，北平、南京、天津等地同时爆发了大规模的学生示威游行。5月20日，国民党政府在南京制造了五二〇血案。北平各大专院校的学生也在这一天举行示威游行，高举着“反饥饿、反内战”的巨大横幅走过天安门广场。游行队伍经过天安门时，学生们面对天安门上悬挂的蒋介石画像，高呼“打倒独裁”“要民主”等口号。宣传队队员们还用长柄刷把大幅“反饥饿、反内战”的标语和漫画张贴到长安左门和长安右门上，贴到天安门两侧的宫墙上，贴到天安门城台和华表上。[①]

近代以来，天安门经历了太多的风雨沧桑，天安门前不断刮起反帝反封建的革命风暴，成为争取民族独立、抵抗侵略和推翻腐朽统治的政治舞台。在中国人民的心目中，天安门不仅作为一个历史建筑而存在，而且成了一个民族不屈不挠、英勇抗争的精神象征，和国家命运息息相关，和历史巨变紧密相连，作为中国革命和解放的一座时代丰碑而载入史册。

四、举行开国大典

1949年10月1日，天安门迎来了最伟大的时刻——中华人民共和国的开国大典，标志着新中国诞生的隆重庆典就在这里举行。

选择在天安门广场举行开国大典，还有一段故事。1949年7月初，中共中央决定在新中国成立之日举行开国大典，成立了以周恩来为主任，彭真、聂荣臻、林伯渠、李维汉等人为副主任的开国大典筹备委员会。筹委会很快拿出了大典活动方案，其中包括三大议程：一是中华人民共和国中央人民政府成立典礼；二是中国人民解放军阅兵式；三是人民群众游行。毛泽东对阅兵式很重视，并指出："我们历来主张慎重初战，这次阅兵也是初战，开国第一次嘛。一定要搞好！"[②]但是，阅兵式也好，典礼仪式也罢，无论实施开国大典活动方案确定的三大议程中哪一项，首要的问题都是选定场地。究竟选在哪里，存在着不同意见，形成了两套方案：一是选在天安门广场，二是选在市郊西苑机场。经过周恩来的仔细研究和推敲，最终选择在天安门广场举行这次盛典。因为这里不仅位居城市中心，空间广阔，交通便利，而且意味着天安门这座封建时代的古代建筑即将除去作为封建皇权的所有痕迹，而被赋予全新的意义，从此开启崭新的时代。[③]

---

① 贾英廷编著：《天安门的中国记忆》，中国商业出版社2015年版，第17—20页。

② 梁梅婷：《周恩来将开国大典选在天安门》，载《传承》2014年第2期。

③ 李颖编著：《共和国历史的细节》，人民出版社2009年版，第2页。

1949年10月1日开国大典盛况（新华社　提供）

毛泽东、朱德、刘少奇等中央领导人在听取了周恩来的介绍和分析后，决定在天安门广场举行开国大典。

这一决定公布后，北平市委和市政府立即组织力量，部署对天安门广场进行整修和清理工作。当时的天安门城楼以及广场因年久失修，已经破败不堪了。城楼上下遍体鳞伤、斑痕累累；广场上杂草丛生，一片杂乱凄凉的景象；长安街上摊贩遍布，垃圾堆积如山；金水河河道淤塞，水面脏污腐臭。要在很短的时间里进行一次大清扫、大整治，任务的艰巨性可想而知。[①]

这次清理天安门广场的工作分为5个部分：一是开辟一个能够容纳16万人的大广场，清除多年沉积的渣土和垃圾；二是整修天安门城楼，清除杂草并进行粉刷，并按照主席台和检阅台的要求布置周围环境；三是在天安门前的合适位置修建一个升国旗的设施；四是修补和加固天安门前的沥青石砟路面，便于阅兵车辆和游行队伍通过；五

① 张承佑：《天安门城楼及天安门广场》，载《古建园林技术》1986年第2期。

是美化环境，绿化布置。全部工作要求在9月底前完成。[①]

经过一个月的奋战，天安门广场的整修工作顺利完成，一个崭新的广场诞生了。广场以天安门城楼作为主席台，一根高达约22米的旗杆竖立起来，旗杆由钢管焊接而成，涂上白色磁漆，用汉白玉栏杆围住。同时，还设计出了自动升降的开关设施，以便让毛泽东在天安门城楼上亲自启动升旗电钮。广场周围安置了大量花草和树木。一个光彩夺目、宏伟壮观的天安门广场便呈现在人们面前。[②]

1949年10月1日，古老的天安门城楼焕然一新，8面红旗在城楼两侧迎风飘扬，在高高的城楼重檐间横挂着“中华人民共和国中央人民政府成立典礼”巨幅会标，城台正中门洞上方悬挂着毛泽东的巨幅彩色画像。

开国大典定于下午3时进行。下午2点55分，毛泽东、朱德、刘少奇、周恩来、宋庆龄、李济深、张澜等党和国家领导人登上天安门城楼，出现在众人面前。3点整，中央人民政府委员会秘书长林伯渠宣布典礼开始。

毛泽东亲手启动控制广场上国旗旗杆的电钮，第一面五星红旗冉冉升起，高高飘扬在天安门广场，飘扬在新中国首都的上空。与此同时，在雄壮的《义勇军进行曲》声中，108门礼炮以54门为一组齐鸣28响，惊天动地的礼炮声象征着全国人民坚如钢铁的团结力量。

接着，毛泽东向全世界宣读了中华人民共和国中央人民政府第一号公告。中国人民解放军总司令朱德任阅兵式司令员，华北军区司令员、京津卫戍司令员聂荣臻任阅兵总指挥。

这是新中国的首次阅兵。受阅部队按照陆、海、空三军序列编组，依次由东向西通过天安门城楼接受检阅。值得一提的是，开国大典阅兵式中首次受阅的飞机是带弹飞行。在飞越天安门上空的17架飞机中有4架带着实弹，这样主要还是考虑到当时敌情复杂，为了防

① 王建柱：《天安门广场：时代的记忆》，载《文史春秋》2017年第10期。

② 李虹：《开国大典若干“第一”逸事》，载《党史天地》2009年第10期。

止国民党飞机可能对开国大典的破坏，保障空中安全，而采用这种极其特殊的飞行方式。[①]

开国大典阅兵历时两个半小时，场面壮观，气势如虹。10月2日《人民日报》发表《记中央人民政府成立盛典》一文，详细描绘了当时的情景：人民的武装部队两个半小时的检阅，给予人民的是更加坚定的胜利信心。我国年轻的海军部队和空军部队，第一次公开地列队出现在人民领袖和广大人民面前了。海军部队代表整齐的步伐、焕发的精神，使人坚信它们既然能从无变成有，必将从小变成大。随着我们伟大祖国的繁荣昌盛，我们会建设起一支强大的海军。空军[②]成列成队地飞过会场的上空，人丛中帽子飞舞起来，手巾挥舞起来，手里拿着的报纸和其他物件都飞舞起来。人们随着军乐队奏出的《解放军进行曲》的响亮节奏拍着手，合着拍子，发出这样那样的声音，几十万的脉搏同速地跳动。[③]历史从此翻开了新篇章。

五、从“金凤颁诏”之地到人民广场检阅台

1949年10月1日，以开国大典为标志，天安门城楼进入了一个新的时代。昔日封建帝王“金凤颁诏”之地回到了人民手中，“旧貌变新颜，换了人间”，恐怕再没有哪一座建筑物比天安门更能体现和代表新中国政治中心的象征意义和历史价值了。即便是天安门本身，也是作为“推陈出新、古为今用”的地标性建筑而载入新中国的城市建设史。

新中国成立后，天安门城楼和天安门广场成为每年国际劳动节、国庆节时中国人民接受党中央和毛主席检阅与举行游行庆祝活动的

---

① 秋雨：《我国阅兵史上的几个“首次”》，载《党史纵横》2017年第10期。

② 中国人民解放军成立于1949年11月11日，此处所说的“空军”是指飞行部队，而非军种概念。

③ 李颖编著：《共和国历史的细节》，人民出版社2009年版，第9页。

重要场所。为了适应新的功能需要，要对天安门城楼和广场进行修缮和改建，使其呈现出庄严雄伟的面貌。而当时天安门不仅亟待修复，天安门广场也是处在3面红墙的包围之中，面积狭小，视野局促，参加庆典活动的游行队伍规模浩大，不能直接进入隆重的庆典现场，于是对天安门及广场的改造问题被提上了议事日程。[①]

首先，对天安门城楼进行修缮和装饰，使其更加雄浑壮美。开国大典前夕只是对天安门进行了较为简单的修整。1952年，北京市政府开始组织修缮天安门。这次修缮中，在城楼西侧的木梁上发现了3颗没有爆炸的炮弹，这是当年八国联军攻占北京时留下的侵略罪证。到了20世纪60年代初期，维修人员发现城楼大厅里靠近毛泽东座位的一根12米高的柱子内部已经木质朽坏了近10米，于是，有关部门建议重修天安门。1965年，天安门城楼的翻建修缮工作开始启动，一年后的邢台地震又对城楼造成了破坏。为了确保城楼的安全，国务院决定在1969年12月拆除天安门的旧结构，按照原规模和建筑样式重建天安门。

为了保持天安门的原貌，工作人员把拆下的每一个构件按照原样绘制成图并拍照，按照顺序编号，然后由北京建筑设计院的技术人员画成标准图纸，按照图纸进行加工。重建后的城楼按照9级抗震能力设计，更加坚固；城楼的斗拱尺寸加大，城楼也被加高了87厘米。此外，还有东西屋顶卷棚、城台加高、标语牌更换、电梯安装等一系列附属工程。同时，还增加了供电照明、供暖、电话、广播电视、新闻摄影等一批现代化设施。[②]

天安门城楼大殿内装饰彩画的绘制也是这次修缮的一个重点。当时有两种不同意见：一种意见认为，古建筑的彩绘应该按照传统的做法复原，采用宫廷彩画中品级最高的“金凤和玺”样式；另一种意见认为，那是腐朽的“四旧”和复古，应完全摒弃，改用向日葵和延安

① 朱祖希：《营国匠意》，中华书局2007年版，第307页。

② 王建柱：《天安门广场：时代的记忆》，载《文史春秋》2017年第10期。

宝塔等新的图案进行装饰。最后，周恩来总理指示：天安门彩画整体采用“大丽花和玺”图案，勾头等小型琉璃瓦可采用向日葵图案。这符合“古为今用、推陈出新”的设计思想。

天安门城楼的颜色也是一个亮点。历来用于城楼的涂料是称为“广红”的铁红粉，但是这种涂料黏合度低，容易粉化，特别是被雨水侵蚀后墙皮容易剥落。经过多年研制，配制出了一种专门适用于天安门城楼的油漆——815型古红漆，这种油漆不反光、不褪色，色调明快，现在已经成为修缮天安门的专用漆。

其次，天安门广场被重新规划和改造成可容纳百万人的广场。新中国成立后，中央人民政府就在构思如何扩大和改建天安门广场。当时，天安门广场仅有9万平方米，面积狭小，无法容纳规模宏大的群众集会。1950—1954年，中央和北京市有关部门共设计了15个天安门广场的扩建方案。这期间改造工作已经开始了。1952年，拆除了天安门前的两座城门——长安左门、长安右门；1955年，拆除了广场中部的东西两侧红墙，地面铺砌了混凝土方砖，使广场向南扩展，面积达12万平方米。

天安门广场最大的改建发生在1958年。为庆祝新中国成立10周年，党中央在北戴河召开政治局扩大会议，决定在北京建设一批重大建筑工程（即“十大建筑”），其中包括大规模改建天安门广场。同时，在天安门广场范围内修建人民大会堂、中国革命历史博物馆。为此，开始了新一轮的天安门广场和长安街的规划编制。

关于天安门广场的性质及功能，在当时引起了争论。一种意见认为，天安门是国家政治中心的象征，它的周围应该以国家机关为重点建筑，可建设博物馆，使它成为政治中心；另一种意见则认为，广场应该成为文化中心，周围建筑物以图书馆和博物馆为主。当时的苏联专家的意见接近前者，认为天安门广场上应该建一些纪念性建筑，突出庄严肃穆的氛围，这种看法显然是以莫斯科红场为依据的。其实，早在1949年9月中央人民政府决定在天安门广场修建人民英雄纪念碑时，就已经把天安门广场作为国家纪念性政治广场这一定位确定下来了。[①]

这次编制前，有一个原则确定了下来，就是天安门广场的尺度要大。当时毛泽东提出的要求是“建设百万人的广场”。根据万里回忆，1956年国庆节，毛泽东在天安门城楼上听取了彭真关于改建天安门广场的汇报后指示，大意是6亿人口大国的集会广场，太小了不行，天安门广场的宽度要从天安门东西两侧红墙一直向南通出去，直到护城河，即东西宽500米。[②]

为了集中全国人民的智慧，以完成规划设计方案的编制，北京市发动全国城建战线的各路精英参与设计工作，邀请全国1000多位建筑师、艺术家和青年学生参加天安门广场和“十大建筑”的规划设计竞赛。仅用了2个多月时间就拿出了上百个方案，经过筛选，选择了7个代表性的方案做进一步修改。这7个方案中大多数是由我国著名的建筑师领衔设计，包括陈植、赵深、刘敦桢、戴念慈、张镈等名家。周恩来总理听取了7个方案的汇报后，最终确定综合方案：天安门广场东西宽500米，南北长860米，总面积为43万平方米（后增至44万平方米），人民大会堂和中国革命博物馆一实一虚地分列广场的两侧。正阳门和箭楼被完整保留了下来。

1958年11月初，在邓小平主持下，中央书记处观看了关于国庆工程模型的影片，万里、赵鹏飞等北京市领导做了汇报。12月底，中央政治局在丰泽园正式开会讨论国庆工程，毛泽东、刘少奇、朱德、邓小平、彭真、陈毅等领导人出席，周恩来总理做了介绍。会议审定了广场改建的综合方案，决定立即付诸实施。至此，天安门广场改建方案基本定型。

天安门广场的扩建于1959年新中国成立10周年前夕完工。仅用了10个多月的时间，一个雄伟的广场、一条宽阔的大街以崭新的面貌展现在全世界面前。北京作为全国政治、文化中心的形象，在改建

① 王建柱：《天安门广场：时代的记忆》，载《文史春秋》2017年第10期。

② 董光器编著：《古都北京五十年演变录》，东南大学出版社2006年版，第165、167页。

后的天安门广场和长安街上更加充分地显示出来。

经过了这次重修和扩建，古老的天安门和天安门广场焕然一新，不仅高大的城台和城楼显得更加雄伟挺拔，成为检阅人民军队和举行盛大集会的主席台，而且它不是孤立的，完全和宽阔的广场融为一体。广场的规模扩大后，不仅满足了群众游行集会的需要，也显示出其开放、雄伟的体形。天安门广场的尺度不但要满足使用上的需要，同时要和广场上的建筑物互相衬托，取得均衡的比例。天安门广场在建筑艺术和技术上融合了古今中外的精华，因而在中国城市建设史上具有重要意义。

首先，天安门广场是首都的中心，位于城市纵横轴线的交叉点上，东、西、南3面都是宽广笔直的道路，视野宽广。原来的3面红墙和阻碍交通的东、西长安门被拆除，广场的西侧是象征人民行使政治权力的人民大会堂，东侧是中国革命博物馆和中国历史博物馆，广场的中央是人民英雄纪念碑，形成全国各族人民共同向往的政治活动中心。

其次，作为广场两翼的东、西长安街，经过规划改造后笔直平坦，延展成为一条横贯东西的新的城市轴线。这样，削弱了北京古城那条原本象征封建帝王统治的、过去唯一控制全城总体布局的南北中轴线的作用。过去一直雄踞全城中心位置的紫禁城，在城市总体格局中因天安门广场的崛起，以及新的长安街的拓展与延伸，已经退居到了次要地位。旧时代作为皇城正门的天安门，尽管位置没变，但是功能更新了，其建筑本身焕发出了时代生机。这时天安门已成为新的人民广场中的一个核心标志，不仅建筑功能发生了巨变，而且还被赋予了更加丰富的时代精神和文化内涵。

最后，天安门广场上新、旧建筑十分和谐地融合在一起，形成了极具特色的轮廓线。在这里，通过建筑造型艺术，不仅能看到历史文脉的延续与传承，更能看到时代创新的发展与变化。建筑大师赵冬日回忆道："新建筑采用了平顶、挑檐、围廊、重台的处理方法，这是中国传统建筑艺术的发展，和旧建筑有内在的联系，因而达到了完美的和谐。新建筑的色彩以亮色为主，黄绿相间的琉璃檐头，淡橘黄色的墙面和微红色的花岗石台基，本身具有明朗的色调，和旧有的黄瓦、红墙、白玉石栏杆的天安门取得既调和而又对比的效果。”[①]

天安门历经时代变迁，像一座不朽的时代丰碑深深地融入中国人民的心里，成为永恒的记忆。从时间上来说，天安门周围的景观衔接着中国悠久的历史，形成留下不同时代烙印的天安门广场建筑群；从空间上来说，天安门既是中国的一个缩影，也是向世界开放的一个窗口，向世界展示着中国发生的一切变化。

改革开放以来，天安门又经过了多次改造和修缮。目前，饱经数百年风雨沧桑的天安门广场成为世界上最大的城市中心广场，可容纳百万人集会，每年接待国内外游客2000多万人次。从开国大典到庆祝新中国成立70周年庆典，从新中国成立后的第一个国际劳动节集会到庆祝抗战胜利70周年活动，从“另起炉灶”“打扫干净屋子再请客”的外交政策，到和平发展的大国外交理念，天安门见证了历史长河里的巨浪与涟漪，见证了中华民族的奋斗和崛起。同时，作为北京的一处红色地标，天安门记录下了中国近百年革命斗争的历史风云，见证了新中国从诞生到发展壮大的奋斗历程而被载入史册。

---

① 赵冬日：《从人民大会堂的设计方案评选来谈新建筑风格的成长》，载《建筑创作》2014年第Z1期。

第四章

丰碑永存

第一节　人民英雄纪念碑

为纪念1840年鸦片战争以来，反对内外敌人，争取民族独立和人民自由幸福，在历次斗争中牺牲的人民英雄们，1958年建成了人民英雄纪念碑。人民英雄纪念碑庄严肃穆，巍峨挺立，是举办国家公祭的庄重之地，是全国人民心中的一座历史丰碑。

人民英雄纪念碑位于北京天安门广场中央，是中华人民共和国成立后第一座由国家兴建的大型纪念碑。1949年9月30日，中国人民政治协商会议第一届全体会议通过兴建人民英雄纪念碑的决议；1952年8月1日正式动工，1958年4月竣工，5月1日人民英雄纪念碑正式揭幕。从此，天安门广场上有了中国人民纪念人民英雄的神圣场所。同时，人民英雄纪念碑以其高大挺拔的身姿，成为天安门广场上一处庄严神圣的红色地标。[①]

人民英雄纪念碑占地面积约3000平方米，碑体高37.94米，建在双重平台之上，分碑顶、碑身和台基3部分，碑顶采用庑殿顶，碑身呈方柱形，台基采用了传统的双重须弥座形式，整座纪念碑由17000块花岗石和汉白玉砌成。

碑身北面巨大的碑心正面镌刻着毛泽东书写的“人民英雄永垂不朽”8个镏金大字；碑身南面镌刻着毛泽东起草、周恩来书写的碑文。纪念碑基座分两层，上层为正方形，四面以汉白玉石栏杆环绕，并有台阶与下层相连。连接碑身的是大小两个重叠的须弥座式台基，其上层四面镌刻着由菊花、荷花、牡丹花、百合花和重幔组合而成的8个浮雕花环，以表达对人民英雄的崇敬之情；下层须弥座束腰部分有

① 中共北京市委党史研究室编:《北京市革命遗址通览》，中共党史出版社2012年版，第23页。

10面汉白玉浮雕，描绘了自虎门销烟到人民解放军胜利渡长江、解放全中国的近现代中国波澜壮阔的历史画卷，形象地再现了中国人民革命斗争的光辉历史。①

1961年3月，人民英雄纪念碑被国务院列为第一批全国重点文物保护单位。1997年6月，纪念碑和天安门广场一起被中央宣传部公布为全国爱国主义教育示范基地。

2005年9月3日，中国人民抗日战争暨世界反法西斯战争胜利60周年大型纪念活动在北京隆重举行。上午9时，在天安门广场举行向人民英雄纪念碑敬献花篮仪式。这是各界代表在瞻仰人民英雄纪念碑（黄敬文　摄，新华社　提供）

人民英雄纪念碑建成后的60多年来，每逢重大节日都有来自全国各地的人们来此瞻仰、纪念革命英烈，表达敬仰和缅怀之情。1985年，在纪念抗战胜利40周年之际，党和政府开始组织向人民英雄纪念碑敬献花篮的盛大仪式。2014年，十二届全国人大常委会第十次会议通过关于设立烈士纪念日的决定，每年9月30日举行党和国家领导人同首都各界代表向人民英雄纪念碑敬献花篮的庄严仪式。此外，来中国访问的外国元首、政府首脑通常会按照外交礼仪向人民英雄纪念碑敬献花圈，以表达对中国人民英雄的崇高

① 殷双喜：《永恒的象征——人民英雄纪念碑研究》，河北美术出版社2006年版，第138页。

敬意。[①]

今天，当我们站在人民英雄纪念碑前默念碑文时，70年前毛泽东和周恩来的慷慨激昂的讲话萦绕耳畔，开国元勋和革命领袖铲土奠基的情景恍如昨日。习近平总书记指出："中国到了今天，我无时无刻不提醒自己，要有这样一种历史感。伫立在天安门广场的人民英雄纪念碑前有一组浮雕，表现的是1840年鸦片战争到1949年中国革命胜利的全景图，我们一方面缅怀先烈，一方面沿着先烈的足迹向前走。"[②]这一重要讲话站在历史与未来两个维度，深刻阐释了人民英雄纪念碑的象征意义和历史作用，也为我们深入研究人民英雄纪念碑奠定了理论基础。

下面，就让我们走近人民英雄纪念碑，重温和追溯这座红色地标的诞生经过，回顾历史，梳理特色，挖掘内涵，追忆那段鲜为人知的故事，以继承革命文化，传承红色基因，发展社会主义先进文化。

一、举行奠基仪式

新中国成立前夕，为铭记革命先烈的奋斗精神，表达崇敬之情，激励全国人民热爱新中国、建设新中国，建立一座纪念碑以纪念人民英雄则成为各界人士的共识。

1949年9月30日，就在即将举行开国大典的前一天，中国人民政治协商会议第一届全体会议决定：为纪念在人民解放战争和人民革命中牺牲的人民英雄们，在首都北京建造一座人民英雄纪念碑。毛泽东为人民英雄纪念碑撰写的碑文在会上获得通过。

当天，大会结束时已经是傍晚时分，毛泽东、朱德、周恩来等中央领导人和政协代表们一起来到天安门广场的中央，为人民英雄纪念

① 王曙光：《法耀丰碑——解读入法保护人民英雄纪念碑》，载《中国人大》2018年第9期。

② 陈振凯、雷龚鸣、何美桦整理：《习近平谈文化自信》，载《人民日报》（海外版），2016年7月13日。

碑举行庄严隆重的奠基典礼。

下午6时，奠基仪式开始。在庄严肃穆的气氛中，周恩来代表大会主席团致辞："为号召纪念死者，鼓舞生者，特决定在中华人民共和国首都北京建立一个为国牺牲的人民英雄纪念碑。"[①]

这时，军乐队奏响哀乐，全体代表脱帽默哀。默哀毕，毛泽东满怀激情地用浓重的湖南腔高声宣读了由他撰写的碑文：

> 三年以来，在人民解放战争和人民革命中牺牲的人民英雄们永垂不朽！
>
> 三十年以来，在人民解放战争和人民革命中牺牲的人民英雄们永垂不朽！
>
> 由此上溯到一千八百四十年，从那时起，为了反对内外敌人，争取民族独立和人民自由幸福，在历次斗争中牺牲的人民英雄们永垂不朽！

在所有出席仪式的代表们的见证下，毛泽东铲了第一锹土铺垫在碑基之上。随即，代表们依次执锹铲土，为这座即将兴建的人民英雄纪念碑奠基。奠基仪式结束后，再过十几个小时，开国大典就要在这里举行了，曾经为中华民族独立和解放而英勇牺牲的无数革命先烈的英魂，也将在这里默默地见证新中国成立这一激动人心的历史时刻！

在留存下来的档案中，保留着一份纪念碑奠基石碑文草稿。毛泽东在这份草稿上用铅笔书写："在中国人民解放战争和中国人民革命中牺牲的人民英雄们永垂不朽！"这句经过毛泽东修改后的碑文，主题更加突出，饱含着对革命英烈的深切怀念。[②]

---

① 林楠：《周恩来与人民英雄纪念碑》，载《党史博采》2012年第11期。

② 刘守华：《档案揭秘：人民英雄纪念碑建造始末》，载《档案春秋》2018年第5期。

二、为纪念碑选址

为筹备开国大典，党中央很早就组织力量对纪念碑进行设计。当时，首先遇到的就是选址问题。有人主张建在东单广场，也有人主张建在西郊八宝山。但多数人主张建在天安门广场，因为这里曾经爆发过五四运动，是揭开中国新民主主义革命序幕的地方，见证了中国近现代革命的艰辛历程，同时这里还保存着瑰丽的中国传统建筑文化遗产。所以，在全国人民政治协商会议第一届会议上，当周恩来根据多数代表意见而提议将人民英雄纪念碑建立在天安门广场时，立刻获得一致通过。

但对于纪念碑具体建在天安门广场什么位置，还是有多种不同主张。有人主张建在前门城楼上，有人主张建在中华门以南相当于现在毛主席纪念堂的位置，还有人主张干脆拆了端门的城楼，将纪念碑建在端门的台基上，等等。限于当时的条件，不可能对广场进行全面规划，但毛泽东、周恩来对纪念碑的位置选择极为重视。毛泽东指出，新建筑放在古建筑群中“不伦不类”。因为要在举行开国大典之前为纪念碑奠基，所以直到9月30日全国政协第一届会议闭幕前，纪念碑的位置才最终确定下来。会议决定将纪念碑建在广场的北半部、五星红旗旗杆之南。但到了深化设计时，人们还是发现这一选址存在着问题：奠基的位置距离天安门和国旗旗杆的位置太近了，而当时还考虑进一步增加纪念碑的高度，以营造出更加高耸挺拔的建筑效果。如此一来，就会让人感到广场空间局促狭窄，从而影响广场的整体效果和容积。为此，周恩来仔细推敲纪念碑的位置，反复与专家们商讨，并登上天安门城楼，环顾广场四周，研究纪念碑与天安门之间的距离、比例关系，最后确定建在天安门与原中华门门洞的中轴线上，与天安门和正阳门的距离大体相同，比原来奠基的位置稍向南移。随后，这一变更又经过中央人民政府和社会各界反复商讨，最终决定纪念碑建在天安门以南约463米、正阳门以北约440米的位置，正好处在北京城的中轴线之上。

这条南起永定门、北抵钟鼓楼、长达7.8千米的中轴线被称为世界城市史上的一道奇观，是北京这座历史文化名城的“城市脊梁”，它集中汇聚了北京最重要的建筑文化遗产，随着时代发展也不断有新的元素融入其中。把人民英雄纪念碑建在极富传统文化底蕴的中轴线上，其文化意义在于实现传统与现代的统一、继承与创造的融合。

无论在当时还是在今天来看，选择这个位置都是一个十分正确的抉择。首先，为人民大会堂和中国革命博物馆、中国历史博物馆选址留下了空间，使得这3座建筑物与天安门之间形成了一种和谐的关系，从不同的位置上看都有非常好的景观效果。当年参加过纪念碑设计工作的吴良镛先生曾这样评价：从建成效果看，纪念碑与天安门遥遥相对，留出了宽广的集会场地。从广场北部南望，“前庭”开阔，布局合理。今天我们漫步广场，整个广场的建筑仿佛一气呵成，纪念碑、纪念堂位置适中。①其次，确立纪念碑在天安门广场的中心地位，从空间布局上更加突出了继承先烈遗志、发扬革命精神的时代价值和纪念意义。

三、气势宏伟的建筑设计

纪念碑的位置确定下来后，建筑设计便马上提上了议事日程。作为新中国第一座大型的纪念性建筑，纪念碑的建筑造型和设计风格如何才能达到周恩来提出的“纪念死者，鼓舞生者”的建碑目的？如何才能体现出人民英雄的崇高精神？这就要有一个从内容到形式的探索过程。

1950年6月10日，北京市都市计划委员会召集开会，专题讨论纪念碑的设计问题。会议认为，建造人民英雄纪念碑意义重大，其表现形式又至关重要，也就是首先要在建筑造型究竟要采用什么形式这一问题上达成共识，取得原则性的一致意见，之后的设计工作才可能

① 吴良镛：《人民英雄纪念碑的创作成就》，载《建筑学报》1978年第2期。

逐步开展。

关于纪念碑的表现形式，之前也曾有过不同意见。在最初的方案中，存在着以建筑形象为主还是以雕刻为主的不同意见。如果突出建筑形象，对于究竟采用什么方式也有不同的看法。有人主张用亭、堂、塔、柱等形式，但是大多数人的意见还是主张采用纪念碑的形式。几经反复，有关方面最后决定，放弃那些亭、堂、塔等低矮形式的方案，采用高大挺拔的石碑形式，以表达人民英雄为国家独立、民族解放而牺牲的崇高精神，使人民群众能够举目仰望，崇敬之心油然而生。

在确定了纪念碑的外观设计原则后，北京市都市计划委员会决定向全国主要大城市的建筑和设计规划部门发出征稿通知，对纪念碑设计方案实行“海选”，希望发挥全国各地各界的集体智慧，遴选出大家都满意的设计方案。

至1951年年底，北京市都市计划委员会收到了140多个设计方案（最后确定方案时共收到240多个）。经过各方专家和代表的评选，最终50个方案入选，归纳起来大致有4种设计类型：高大而集中、高大而分散、低矮而集中、低矮而分散。[①]

主张低矮而分散的意见是基于这样的考虑：认为贯穿故宫与天安门的中轴线是一条十分清晰的城市轴线，最好不要被阻断，如做成三重门，或一组纪念柱，或把纪念碑置于台基上，台下留有门洞，以维持中轴线的整体视觉效果。但是，经过大家研究，认为今天的天安门广场中轴线已经不是过去封建帝王的“御道”了，新时代要赋予其新内容。纪念碑建在广场中央，更显示出它的重要性，这就是中国建筑的传统布局手法之一，并不存在破坏中轴线的问题。在建筑造型上，大多数人仍主张用高大挺拔的形式加以表现，认为这样才能体现革命先烈的英雄气概，弘扬他们的崇高精神和伟大功勋。雕塑家还主张应该以巨型的雕像来表现中国革命波澜壮阔的历史画卷。当时，建筑学

① 刘守华：《档案揭秘：人民英雄纪念碑建造始末》，载《档案春秋》2018年第5期。

家梁思成、林徽因夫妇也参加了方案设计，以他们为代表的大多数人的意见最终被都市计划委员会采纳。

一是全国政协会议已经确定了碑文，所以设计应该采用“碑”的形式，并以毛泽东撰写的碑文为中心主题。而碑文中所阐述的3个阶段的英雄历史可以用浮雕的形式来加以表现。

二是古今中外的纪念碑中虽然有埃及的方尖碑、罗马的纪念柱等形式，但都难以表现碑文的主题。中国传统的碑虽然是以石刻文字为主，但大多矮小而低沉，多以动物造型蕴含寓意，缺乏时代精神和英雄气概，必须加以革新。

另外，纪念碑的建筑风格和主题思想也是设计中必须重点考虑的问题。要不要民族传统？如何理解民族传统？如果一味模仿古代的建筑样式又觉陈旧，不足以表现新时代的思想内容，同样也是不可取的。经过一番探讨，大家认为中国传统建筑中石碑的发展源远流长，其特点是“以文勒石”，以文“述德”“铭功”“纪事”，昭示后世，流传久远。这种带有碑文题字、讲究书法艺术的建筑类型具有鲜明的民族特征和建筑风格，十分适宜人民英雄纪念碑的设计。

就建筑形式来说，我国传统碑的造型也是丰富多彩的。在人民英雄纪念碑的设计过程中，为了显示端庄雄伟的气势，有人建议借鉴河南登封县唐代嵩阳书院碑、西安唐代孝经碑及北京北海琼岛春阴碑、昆明湖碑等形式。这类石碑都是中国石碑建筑的经典之作，可以给设计者一定的启发。但是，设计者清楚自己的艰巨使命：要根据新的思想内容和设计条件，在继承传统造型的基础上要有所创新。经过反复研究，逐渐明确主题，完善设计方案，一些不成熟的设计被排除了。[①]

这样，纪念碑的主题思想与建筑风格确定后，具体设计思路就更加清晰和明确了。

第一，要有厚重的体量与挺拔的高度。为了突出碑文这一重点，

---

① 吴良镛：《人民英雄纪念碑的创作成就》，载《建筑学报》1978年第2期。

碑身需要格外高耸，但纪念碑又必须庄重而敦实，于是横断面设计为接近扁方形，并采用中国传统建筑“卷杀”和西洋古典建筑“收分”的办法，使碑身伟岸挺立，轮廓线富有弹性和美感。将毛泽东的题字专门镌刻在特别选凿的长14.7米、宽2.9米、厚约1米的碑石之上，以强调纪念碑的主题。

第二，由于碑身巨大，用传统的须弥座式台基承托就显得较为单薄，因此采用了双重台基，下部台基四周镌刻浮雕，这样就显得基座稳重而坚实。实践证明，这种设计方式显得既庄严又稳固。

整个纪念碑安放在汉白玉石栏杆环绕的双重宽阔的平台上，这样使纪念碑既巍然挺立，而又稳定舒展，展现出朴素而大气的艺术效果，起到烘托整个广场气氛的作用。下层平台采用具有传统民族风格的呈海棠形的月台形式，并且东西短、南北长，强调了中轴线的文化内涵，外形轮廓与天安门广场协调一致，宽阔的台阶便于瞻仰者拾级而上，向纪念碑敬献花圈，还可以观赏四周的浮雕全貌。

第三，碑顶设计是争议最多的，甚至在其他设计方案都定下来以后，这一问题仍然悬而未决。争论的焦点是碑顶究竟是采用建筑顶的形式还是采用雕塑顶的形式？如果采用传统建筑的歇山宝顶等不仅显得古老，也使人感到好像是大身材的人头戴一顶小帽子，显得极不协调，因为碑身已经不是传统意义上的石碑，不能完全按照传统建筑的固有做法。如果在碑顶上设置一组群雕也不合适，因为碑身过高，站在下面往上看则不易看清，并且碑身反而成为雕像的基座，则显得主次不分了。最后，大家决定选用梁思成提出的方案：“纪念碑是石造的就必须用另外一种完全不同的形体：矗立峋峙、雄朴坚实、根基稳固地立在地上。”①

碑顶的设计曾多次广泛征求意见，设计方案不断修改和完善。在建碑工程开工后还特别征选了一次碑顶方案，最后在工地上做了3个

① 王军：《城记》，生活·读书·新知三联书店2003年版，第237—240页。林洙：《梁思成林徽因与我》，清华大学出版社2004年版，第195—200页。

1:1尺寸的模型以征求意见。在工程完成以后，有群众来信对碑顶设计提出建议，周恩来总理很重视群众的意见，曾指出有好的建议还可以采纳。①

第四，关于纪念碑的朝向问题，最初设计根据传统布局，以朝南方向作为主要立面。在建造过程中，周总理考虑一旦广场扩建后，会有大量的人群从长安街的不同方向进入广场，并集中在广场北部举行重大庆典活动，为了能从北面看到毛泽东的题字，决定一反传统的格局，以朝北的一面作为主要立面，也就是确定了纪念碑的正面，这对广场后来的扩建，特别是对毛主席纪念堂的朝向选择具有启发意义。

经过上述几番讨论，大家意见趋于一致。总体而言，认为纪念碑要能反映革命英雄的崇高伟业，要能让广大群众通过瞻仰纪念碑受到深刻的精神洗礼，同时表达对先烈的崇敬之情，故应该采用高耸挺拔的表现形式。于是，都市计划委员会根据这一设计思想重新制图，最后制订了3种方案连同模型报请中央审批。

中央在广泛征求各界意见的基础上决定：人民英雄纪念碑设计以碑为建筑形式，以碑文为主题。考虑到碑文只刻在碑的一面，另一面拟请毛泽东题写“人民英雄永垂不朽”8个大字。彭真还建议请“写得一手极好颜体”的周总理手书碑文。

1952年5月，北京市人民政府成立人民英雄纪念碑兴建委员会，市长彭真任主任委员。综合了各界不同意见，设计又几经反复，副主任委员、著名建筑师梁思成与建筑设计组最终提交了将碑座提高、内设陈列室可进入、碑身呈矩形、碑顶为四坡顶的方案。方案模型在政协展览征求意见后，设计方案得到批准，1952年8月正式开工。

开工后，全国人民一直很关注纪念碑的兴建，不断提出改进意见。其中，“做成实体碑身更显庄重”的意见得到采纳。根据这个意见，后来取消了大台基陈列室，最终形成现在我们看到的纪念碑外观。

---

① 吴良镛：《人民英雄纪念碑的创作成就》，载《建筑学报》1978年第2期。

1953年10月13日，兴建人民英雄纪念碑所需的碑身石料由青岛运抵北京（张瑞华　摄，新华社　提供）

这时，虽已开工，但对浮雕主题和碑顶设计仍有争议。建筑家建议用建筑顶。雕刻家主张用群雕，他们认为大屋顶形式较古老。但建筑家反对群雕，认为群像放在40米高的碑顶，很难看清楚。彭真经过认真思考后指出：群像形式容易使主题混淆，用建筑顶为好。于是，在原四坡顶的基础上，采用上有卷云、下有重幔的小庑殿顶，以凸显传统建筑风韵。

经过60多年的变迁，现在再看，整个碑体既继承了传统风格，又有鲜明的时代精神，不仅充分彰显了人民英雄的不朽历史功绩，而且是一件具有很高艺术价值的杰作。①

四、波澜壮阔的纪念碑浮雕

浮雕创作在纪念碑设计中占有重要地位。今天，当我们走近这座

① 贺勇：《浩气传千古，丰碑励后人》，载《人民日报》，2018年6月30日。

纪念碑时，最引人注目的当属那10面巨型的汉白玉浮雕。这些浮雕高2米、宽2～6.4米，共刻画了170多个人物形象，描绘了中国近现代历史上那一幕幕壮怀激烈的革命斗争场景。

为什么要设计这样一组浮雕作品？当年，随着设计方案逐步清晰和完善，纪念碑基座不再设革命烈士事迹陈列室，那么怎样才能把革命先烈的英雄事迹展现在纪念碑上呢？于是，兴建委员会根据周总理的指示，决定在纪念碑底部的须弥座上设计一组浮雕，以直观的画面把中国100多年以来革命斗争的历史表现出来。

这时，上海美术家协会主席、杭州中央美术学院华东分院院长兼杭州市副市长刘开渠被调到北京主持浮雕设计工作，并任人民英雄纪念碑设计处处长、雕塑组组长。他早年曾留学法国，是中国现代雕塑大师，对中西方的雕刻艺术都十分熟悉。[①]在他的领导下，集中了一批著名艺术家，开始了艰辛的探索和创作工作。

雕刻家们在研究人民英雄纪念碑上“胜利渡长江”的浮雕，浮雕下右起第二人是刘开渠（毛松友　摄，新华社　提供）

在雕塑创作初期，艺术家们遇到了很多难题，最核心的是建筑与

① 纪宇：《青铜与白石——雕塑大师刘开渠传》，人民文学出版社1986年版，第34页。

雕刻如何结合才能达到完美统一。另外，对雕刻本身而言，也有很多问题亟待解决。例如，雕刻内容与表现形式是用象征表现方法，还是用写实表现方法，以反映人民英雄的革命事迹？用浮雕还是用圆雕、雕刻作品是放在碑顶还是放在碑座、选择铜铸还是石刻？如此等等，当时都有不同意见。最后，大家认为雕刻的构思与创作应当统一到毛泽东撰写的碑文主题思想之下，关键就在于怎样最好地表达这一主题，目的是便于人民群众能够从雕刻所表现的英勇斗争中体会革命先烈的牺牲精神。因此，在表现手法上适宜采用直观地叙述人民群众的斗争事迹，而不宜采用象征表现形式。同样，如采用圆雕，也很难概括这样伟大而丰富的革命内涵，并且相对题字来说，雕刻属于从属地位，如果做成圆雕放在碑顶，就显得过于突出，从而削弱了碑文的地位，因此决定采用浮雕形式。建成后的浮雕全长40.68米，这样宽阔的画面才能展现出波澜壮阔的历史画卷。浮雕的位置也是经过反复考虑的，不能过高，但太低也有损其价值，最后把浮雕放在了双重须弥座的下半部，与纪念碑连成一个整体，使碑座显得稳固而坚实。浮雕采用石刻而不用铜铸，用洁白的汉白玉石刻端庄而大气，与整个纪念碑形成浑然一体的建筑艺术效果。①

浮雕的题材内容更是设计的一个关键。为了让艺术家们深入了解中国近现代历史，美术组专门邀请著名历史学家范文澜为大家做报告。大家一致认为：浮雕题材的选用要以广大人民群众熟知的人民英雄事迹为主，采用叙述性的表现手法。开始共选择了10个题材的10面浮雕，分别是虎门销烟、金田起义、甲午战争、武昌起义、五四运动、五卅运动、南昌起义、延安大生产、抗日游击战和胜利渡长江。后经中央批复，去掉了甲午战争和延安大生产，最后保留了8个题材，并在“胜利渡长江”浮雕两侧增加了两幅以“支援前线”和“欢迎中国人民解放军”为题材的装饰性浮雕作为补充。②这样，就形

① 吴良镛：《人民英雄纪念碑的创作成就》，载《建筑学报》1978年第2期。

② 刘守华：《档案揭秘：人民英雄纪念碑建造始末》，载《档案春秋》2018年第5期。

成了10面浮雕。

在设计过程中，对浮雕的排列顺序曾出现了争论。有人认为应按照历史叙述的方式，由远及近。但大家进一步深刻领会毛泽东所撰写的碑文后发现，其原意是由近及远，这蕴含着十分丰富的思想含义。从1840年鸦片战争以来，为了救亡图存，实现国家和民族的复兴伟业，许多中国人经历了多次斗争都失败了，只有在中国共产党的领导下，经过艰苦卓绝的斗争，推翻“三座大山”，迎来了新民主主义革命胜利。因此，按照这一思路，艺术家们决定将“胜利渡长江”放在碑的正面，位于毛泽东题字的正下方，使人民解放战争的主题得到突显。

在浮雕的题材确定之后，先做成小张草图，以确定情节、人物布置，再依稿做成泥塑，修整画稿中的光暗布局。然后依碑中需要，放大为石膏体，最后在安装好的汉白玉石板上用坐标针逐点模刻。浮雕塑造是我国几个专家及其助手的精心杰作。

在浮雕创作中，如何塑造人物形象也是一个难题。为什么最后浮雕上有170多个人物？这也经过一个思考和推敲的过程。在最初设计的画稿上，曾出现一些以著名历史人物为主的现象，例如“虎门销烟”的初稿上，一度将林则徐放在显要地位，依此类推，是否每一面浮雕上都要以典型人物为主？最后，大家决定采用“人民主体”的原则，以群体性的英雄形象为主导来表现人民战争的伟大功绩。例如，“南昌起义”用一个连队去表现当时的情景。我们看到的是这样一幅感人的画面：党代表振臂一呼冲锋在前，战士们蜂拥而上，奋勇向前，不畏牺牲，高举起义的红色信号灯。毛泽东曾经指出“人民，只有人民，才是创造世界历史的动力”，这一光辉思想体现在了浮雕的创作里。

1957年4月16日，新华社发布消息：“首都人民英雄纪念碑工地，12日开始进入一个新的施工阶段——安装十面汉白玉浮雕。”“这十面汉白玉浮雕，安装在纪念碑碑座的四周。每一面浮雕，都是由三块或两块汉白玉石拼成的。每块汉白玉都有三吨多重，要把这些浮雕安稳地毫不损伤地安装起来，是一件艰巨而细致的工作。这些浮雕，是由我国雕塑专家们精心创作的。其中的八面历史浮雕，是通过生动的革命斗争史，表彰了英雄先烈们的光辉功绩。”

历时6年，集全国力量艰苦建造，克服了无数困难，纪念碑终于顺利建成。1958年4月22日，《人民日报》刊登报道《人民英雄纪念碑在今天建成》。

五、英雄丰碑，永远铭记

在人类历史上，不同国家和民族都曾以不同主题或思想建造了许许多多纪念碑性质的建筑物，用于纪念在战争中牺牲的烈士。虽然造型各异、形式多样，但主题都是为了追思亡灵、铭记功勋。

人民英雄纪念碑是新中国成立后建造的第一座国家纪念碑，是一座具有重大政治意义的独特建筑物，因而成为天安门广场上一个新地标。1958年4月23日，就在纪念碑建成后第二天，《人民日报》发表了新华社记者周定舫写的《人民英雄永垂不朽——瞻仰首都人民英雄纪念碑》一文，后来这篇文章被编入中学课本而广为流传，堪称经典之作。文章写于纪念碑刚刚建成之际，详细介绍了这座神圣历史丰碑的方方面面。[①]在文章结尾，周定舫表达了这样的心声：“我想，人们从这里可以了解到中国革命所经历的艰苦道路，先烈们的光辉业绩，中国人民为了取得自由、解放而付出的巨大代价。当我走下台阶，我再一次向在历次斗争中牺牲的人民英雄们默默致敬。”这就向人们揭示了这座纪念碑的独特价值所在。

人民英雄纪念碑是新中国成立之初的建筑精品。“细细品味，气壮山河的时代巨浪，都凝聚在史诗般的建筑里，气象万千，今日思之仍激动不已”，著名建筑师、国家最高科技奖获得者吴良镛院士这样的评价是十分贴切的。[②]

① 刘守华：《档案揭秘：人民英雄纪念碑建造始末》，载《档案春秋》2018年第5期。

② 贺勇：《浩气传千古，丰碑励后人》，载《人民日报》，2018年6月30日。

1958 年 5 月落成时的人民英雄纪念碑（新华社　提供）

为什么人民英雄纪念碑经历了60多年的时光而让人至今仍感到其具有的永恒魅力？

首先，纪念碑的功能得以充分发挥和展现。人民英雄纪念碑的功能是以其艺术形象为国家利益服务，为无产阶级政治服务。因此，一方面，必须坚持政治标准第一的原则，形象生动地再现革命历史，弘扬红色文化、继承先烈遗志，为新中国建设和发展而努力的主题能够在建筑形式上得以体现；另一方面，一定的政治内容需要通过设计来表达，形象思维融于逻辑思维之中，相互统一，相互衬托，才能达到建筑美学效果，运用各种艺术手段和技巧，创造出简练、完美的艺术形象，以表达英烈们的崇高品质，使人看后感到心灵的震撼，思想情感受到极大的感染，激发起对先烈们的崇敬之情，达到“鼓舞生者”和激发革命意志的作用，这是设计者的根本初衷和设计目的。实践证明，人民英雄纪念碑的建造实现了这一目标，朝着“革命的政治内容和尽可能的完美的艺术形式的统一”的方向努力去做，这是取得成功的关键所在。

其次，人民英雄纪念碑也是一个建筑艺术的精品力作。作品因经典而长久，建筑因精神而永存。人民英雄纪念碑以鲜明的民族特色和时代特点，体现出伟大的民族气魄和艺术魅力。在创作方法上不断继承优秀古代文化遗产，并加以创新，体现出“中西合璧，推陈出新”的特点。整个纪念碑的造型使人感到既有民族风格，又有鲜明的新时代精神。

党的十九大报告提出“培育和践行社会主义核心价值观”“继承革命文化、发展社会主义先进文化”“更好构筑中国精神、中国价值、中国力量，为人民提供精神指引”。这为人民英雄纪念碑的政治含义做了最好的注释。耸立在天安门广场的人民英雄纪念碑清晰地展现了自鸦片战争以来中国人民浴血奋战的艰辛历程，折射出实现中华民族伟大复兴的坚强意志，是广大人民群众缅怀革命先烈、表达爱国主义情感的标志性建筑，已经成为培育和践行社会主义核心价值观、增强中华民族凝聚力和激发爱国主义情感的重要载体。①

2018年5月1日是人民英雄纪念碑落成揭幕60周年的日子，也是《中华人民共和国英雄烈士保护法》正式颁布实施的日子②，在这部法律中明确指出了人民英雄纪念碑是近代以来中国人民和中华民族争取民族独立解放、人民自由幸福和国家繁荣富强的象征，是国家和人民纪念、缅怀英雄烈士的永久性纪念设施。将人民英雄纪念碑列入法律，不仅仅是将其作为历史文化遗产加以重点保护，更重要的意义在于引导人们树立正确的历史观、民族观、文化观和国家观，弘扬以爱国主义为核心的民族精神，激励人民牢记历史，继承先烈遗志和精神，为实现中华民族伟大复兴而奋勇前进。

---

① 王曙光：《法耀丰碑——解读入法保护人民英雄纪念碑》，载《中国人大》2018年第9期。

② 2018年4月27日，中华人民共和国第十三届全国人民代表大会常务委员会第二次会议通过《中华人民共和国英雄烈士保护法》，自2018年5月1日起施行。

第二节　八宝山革命公墓

八宝山革命公墓是中国最著名、规格建制最高的国家公墓。这里安息着为中国人民鞠躬尽瘁的革命烈士，党、国家、军队领导人，民主党派领导人，爱国民主人士，著名科学家、文学家、高级工程技术人员和国际友人。在这里，人们寄托哀思，追忆先烈，继承遗志，砥砺前行。

八宝山革命公墓位于北京市石景山区八宝山南麓，紧邻西长安街延长线，占地约450亩，是一座我国规格建制最高的园林式国家公墓。1950年，北京市人民政府遵照周恩来总理建立革命墓地，以缅怀先辈、教育后人的指示，经过多次勘察，最终将八宝山褒忠护国寺改建为公墓，1951年4月定名为北京市革命公墓，1970年改名为八宝山革命公墓。1978年以后，国家对八宝山革命公墓重新进行了修建。

八宝山革命公墓

1984年，八宝山革命公墓被列为全国重点文物保护单位，1996年12月被北京市政府正式命名为青少年爱国主义教育基地，2009年成为全国爱国主义教育示范基地，是开展爱国主义教育和革命传统教育的重要场所。半个多世纪以来，八宝山革命公墓不仅是陵园墓地，也是进行革命传统教育的重要场所。每年来这里缅怀先辈、纪念英雄的人数以万计。青山翠柏中，一座座墓碑，一句句碑文，默默无声地展现在人们眼前，仿佛述说着一部壮怀激烈的中国革命历史。

一、八宝山的渊源

八宝山缘何得名，其历史渊源是怎样的？当初为什么将革命公墓修建在这里？

八宝山是一座位于北京西郊的起伏平缓的山丘，原名黑山，由东西两座山峰构成，最高处海拔103米，东西长约1200米，南北宽约600米，因盛产建筑材料“八宝”而得名。所谓八宝，指马牙石、白垩、青灰、红土、坩土、黄浆、板岩、砂岩8种黏土矿物。[①]

自古以来，北京西山地区就是历代封建王朝兴建山水园林的宝地，具有得天独厚的自然地理条件，成为北京这座历史文化名城中风景园林的重要组成部分，其中以清代著名的“三山五园”最具代表性。同属于西山风景区的石景山一带的自然环境也十分优美，形成“三山地段”和天泰山地区两片山林地貌区。这两个地区的园林建筑对北京城市山林拓展起到了重要作用。[②]所谓“三山地段”，指老山、八宝山、田村山，总面积约394.5公顷。山体丘坡绵亘，地势西高东低，属永定河冲积形成的微倾斜平原，最高处为老山顶，海拔高度130.5米。田村山最高海拔93.1米，地下水资源丰富，历史上曾有地下水溢出成黑山泉水，矿产资源亦很丰富，林木覆盖率

① 舒云：《八宝山——中共历史的一个缩影》，载《党史博览》2008年第2期。
② 陈穗等：《北京西部城市山林的拓展》，载《古建园林技术》2002年第2期。

达85%以上。因适宜造园，自元至明清的历代王朝均在北京市筑寺建庙、兴建园林，其中较著名的是建于明代的刚炳墓。刚炳又名刚铁，是明代的司礼监太监，英勇善战，跟随永乐帝北征蒙古瓦剌部，在八宝山阵亡后安葬于此，并建褒忠护国寺。寺内有殿宇、石碑、祠堂等，古松苍劲，树林茂密，显得郁郁葱葱，十分肃穆。[①]明清时期，褒忠护国寺逐渐成为太监养老的场所。1946年，国民党政府将褒忠护国寺改建成忠烈祠，安葬抗战中牺牲的张自忠、佟麟阁、赵登禹等38位将领。[②]

1949年12月，新中国刚成立，为告慰革命烈士英灵，周恩来总理专门在中南海接见了北京市副市长吴晗和秘书长薛子正，指示要为牺牲的烈士们找一个安葬之所，建议筹建革命公墓。经过多方勘察，经北京市人民政府报政务院批准，决定在八宝山褒忠护国寺旧址基础上筹建公墓。随即成立公墓筹备小组，从该寺第48代住持手中买下寺院及150亩山地。1950年7月动工，聘请林徽因担任设计师，1950年年底初步建成。至1965年4月，公墓基本建成，分为中央领导、省军级、地师级和县团级墓区，编号为第一、二、三、四墓区。公墓最初实行土葬。1956年4月，毛泽东、周恩来、刘少奇、彭德怀、彭真等151位党和国家领导人在中南海怀仁堂签下倡议书，自愿实行火葬。因此，从20世纪50年代末开始普遍采用火葬，改为骨灰盒安葬形式。1957年，将原褒忠护国寺正殿、后殿及配殿改建成3个骨灰堂，划分为11个室。到1966年，八宝山革命公墓共建有539座公墓。“文化大革命”期间，有48座公墓被严重破坏，不少碑石被污损或被推倒。1970年，周总理批准北京市革命公墓改名为八宝山革命公墓。1984年，八宝山革命公墓被列为青少年革命传统教育基地。

此后，公墓规模不断扩大。1986年，将东院、东跨院等办公用

① 陈穗等:《北京西部城市山林的拓展》，载《古建园林技术》2002年第2期。

② 舒云:《八宝山——中共历史的一个缩影》，载《党史博览》2008年第2期。

房扩建为骨灰堂，并在其东、北、西3面建起骨灰墙。1990年，公墓又把褒忠公祠改建成烈士骨灰堂，该骨灰堂没有任何级别限制，凡国家认可的在中国革命和建设事业中做出突出贡献的烈士骨灰都可以存放于此。1996年，在骨灰堂北边，紧挨着公墓第一墓区的西南侧，又建起骨灰堂北院，这里主要是骨灰墙，大约安放了7000位革命干部的骨灰。2005年4月，利用八宝山北侧260亩山地，结合山地自然走势，建成了一个骨灰廊式的中国传统墓园，命名为玉岑园。2012年，在八宝山西北坡又划定4万平方米的山地建造了绿色生态墓园示范区融真园，以突出绿色、节约的生态理念。[①]2014年，开始在山后东侧建设烈士纪念园。2019年，八宝山革命公墓烈士纪念园正式落成。纪念园背靠东山，视野开阔，气势宏大，高处建有一座纪念雕塑，象征革命火炬代代相传。这样，经过多年建设，八宝山革命公墓形成了以墓园文化为核心，附属资料室、展览厅、影视厅等公共文化设施，成为集安葬、悼念、瞻仰、教育、参观等多种功能为一体的红色文化建筑群。

二、建筑理念与风格

八宝山革命公墓始建于20世纪50年代，经过了60多年的建设，始终秉承纪念革命英烈、继承先辈遗志的修建初衷，弘扬革命精神，继承红色基因，为广大人民群众提供一处追忆先烈、寄托哀思的庄严墓地。经过几代建设者、设计师的努力，八宝山革命公墓已成为功能、文化与自然相统一，中国特色社会主义内涵和民族形式相统一的国家公墓。同时，在建筑风格上既体现了庄重肃穆的陵墓特点，又结合山林环境，采用传统园林建筑风格，体现了与自然环境相协调的艺术风格。美丽山川中安放先烈忠骨，追忆既往，不忘先烈英

① 马志明、谢伟：《八宝山革命公墓生态墓园环境景观规划设计》，载《现代园艺》2016年第8期。

魂，鼓励后人不断砥砺前行。[①]

八宝山革命公墓的建筑风格、墓葬形式的变化大体经历了两个历史时期，即从20世纪50年代的传统形态到21世纪以来的现代生态园林形式，变化很大。具体而言，从建筑风格上看，从早期骨灰堂发展到21世纪现代生态园林式的骨灰廊；从墓葬形式上看，经历了从传统墓穴向现代生态型墓穴的发展过程。目前，如从空中俯瞰，八宝山革命公墓整体呈现“寿”字形轮廓，其中道路为火炬造型。总体建筑布局为“一山、一寺、一祠、三园、四区”。其中，“一山”为八宝山，“一寺”为褒忠护国寺，“一祠”为刚炳祠（又称褒忠公祠），“三园”分别为玉岑园、融真园和烈士纪念园，“四区”分别为一墓区、二墓区、三墓区、四墓区。

如果回顾公墓建造史，则要从“一寺”和“四区”谈起。

其一，改造庙宇寺院，形成以殿堂建筑为主的革命公墓。20世纪50年代的北京市革命公墓是在褒忠护国寺旧址上兴建的。这里山林环绕，景色宜人，十分幽静。当时，公墓占地80亩，有殿堂及附属房舍142间，由著名建筑师林徽因主持设计。首先，围绕古寺院四周修建墓葬区，之后将寺内殿堂改建为骨灰堂，以安葬最初入园的革命先烈们。这样便形成了以骨灰堂和墓区为中心的革命公墓，占地约150亩。

其中，四大墓区最早形成。这里共建有墓穴600余座，分4个墓区。1950年，根据周恩来总理指示，要制定一个安葬用地的规格，于是制定了按照不同政治级别划定墓地区域、大小的《革命公墓暂行规则》，其中对墓穴所在区域、占地面积、墓盖、石碑、月台的尺寸等都有详细的规定，按照级别顺序及面积大小安葬，不得随意挑选墓穴的位置和扩大墓穴的尺寸。此后，公墓内的所有墓地都无一超过规定的面积。[②]

---

① 李程成：《构建功能、文化与自然相契合的墓园》，载《北京林业大学学报》2013年第2期。

② 万强：《八宝山的故事》，载《领导文萃》1998年第4期。

第一墓区位于公墓东北部，共有墓穴90座，是整个公墓中政治级别最高的区域，主要安葬已故的党和国家领导人及副部级以上干部、民主党派领导人。整个墓区分为东西两侧，东侧为党的领导干部的墓，以任弼时墓为基准，平行两侧为瞿秋白、彭真、姚依林、李先念、陈云等人的墓，后面台阶上为全国人大、全国政协、国务院、最高人民法院、最高人民检察院的领导人及部队高级将领的墓；西侧多为民主人士和国际友人的墓，安葬在这里的有张澜、李锡九、柳亚子、蓝公武、彭泽民、程砚秋、马海德、安娜·路易斯·斯特朗、司徒美堂、符定一、欧阳予倩等。①

其中，值得一提的是修建任弼时墓。1950年10月27日，中共第七届中央政治局委员、中央书记处书记任弼时病逝，他是新中国成立后逝世的第一位党和国家领导人。当时公墓一期建设工程尚未竣工，中央决定在其墓穴未选定前，遗体浮厝于劳动人民文化宫（太庙），并在此举行隆重的追悼会。不久，随着公墓二期工程的开工，中央决定将任弼时的墓地建在公墓东北角的半坡上。1951年7月，墓地落成，占地300多平方米②，有墓碑、墓盖，方砖铺地，墓前立有汉白玉卧碑和立碑，立碑上镌刻毛泽东题写的“任弼时同志之墓”7个字，背面刻有任弼时的生平和功绩。该墓地四周翠柏环绕，成为八宝山的第一墓。③

20世纪90年代，按照中共中央关于丧事改革的要求，墓区内又开辟了骨灰播撒区，即植树安葬。李先念、彭真、聂荣臻、陈云等领导人的骨灰就播撒在这里。④

第二墓区和第三墓区分列在公墓大门内甬道两侧，两个墓区内共有535座墓，主要安葬在北京逝世的部长级以下、县团级以上的党政军各级领导人，爱国民主人士，国际友人以及参加亚非会议集体遇难

① 王建柱:《探访八宝山革命公墓》，载《党史文苑》2014年第7期。
② 万强:《八宝山的故事》，载《领导文萃》1998年第4期。
③ 王建柱:《探访八宝山革命公墓》，载《党史文苑》2014年第7期。
④ 王小莉:《神秘而圣洁的地方》，载《中国工程咨询》2005年第5期。

的烈士。在八宝山革命公墓里还长眠着许多具有中国国籍或长期在中国工作的外国友人，其中有越南共产党中央政治局委员、越南国会常务委员会副主席黄文欢；中国人民的朋友，美国著名记者、作家和社会活动家艾格尼丝·史沫特莱；美国进步女作家、记者安娜·路易斯·斯特朗；第一位加入中华人民共和国国籍的外国人、担任国家卫生部顾问的马海德；白求恩式的德国医生汉斯·米勒；杰出的国际主义战士、作家爱泼斯坦等。①

20世纪50年代末，中央提倡实行火葬后，八宝山革命公墓将褒忠护国寺的殿堂改建为革命公墓骨灰堂。原寺内建筑为三进院落，内有正殿3间、前殿3间、后殿5间、东西配殿各3间。在东西配殿之间有一座明代万历年间用砖砌成的须弥座影壁，其上为筒瓦覆盖的清水脊，影壁阴面有“九莲菩萨”石刻。1957年，寺内后殿、正殿、配殿内部经过装修后建立骨灰堂，总占地面积2400平方米，划分为11处安放室，共28间。西一室、西副一室和东一室是安放党和国家领导人、民主党派领导人和著名民主人士骨灰的地方。②其中，规格最高的为中一室，朱德、陈毅、彭德怀、贺龙、陶铸、林伯渠、张云逸、许光达、罗瑞卿等已故领导人的骨灰大都安放在这里。另外，茅盾、老舍、时传祥以及著名爱国民主人士李宗仁、张治中、傅作义、陈明仁等人的骨灰亦在其中。

1978年，由于落实政策，骨灰存放又趋紧张。同年，将东院、东跨院、小院的办公用房翻建为骨灰堂，在其东部扩建了一个对称的院落，即八宝山革命骨灰堂的东院。至1986年，共有19间骨灰寄存室，存放骨灰盒9154个。

1988年以后，为解决骨灰存放紧张的问题，在骨灰堂内又建起了11面骨灰墙，分别位于骨灰堂的北、西、东3面，长2538米，设有8380个安放格。墙体正面是“井”字形壁葬格，格位口用石材封

---

① 舒云：《八宝山——中共历史的一个缩影》，载《党史博览》2008年第2期。

② 李洪源：《走近八宝山》，载《党史博采》1997年第2期。

死，石材外部就当作墓碑，镌刻碑文，以示纪念。20世纪90年代，又增加了革命烈士骨灰堂和红军墙。如今，革命公墓骨灰堂共设30余处安放室，主要安放20世纪60年代后去世的国家党政军领导干部和著名科学家、文学家、艺术家、革命烈士、劳动模范、国际友人的骨灰。[①]

最后，值得一提的是革命烈士骨灰堂的改建。1991年，在革命公墓骨灰堂的西北面，即革命公墓骨灰堂北院西侧，建起了这座革命烈士骨灰堂。它由公墓内的另一座古建——褒忠公祠改建而成，基本保持了明代建筑的传统风貌。

革命烈士骨灰堂的大门在原棂星门原址上改建而成，共有3间。门前两个石狮分列两侧，守护着烈士英魂。大门东南侧有一棵千年银杏古树，枝叶繁茂，树干粗大，需几人合抱。苍劲的树干、斑驳的树皮似乎在向人们诉说着时代变迁的风风雨雨。进入大门，东西两侧均有石碑，记载着刚炳祠和烈士骨灰堂的修建情况。北侧享殿为砖砌的仿木结构，利用原墙砖瓦在原址修建。享殿的石头门、石头窗以及碑刻等都保存下来。后面是埋葬刚炳的墓。东西配殿各5间，都是重建的。在东西配殿的南北又各建耳房3间。烈士们的骨灰就安放在享殿和配殿。

其二，拓展空间，构建功能、文化与生态相契合的革命公墓。中国改革开放后，八宝山革命公墓迎来了发展和建设新时期。随着经济社会发展，人们的思想观念尤其是丧葬观念不断进步，如何改革传统方式，适应现代公墓发展趋势，成为时代发展的需要。同时，也是加强社会主义道德文化建设、促进社会文明进步的需要。更重要的是，八宝山革命公墓具有鲜明的政治意义，是无数革命先烈与党和国家领导人的安息之所。如何在新时代背景下建设一座现代化的社会主义国家公墓，就成为一项重要的历史任务。为此，八宝山革命公墓以建设玉岑园、融真园为中心，努力打造和建设融自然生态、红色文化、墓

① 王小莉：《神秘而圣洁的地方》，载《中国工程咨询》2005年第5期。

葬功能为一体的新型现代园林公墓。

（一）玉岑园的规划与建设

2002年，开始对革命公墓北侧扩征的260亩山地进行建设，由孟兆祯院士主持总体规划设计工作。2011年，八宝山革命公墓后山绿化工程正式启动，以完成后山环路的修建工程。2012年，对任弼时墓北部的墙垣进行改造，同时以八宝山总体规划为基础，对后山进行区块开发，深化设计，以满足社会对骨灰安置场地的需求。[①]其中，首先建设的就是位于后山西部的地块，即玉岑园，建筑形式为骨灰廊。

如何在这样一个空间里，既营造出中国园林的意境美，又能使骨灰廊布局合理，空间格局收放自如？空间场地以人为本，实现中国传统园林风韵和陵园精神的有机统一，以凸显“缅怀先辈”“寄托哀思”“砥砺前行”的建筑文化，实现爱国主义教育的目的，使瞻仰者产生“见景生情”的效果，这成为设计师遵循的重要理念。

玉岑园中的“玉”代表革命先辈“宁为玉碎，不为瓦全”的高尚精神，“岑”意为“小而高的山”，用来比喻骨灰廊。将八宝山总体规划中“安魂慰民”的立意延伸为“追思励志”。

根据总体布局结构，分别通过“圆朗畅和”“茜中青莲”“云溪竹径”“灵峰叹梅”总揽礼仪入口及纪念园区、墓区庭院、墓区骨灰廊、东部坡地4个区域的园林景观，层次分明，主题突出。

玉岑园大门为面南3开间，其中中间的一间为骨灰廊墓区的正式入口，即玉岑园南门，意为“精忠玉岑”。玉岑园南门外是一个方形的礼仪广场，广场东侧近邻北山环路的入口处耸立着一座牌坊，牌坊的正面题“玉岑园”，背面题“追思励志”。

广场南侧是一座圆形草坪纪念园，取名为“圆朗”，取“梦月思亲”之意。草坪东西两侧各有一个亭子。草坪西边的亭子为主亭，地

---

① 李程成：《构建功能、文化与自然相契合的墓园》，载《北京林业大学学报》2013年第2期。

势较高，有假山石相衬，名曰斜阳亭，上题“仙缘到此无多路，福地原来别有天”。草坪东边的亭子为关山亭，上题“天若有情天亦老，人间正道是沧桑”。南部广场作为分解人流的礼仪空间，其周边遍植丁香、蜡梅、碧桃、刺槐等植物，寓意英烈的姓名流芳百世。

进入玉岑园，首先映入眼帘的是“茜中青莲”绿岛，以怪石构成的假山为主体，左右种植苍松翠柏，假山之上遍布绿色，涓涓细流自上而下，在中间部位形成了一道水帘，水池中莲花映衬着整个绿岛假山的倒影，美丽非凡。水池的后方是整个玉岑园的后部园区，其东北部地势逐渐升高，形成一个自然的小山峰，小山峰上种植着松柏、蜡梅等植物，恰似“灵峰叹梅”。顺着水池的东西两侧向北是骨灰长廊。西侧的骨灰长廊相对平坦，东部的骨灰长廊沿着灵峰向东北方向逐渐升高。到达灵峰顶部后，骨灰廊又向西北方向顺地势而下降，逐渐与水池西侧骨灰廊迂回相接，形成一个闭合的骨灰长廊。①

（二）融真园的规划与设计

融真园位于八宝山的北山西侧，坐拥高地山石，俯瞰西北环路下主题雕塑园。所谓“融真”，取“自然即真”之意，象征“融合自然，天人合一”的美学意境。

为加强生态文明建设，2012年八宝山革命公墓在北山西北坡划定4万平方米的用地建造绿色生态墓园示范区——融真园。该园的设计理念是创造丰富多变的山水空间，推行绿色殡葬，借助自然环境中的树木、山石等，结合山体起伏之优势，建立山水与墓葬浑然一体的园林艺术，融思念之真情于青山绿水中，营造天、地、人共荣和谐之境界。

继承传统，理山塑水。与玉岑园的最大不同是融真园强调传统山林风貌，融于自然，安慰英魂。继承中华传统墓葬“以山为冢”理念，结合现代生态思想，创造安静、优美的安葬环境。②一是依据山

① 李程成：《构建功能、文化与自然相契合的墓园》，载《北京林业大学学报》2013年第2期。

② 李程成：《广布余荫，安魂慰民》，载《中国园林》2018年第4期。

顶、山腰，营造“山峦谷屿”的自然景观；二是利用山涧沟壑，营造潺潺流水的效果。

统筹全局，彰显育人。中心景区布置在园区中央，面向山体环路，表现自然风景特色，借山涧水源，与紫藤廊架结合，形成一条南北走向的主要景观纪念轴，依次展现景观墙、浮雕纪念场地、石牌坊等，游览路线向南北伸展，沿途布置纪念雕塑、纪念墙，以强化育人效果。

生态安葬，融于自然。相比过去的墓碑安葬形式，融真园的安葬形式为生态安葬，不设立墓碑，以自然石为地面标识，以骨灰播撒的方式完全融于山林。全园划分了“云涧松扉”“花溪水香”“绿毡红茸”“秀岩沉芳”4个特色景区，采取树葬、石葬、鲜花葬、水葬、骨灰葬播撒等方式，因地制宜，随园而安。

总之，这里先建花园、后建墓园，追求“远看是公园，近看才是墓地”的生态效果，因地制宜以减少资源浪费，节约环保，结合墓园局部环境营造出自然花境，打破成排成行式的墓碑排列方式，将烈士骨灰巧妙地安葬于一块石头或一棵树下面，使墓园达到鸟语花香、林木繁茂的绿色公园效果，实现了在安葬逝者的同时创建和保护良好的生态环境。

三、安葬烈士遗骨，铭记英烈精神

王荷波烈士是首批安葬在八宝山革命公墓的中国共产党早期革命家之一。

王荷波（1882—1927），福建省福州市人，中国共产党早期工人运动领袖。1927年8月7日，中国共产党在武汉举行八七会议，撤销陈独秀的总书记职务，选出瞿秋白、李维汉、苏兆征、周恩来、王荷波等9人组成中央临时政治局，并决定王荷波接替李大钊任中共中央北方局书记，负责重建北方局和北京市党组织。1927年10月，由于叛徒出卖，王荷波在北京被捕，后英勇就义。

在长期的革命斗争中，周恩来和王荷波结下了深厚的革命友谊。

在1927年3月上海工人第三次武装起义中，周恩来任军事指挥，王荷波为上海总工会负责人，积极参与组织和领导了这次起义。王荷波牺牲后，因处于白色恐怖之下，不可能妥善收殓和安葬他，这一直成为周恩来心中的一件憾事。

新中国成立之初，当筹建革命公墓时，周恩来就对北京市副市长吴晗说："1927年11月，我们有一批同志在北京让张作霖杀害了，其中就有王荷波同志。他们的遗骨不知埋在什么地方，你们一定要设法找到。公墓建好后，把他们的遗骸迁入公墓，举行仪式时我要参加。"①

经过反复寻找，最终认定：王荷波等烈士在北京安定门外的箭楼东侧就义，并最终找到了烈士遗骸。由于当时八宝山革命公墓建设尚未完工，烈士们的墓碑也没有修好，故举行了临时安葬仪式，周恩来、彭真、李立三等领导人出席。李立三在仪式上介绍了各位烈士的生平和就义经过。以后，随着公墓的建成，为王荷波等烈士修建了一座占地100平方米的陵墓。在陵墓周围还矗立着造型雄伟的由周恩来总理题字以纪念参加亚非会议遇难烈士的公墓、中国访问南美艺术团死难同志之墓，以及为征服贡嘎山遇难烈士纪念碑。②

这里，还安葬着瞿秋白烈士的遗骨。瞿秋白（1899—1935），江苏常州人，中国共产党早期领导人之一，伟大的马克思主义者，杰出的无产阶级革命家、理论家和宣传家，中国革命文学事业的奠基人之一。他于1922年加入中国共产党，先后在党的第四、五、六次全国代表大会上当选为中央委员、中央局委员和中央政治局委员，成为中国共产党最重要的领导人之一。1927年，在大革命失败的危急关头，他主持召开中共中央紧急会议，即八七会议。1931年1月，在中共六届四中全会上，他遭到王明等人打击，被解除中央领导职务。此后，他在上海同鲁迅一起领导左翼文化运动。1934年，他到苏区任中央

① 王建柱：《探访八宝山革命公墓》，载《党史文苑》2014年第7期。
② 李洪源：《走近八宝山》，载《党史博采》1997年第2期。

政府教育人民委员。红军长征后，他被留在苏区，1935年2月26日在福建长汀县水口镇小径村被国民党军队逮捕，6月18日在长汀县罗汉岭英勇就义。

瞿秋白遇害后，国民党军队把他的遗骸秘密埋葬了，许多年过去了，人们不知道他究竟埋葬在哪里。中华人民共和国成立后，中共福建省委遵照党中央的指示，给中共龙岩地委、龙岩公署、长汀县委、长汀县人民政府下达指示，要求组织得力干部寻找瞿秋白烈士的坟墓。经过多方寻找，1951年年底才最终找到墓地。1952年4月5日，长汀县为瞿秋白举行万人公祭活动，不久便将瞿秋白的遗骸送到北京。福建省人民政府还在他的就义之地——罗汉岭建造了纪念碑。

1955年6月18日是瞿秋白牺牲20周年纪念日，在北京市革命公墓举行了隆重的遗骨迁入革命公墓的安葬仪式。周恩来、董必武、陆定一等党和国家领导人100余人参加仪式，中共中央宣传部部长陆定一代表中央做了《关于瞿秋白同志生平报告》，周恩来为烈士纪念碑题写了碑文。①

“文化大革命”开始后，瞿秋白因为在狱中写的《多余的话》而被定为“叛徒”，其墓地遭到了严重毁坏。1979年后，被破坏的墓地得到修复，包括瞿秋白墓在内的100余座墓地全部得到修缮。

八宝山革命公墓内还有一座很特殊的墓地。这就是在牺牲30多年后，遗骨才从台湾岛送回大陆安葬的女烈士——萧明华。

1922年，萧明华出生于广东潮阳，她在上大学期间接触到进步书刊，开始文学创作，发表了很多散文、小说，被著名女作家冰心称为“中国最有前途的女作家”。新中国成立前夕，她加入了党组织，1948年只身被派往台湾从事地下工作，成为党在隐蔽战线的一名女战士。之后，她不幸被叛徒出卖，英勇就义，年仅28岁。1982年，她的遗骨终于被送回大陆，移送到八宝山革命公墓安葬。大理石的墓碑肃穆庄重，碑身上只镌刻着3个字“归来兮”，含义深远，鼓舞生者。

---

① 苗体君等：《寻找瞿秋白遗骸记》，载《党史纵横》2009年第4期。

四、安葬开国元勋，伟人安息长眠

1950年10月27日，任弼时因病逝世。由于当时革命公墓建设一期工程尚未结束，对墓区的整体规划安排也没有最后确定，中央决定将任弼时的遗体浮厝于劳动人民文化宫。30日上午9时，举行任弼时追悼会。追悼会由彭真主持，刘少奇做简短讲话。不久，随着公墓二期工程的展开，中央决定将任弼时的遗体安葬在公墓东北角的半坡坡顶的中心位置。安葬仪式于1951年7月18日在北京市革命公墓隆重举行，刘少奇代表中共中央敬献花圈。汉白玉墓碑正面刻有毛泽东亲笔所写的“任弼时同志之墓”7个大字，墓穴四周翠柏掩映，环境幽雅清静。①

1963年12月16日，时任中共中央政治局委员、全国人大常委会副委员长、国防委员会副主席的罗荣桓元帅因病逝世。罗荣桓是十大元帅中第一位逝世的开国元勋。当晚，毛泽东在中南海颐年堂主持会议。会前，他提议大家起立为罗荣桓默哀。12月19日，毛泽东、刘少奇、朱德、邓小平等党和国家领导人来到北京医院，向覆盖着中国共产党党旗的罗荣桓遗体告别。②12月22日，在人民大会堂举行公祭仪式，公祭结束后，他的骨灰安放在北京市革命公墓骨灰堂中一室。毛泽东的著名诗篇《七律·吊罗荣桓同志》是在北京医院向罗荣桓遗体告别后几天写下的，足以表达毛泽东对罗荣桓的高度评价和悲痛之情。

记得当年草上飞，红军队里每相违。
长征不是难堪日，战锦方为大问题。
斥鷃每闻欺大鸟，昆鸡长笑老鹰非。
君今不幸离人世，国有疑难可问谁？③

---

① 李洪源：《走近八宝山》，载《党史博采》1997年第2期。
② 永泉：《十大元帅的最后时刻》，载《人才资源开发》2013年第1期。
③ 李林：《新中国成立后毛泽东参加的悼念活动》，载《党史博览》2008年第2期。

1972年1月10日，毛泽东参加在八宝山革命公墓举行的陈毅追悼大会，在当时历史背景下，这是非常重要的历史事件，产生了巨大影响。1月6日，时任中共中央委员、中央军委副主席、国务院副总理兼外交部长、全国政协副主席、国防委员会副主席的陈毅元帅逝世。“文化大革命”期间，陈毅受到迫害，被诬陷为“二月逆流”主将，他的追悼会被降了规格。追悼会定于1972年1月10日下午在八宝山革命公墓举行。中午时分，正准备午睡的毛泽东突然决定去参加陈毅的追悼会。周恩来得知后立即通知在京的所有政治局委员和候补委员都参加追悼会，并请国家副主席宋庆龄、柬埔寨国王西哈努克也来参加。这样，追悼会规模一下子扩大了。下午2点多，毛泽东一行的车队缓缓驶入八宝山革命公墓。这是毛泽东生前唯一一次来八宝山参加追悼活动。①

陈毅的夫人张茜见到毛泽东时，泪水在眼眶里打转，呜咽道：“主席，您怎么来了？”毛泽东说：“我也来悼念陈毅同志嘛，陈毅是个好同志。”②此刻，毛泽东的这句有分量的话，实际已经对陈毅的一生做出了公正评价。宽慰和温暖的气氛萦绕在追悼会大厅。大家都为毛泽东心系革命元勋，并亲自参加陈毅追悼会而感到欣慰。

张茜搀扶着毛泽东走进追悼会会场，毛泽东表情悲痛，会场上响起哀乐。历来克制力很强的周恩来在念几百字的悼词过程中竟哽咽停顿了数次。毛泽东面对陈毅遗像三鞠躬。第二天，新华社播发了陈毅追悼会的消息。周恩来借此机会，在“文化大革命”的艰难岁月中落实干部政策。③

---

① 李洪源：《走近八宝山》，载《党史博采》1997年第2期。

② 李林：《新中国成立后毛泽东参加的悼念活动》，载《党史博览》2008年第2期。

③ 王建柱：《探访八宝山革命公墓》，载《党史文苑》2014年第7期。

第三节　中国人民革命军事博物馆

中国人民革命军事博物馆是我国大型综合性军事博物馆，主要从事收藏、研究、陈列反映中国共产党领导的军事斗争历程、中华民族军事历史和世界军事史的文物、文献、资料，是开展爱国主义教育的重要阵地。

中国人民革命军事博物馆坐落在天安门西侧长安街延长线的复兴路上，是庆祝新中国成立10周年的北京“十大建筑”之一。作为国家大型综合性军事博物馆，该馆于1958年10月动工兴建，毛泽东亲笔题写馆名。1959年7月建成，1960年8月1日正式对外开放。经过60年的不断建设和发展，如今该馆展览大楼的建筑面积达15.9万平方米，陈列面积近6万平方米。主楼建筑高94.7米，中央7层，两侧4层，楼顶装有直径6米的中国人民解放军军徽。全馆现有43个陈列

1960年8月1日，中国人民革命军事博物馆在北京开馆（新华社　提供）

厅（区），建筑造型巍峨壮观，气势宏伟。

该馆的陈列展览分为基本陈列和临时展览。基本陈列有土地革命战争馆、抗日战争馆、全国解放战争馆、抗美援朝战争馆、古代战争馆、近代战争馆、兵器馆、礼品馆等，不定期举办有关国防、科技、文化、艺术等专题性展览。①

1992年，该馆被北京市公布为市级爱国主义教育基地，1997年6月被中央宣传部公布为全国爱国主义教育示范基地，1999年3月被评为"北京市青少年教育基地先进单位"，2008年5月被国家文物局定为国家一级博物馆。2017年12月，该馆入选"第二批中国20世纪建筑遗产"，同时入选教育部第一批"全国中小学生研学实践教育基地、营地计划"，成为进行爱国主义和革命传统教育的重要基地。作为一座凝聚着深厚历史传统的红色文化建筑，该馆正发挥着越来越重要的作用。

一、向新中国成立10周年献礼

为迎接新中国成立10周年，1958年8月在北戴河召开的中共中央政治局扩大会议决定兴建一批献礼工程，最具代表性的就是北京"十大建筑"，中国人民革命军事博物馆就是其中之一，这是为纪念中国人民革命战争的光辉业绩，并对全国人民进行革命传统教育而建的。该馆不仅是普通意义上的展示国家军事力量的公共博物馆，展示军队建设与发展成就的标志性工程，同时也是缅怀先烈事迹、继承革命传统、传播红色文化的重要阵地。因此，该馆的兴建得到了党中央和中央军委领导的高度重视。

规划和建设一座什么样的大型综合性军事博物馆，以适应新中国社会主义革命和建设的需要，这是首先要解决的问题。

---

① 中共北京市委党史研究室编：《北京市革命遗址通览》，中共党史出版社2012年版，第70页。

新中国成立后，北京最早建成的展览馆建筑是位于西直门外的北京展览馆（原称苏联展览馆）。1954年10月，北京展览馆建成后，当时苏联式建筑成为北京城市文化空间的重要地标性建筑，形成了一道新的城市景观。[①]北京“十大建筑”的陆续开工，不仅意味着博物馆和展览馆建设将达到有史以来的一个高潮，同时随着新建筑迅速拔地而起，也必然出现新的、被赋予更多时代特征和意义的地标性建筑。

1958年9月10日，中央军委专门召开会议，研究讨论军事博物馆的建设方案。聂荣臻、黄克诚、粟裕、萧劲光、杨成武、萧华等中央军委和三总部的主要领导出席会议，会议决定组织一个专门委员会即人民解放军迎接10年大庆总筹备委员会负责博物馆建设及文物收集工作。总政治部主任萧华任筹委会主任，总政治部副主任兼宣传部部长刘志坚、军委办公厅主任肖向荣任副主任，贾若瑜少将任筹备委员会办公室主任。[②]

1958年10月12日，在中国人民革命军事博物馆大楼建筑工地隆重举行开工典礼。大楼选址在北京复兴门外木樨地西面，位于长安街延长线主干道北侧，规划占地8公顷，建筑面积6万多平方米，主体结构全长213米、宽144米，由陈列厅、兵器馆、电影厅、接待厅、露天陈列场和其他附属建筑组成。同时，该馆的正面广场可以作为欢迎外国军队领导人检阅三军仪仗队的场地。[③]该馆的中央部分结构为10层，主楼7层，上有尖塔，在尖塔的顶部安装了巨大的中国人民解放军军徽；左右两翼建筑对称，均为展览厅，中央部分后面是大拱结构的兵器馆；建筑的后面尽头有长廊与两翼相连，形成2个巨大的

① 李扬：《博物馆建筑所见新中国建筑文化》，载《中国博物馆》2017年第2期。

② 范峰：《军博首任馆长贾若瑜：历史真相的守望者》，载《文史春秋》2010年第2期。

③ 李扬：《博物馆建筑所见新中国建筑文化》，载《中国博物馆》2017年第2期。

围合空间，整体建筑呈“山”字形。[①]整个建筑立面显得庄严、雄伟。1959年7月底，军事博物馆全面竣工，整个工程完工用了不到10个月的时间。

1959年4月3日，经过中央军委研究，决定将该馆命名为中国人民革命军事博物馆，报请中央审批。至此，军事博物馆正式得以命名。1962年夏，总政治部主任萧华上报中央军委秘书长、总参谋长罗瑞卿，请求毛泽东主席为军事博物馆题写馆名。毛泽东欣然同意，在6页信笺纸上写下“中国人民革命军事博物馆”11个大字。

该馆在工期短、任务重的情况下进行建设，需要克服的各种困难可想而知，在资金、人力、物力、技术等方面都遇到了严峻挑战。周恩来总理总体负责整个国庆工程的建设工作，北京市副市长万里负责建设施工的具体工作。按照中央的统一部署，将军事博物馆列为重点工程，以保障建设资金的落实。在施工方面，成立了建设工程指挥部，编写《军事博物馆施工方案》。对施工过程的每一个环节，如基础施工、冬季施工与混凝土操作、装修工程、兵器馆拱模、军徽安装、大理石与琉璃瓦安装等均精心组织、落实到位。

建设中遇到的第一个难题是冬季施工，当时我们在技术上尚不成熟。为了不延误工期，建设者不畏困难，敢于探索，采用冬季混凝土施工“暖棚法”，即在工地上搭起一个大暖棚，把建材、设备等全部放入棚中，然后进行加温，在一定的温度和湿度下施工作业。随着工程进展，暖棚温度还要继续升高，将混凝土结构铸造得更加坚固，以确保施工质量万无一失。

第二个难题是安装顶部巨型军徽。军徽的设计别具匠心，但对技术要求高，施工难度大。该馆的“八一”军徽设计为钢骨架构造，分为8个部分——圆环、五星、基座、斜撑、垫板、钢板铜箍、基座螺栓以及辅助构件，设计直径为6米，重达9吨，安装高度近百米。

---

① 吴国桢：《中国人民革命军事博物馆工程结构设计介绍》，载《土木工程学报》1959年第9期。

另外一个难点是固定军徽的基座如果不牢固，顶部的军徽则无法吊装。[①]为此，该馆的军徽在建筑施工史上创造了多个世界之最。首先，它是全世界安装最高的军徽，军徽的上沿最高点距地面94.7米，下沿正中距地面88.7米；其次，它是目前世界上最大的军徽，直径达6米，厚度约2米，是一个庞然大物；再次，它是世界上最重的军徽，用黄铜铸造，重达2.5吨，1959年安装时只得调用直升机进行吊装；最后，它是最贵重的军徽，为了使它闪闪发光，周恩来总理批准使用了500两黄金。

经过几千名建设者夜以继日的艰苦奋战，经过264个日夜，一座巍峨壮观的巨型大厦便屹立起来，成为长安街西侧大道上的红色建筑地标。

二、建筑气势宏伟，风格融汇古今中外

中国人民革命军事博物馆决定由中国人民解放军总后勤部建筑设计院和北京市城市规划管理局设计院联合设计。为此，北京市城市规划管理局设计院专门成立了中国人民革命军事博物馆设计组，设计工作自1958年9月就开始了，由欧阳骖和吴国桢等设计，建筑风格明显受到了苏联影响。20世纪50年代，中国建筑界受苏联提倡的“社会主义内容，民族形式”建筑思想的影响，强调时代特色，突出宏大主题，在当时历史背景下无疑是具有进步意义的。在借鉴苏联建筑风格的基础上，同时也采用了中国传统风格的设计元素，吸纳古今中外一切优秀文化为我所用，推陈出新，建筑风格上呈现兼容并蓄、中西合璧的显著特点。

首先，总体布局上，为强调纪念中国人民革命战争的光辉业绩和奋斗历程这一主题，就必须突出气势宏大的建筑效果，满足大流量人

① 吴国桢：《中国人民革命军事博物馆工程结构设计介绍》，载《土木工程学报》1959年第9期。

群参观的需要。因此，设计者确定主体建筑平面呈“山”字形，即主楼高大，重点突出，在尖塔状的顶端安装巨型军徽，象征人民军队在军徽引导下胜利前进；两侧展厅依次伸展，犹如一只展翅的威猛雄鹰，蓄势待发，又好似随时准备投入激战的勇士。①

该馆前面设计一个宽阔的广场，布置路灯和草坪，以增加纵深感，中央位置建有一座12朵花瓣形的喷水池。该馆正门两旁，用两座白色雕像来营造庄严的现场气氛，其中右边的一座是陆海空三军战士准备出征的姿态，左边的一座是工人、农民等全民皆兵的群众形象。在广场的东西两侧还有两座铜雕，一座是表现军民一家亲的鱼水情谊，另一座是表现官兵一致、同仇敌忾的伟大形象。该馆后面是两座围合式庭院建筑，既可以作为休息的绿地空间，也可以作为露天展览场地。

其次，平面布局上，从满足陈列馆和参观者的需要出发，设计为“环形布置，突出中央，贯穿全局”的建筑布局。以中央大厅为轴线，连接各层展厅，一以贯之，形成整体。

其中，中央大厅是整个展览馆的入口，大厅有两层，中间回廊由绿色实心大理石栏板构成。整个大厅面积近100平方米，中间回廊里有12根浅绿色大理石柱子，配以嵌有金星的汉白玉柱头。两侧的墙壁上是12幅巨型油画，分别描绘了中国从古至今的战争史。

核心部分是兵器馆，这里采用拱形结构的设计，以增加其跨度，可以陈列大型武器，包括飞机。为凸显兵器馆的中心枢纽地位，其外部连接庭院的露天陈列广场可直接通行，而内部则有环形走廊相互沟通，便于和其他展馆贯通。同时，对采光、声响、灯具、暖气、卫生、电气等方面均详细设计，力求完美。②

最后，广泛采用中国传统风格的设计与建造方式。一般认为，该馆建筑为苏联式建筑的翻版，其实并不全面。在该馆的设计与建造

① 北京市城市规划管理局设计院中国人民革命军事博物馆设计组：《中国人民革命军事博物馆》，载《建筑学报》1959年第Z1期。

② 同上。

中，无论是设计理念、总体布局，还是建筑材料、装饰风格方面，都吸收了大量中国传统建筑的元素，并运用到这座建筑之中。在主体建筑的屋顶檐头处理上，采用的是中国式的黄色琉璃砖覆顶。外墙踢脚为浅黄色花岗岩蘑菇石，极富民族色彩。外立面采取渐次升高的形式，凸显主楼的位置，体现出中国传统建筑突出正房、左右对称的思想。所有入口处均有嵌有石刻旗帜的花板和带有勋章图案的柱头门罩，整个建筑庄严朴素、雄伟壮观，既体现了浓郁的军功意义，又凸显了红色文化内涵。

三、舒展长卷，展现红色军魂

中国人民革命军事博物馆是我国大型综合性军事博物馆，其宗旨是“收集、整理和保存中国人民解放军建军以来的各种文物、文献、资料，阐明毛泽东的军事思想，阐明人民军队的本质和显示现代化革命军队的面貌”，同时，陈列我国历史上军事战争及武器装备的相关史料，充分利用我国丰富的军事历史遗产教育人民。[①]随着时代变迁，该馆职能逐渐扩大，由初建时人民解放军博物馆转变为国家军事博物馆。

该馆有43个陈列厅、2个陈列广场，馆藏文物以反映中国人民解放军军事史、中国古近代军事史和世界军事史为主，特色文物为武器、军服、证章和军事题材艺术品等。现有文物18万余件（套），一级品1793件（套）。[②]以中国近现代革命军事历史为主线，以基本陈列和专题展览为两大序列，既展示宏大历史叙事，又根据形势发展举办主题性展览，二者互为表里，相得益彰。

目前，基本陈列包括中国共产党领导的革命战争陈列、新中国国防和军队建设陈列（筹建中）、兵器馆陈列、中国历代军事陈列、

---

① 沈庆林:《建国初期的三大博物馆建设》，载《中国文化遗产》2005年第4期。

② 参见中国人民革命军事博物馆网站。

军事科技陈列、红色记忆——馆藏革命军事艺术作品陈列等六大部分。除基本陈列外，该馆还经常举办大型主题展览。近几年，举办了“用兵如神——毛泽东军事指挥艺术”“历史不能忘记——近代以来中国人民抗击日本侵略展”“古田会议——党和军队建设史上的里程碑”“中流砥柱——中国共产党及其领导的人民军队抗日战争主题展”“英雄史诗　不朽丰碑——纪念中国工农红军长征胜利80周年主题展览”等展览，特别是2017年为庆祝建军90周年主办的“铭记光辉历史　开创强军伟业——庆祝中国人民解放军建军90周年主题展览”得到了中央领导和各界群众的广泛赞誉，产生了巨大的社会影响。

该馆今天的宏大规模、丰厚底蕴、辉煌业绩，无不是经过几代人不断积淀、发展、创新的结果，无不是在最初的建设者精心规划、描绘蓝图的基础上逐步发展到今天的规模。下面，让我们沿着历史脉络，梳理一下该馆的展览历程。

其一，基本陈列馆——主题突出，布局严整。20世纪60年代，该馆开放初期的陈列内容、展馆分布、名称等都和后来有所不同。当时，该馆内设第二次国内革命战争馆、抗日战争馆、第三次国内革命战争馆、保卫社会主义建设馆、抗美援朝战争馆以及兵器馆、民兵馆、礼品馆、综合馆共9个馆，各种文物展品2万多件[①]，这也反映了当时的时代背景和历史面貌。进入改革开放新时期后，随着对党史、军史研究的不断深入，展览馆内容和名称发生了很大变化。到2009年，该馆的陈列调整为土地革命战争馆、抗日战争馆、全国解放战争馆、抗美援朝战争馆、兵器馆、古代战争馆、近代战争馆。2010年，在原有陈列基础上还增加了军事科技馆和军事艺术馆。同时，筹建新中国国防和军队建设陈列，把原有现代中国革命历次战争陈列纳入中国共产党领导的革命战争陈列之中，形成了今天由六大板块组成的基本陈列体系。其中，历次革命战争馆至今仍然是军事博物馆展览陈列

① 《中国人民革命军事博物馆》，载《文物》1960年第Z1期。

的基础和重点所在。

土地革命战争馆位于原展览大楼的东一楼，主要陈列1927年8月—1937年7月中国共产党领导中国工农红军和中国人民为反对国民党反动统治，废除封建土地制度，建立工农民主政权而进行土地革命战争的历史。突出展现中国共产党创建人民军队，确定建军原则，开辟农村红色根据地，进行革命战争，形成人民战争的战略、战术等重要历史内容。展览面积3100平方米，展出文物1278件、艺术品26件，突出反映了中国工农红军在中国共产党领导下逐步发展为一支战无不胜的人民军队的光辉历程。

抗日战争馆位于原展览大楼的东二楼，主要陈列1937年7月—1945年8月以中国共产党为中流砥柱、以抗日民族统一战线为旗帜的全民族共同抗战的历史进程。展览面积1650平方米，展出文物810件、艺术品11件，共分为“中华民族奋起抗战”“开辟敌后战场”“坚持与发展敌后根据地”“坚持艰苦的敌后抗战”“夺取抗日战争的最后胜利”5个部分。其中，包括珍贵的历史文物，如击毙日军“名将之花”阿部规秀中将的迫击炮、抗日英雄杨靖宇的铜印、国际主义战士白求恩使用过的止血钳、新四军军长叶挺在狱中穿过的军衣、八路军副总参谋长左权使用过的手枪、白洋淀雁翎队打击日军用的“大抬杆”枪、百团大战中缴获的日本国旗、日军主要战犯冈村宁次呈缴的佩刀等；300多幅（个）作品展现了中国共产党领导人民抗日武装在敌后战场浴血杀敌的壮烈场景，如《大刀向鬼子们的头上砍去》雕塑、《长城烽火》背景画、《地道战》景观、《百团大战》油画等。这些系统地展示了中华民族同仇敌忾、不畏强暴、团结抗战的英勇抗战历程，凸显了中国共产党在全民族抗战中的中流砥柱作用。

全国解放战争馆主要陈列1945年9月—1949年9月人民解放军在中国共产党领导下，经过战略防御、战略进攻、战略决战、战略追击等4个阶段的大决战，推翻国民党反动统治，夺取新民主主义革命胜利，建立中华人民共和国的历史。展览面积1650平方米，展出文物1375件、艺术品7件，突出千里跃进大别山、逐鹿中原、三大战役、强渡长江、解放全中国等主题，充分反映了毛泽东运筹帷幄、决胜千里的军事智慧，反映了中国人民解放军不怕牺牲、一往无前的革命英雄主义精神。

抗美援朝战争馆位于原展览大楼的东四楼，2002年获中国博物馆“十大精品陈列奖”，主要展示1950年10月—1953年7月中国人民志愿军“抗美援朝，保家卫国”的光荣历史。展览反映了中国人民志愿军支援朝鲜人民抗击美国侵略的伟大精神，维护了世界和平，巩固了新生的人民政权，打破了美帝国主义不可战胜的神话，极大地增强了中国人民的民族自信心和自豪感，为国内经济建设和社会改革赢得了相对稳定的和平环境。陈列面积1300平方米，有展品720余件，包括文物456件、照片238张、表格9个、作战图9张、油画6幅、硅胶作品和雕塑4个，分为“决策出兵”“运动歼敌”“边打边谈”“胜利归国”4个部分。展出的文物包括彭德怀使用过的物品、杨根思和黄继光等特级战斗英雄的遗物、上甘岭嵌满弹片的树干、缴获美军第7师31团的团旗等。①

新中国国防和军队建设馆位于原展览大楼的东三楼，2007年首次展出，2009年10月进行调整，2010年1月重新开放，2012年5月因实施大楼改造工程而暂时撤展。这是一个新馆，是在纪念人民解放军建军80周年举办的《我们的队伍向太阳》展览的基础之上重新编排设立的，集中展示了新中国成立后国防和军队建设的辉煌历程。展览共陈列文物、图片、艺术品、蜡像、景观等2800余件，共分为“战略决策·辉煌历程”“军事过硬·钢铁长城”“铸牢军魂·永葆本色”“勤俭建军·保障有力”“自主创新·跨越发展”“牢记宗旨·建设祖国”“面向世界·维护和平”7个部分。其中，包括很多十分珍贵的文物，如毛泽东观看大比武时打过的沙袋、周恩来亲拟的炮击金门广播稿、1956年中央军委扩大会议签到簿、研制原子弹时用过的手摇计算机、解放一江山岛时插上203高地的红旗、空军战斗英雄杜凤

① 《展示中国人民解放军发展壮大的历史》，载《中国地名》2009年第4期。

瑞的请战书、《雷锋日记》、驻香港和澳门部队首次升起的国旗和军旗、抗洪英雄李向群穿过的救生衣等。展示的武器装备和模型有我国第一颗空投原子弹和氢弹的模型、5.8毫米枪族等新型轻武器、99式坦克、新型履带步兵战车、05式自行榴弹炮、东风21丙中远程地对地常规导弹、红旗9地对空导弹、歼轰-7等。

兵器馆位置居中，建筑高耸，极具视觉冲击力而备受广大参观者欢迎。兵器馆共二层，在高达20多米的拱形屋顶之下，大型兵器依次展开，与两侧的陈列广场共同组成一个巨大的展览空间。建筑造型新颖独特，陈列着许多人民解放军兵器史上的“第一”：人民解放军第一辆坦克“功臣号”；第一所航空学校的教练机；第一代地对地战术导弹——东风1号导弹，第一代地对空导弹——红旗2号导弹；自行研制生产的第一代喷气式歼击机，第一代坦克——59式中型坦克等。

兵器馆还展出了在人民解放军的历次战斗中立过战功的功勋兵器。有曾经在朝鲜战场上击落、击伤9架美国战斗机的空军战斗英雄王海驾驶过的米格-15歼击机，在抗美援朝战争的上甘岭战役中击毁敌人105毫米以上口径榴弹炮48门、迫击炮3门、坦克7辆的功勋火炮，在抗美援朝战争中曾击落美国10架飞机的37毫米高射炮，在抗美援朝战争中击毁敌人重型坦克5辆、火炮9门、地堡26个而被授予“人民英雄坦克”的215号T-34坦克，还有在20世纪50年代初期的海防战斗中立下战功的414号炮艇和鱼雷快艇等。

古代战争馆主要展示上自原始社会末期，下至1840年的中国古代战争历史。陈列内容以战争史为主，同时融古代兵器、军制、人物、思想为一体而勾勒出中国军事历史发展全貌，是进行国防教育的重要窗口。展出面积约3300平方米，陈列文物、照片、模型、图表、绘画、雕塑等展品共计1600余件。以时间为主线，分为先秦时期、秦汉时期、三国两晋南北朝时期、隋唐五代时期、宋辽夏金元时期、明清时期（鸦片战争前），集中反映了不同时期的军事发展情况。具体包括军事著作，如《孙子兵法》等；兵器，如夏、商、西周和春秋战国时期的兵器、山东出土的西周的薛师戟、湖南出土的春秋时期的竹弓、安徽出土的战国时期的楚全戈、陕西出土的秦兵马俑、江苏出土的西汉兵俑、吉林出土的元“至正辛卯”铜火铳、大型复原模型“驷马三人战车”、气势恢宏的火器陈列台及巨大的战船模型等；著名战争场景复原，如再现唐代骑兵风采的“东都虎牢之战”景观、长52米的序厅环形壁画《华夏戎诗》等，形象地再现了中国古代军事思想、兵器、军队、作战的特点。

近代战争馆位于原展览大楼4层西侧，1984年开始筹办，1988年正式开馆，1998年修改调整，1999年重新开馆，2012年5月闭馆至今。

近代战争馆展出面积1300平方米，陈列有文物、照片、模型、沙盘、图表、蜡像、景观等展品共计500余件。近代战争馆按照历史发展顺序，以1840—1919年中国人民反抗外国侵略和本国封建压迫的武装斗争史为主线，集中反映了近代中国军事历史发展情况和列强侵略中国的史实，分为鸦片战争、太平天国战争、抗击列强瓜分中国的战争、推翻清王朝的革命战争、反对北洋军阀统治的战争5个部分。展出内容包括近代兵器，如铸有铭文的太平天国火炮、美制加特林机枪等；近代战争场景复原，如揭露英法联军暴行的“圆明园”和反映中日甲午战争中黄海激战场面的“黄海海战”等；绘画作品，如颂扬中国人民不畏强暴、奋勇抵抗外来侵略的《虎门抗英》《瀚海粮道》《廊坊大捷》等大型油画；近代著名军事人物，如林则徐、左宗棠、丁汝昌等。此外，还有兴办近代军事工业、筹建近代海军、清末军制改革等中国军事近代化的内容。①

军事艺术馆位于原展览大楼的东配楼1～3层，展线总计256延米，展厅总面积1190平方米。长久以来，全馆收集了一大批关于军事题材的艺术作品，集中反映了中国军事历史发展历程中的伟大军事思想和中国军人的精神。首批展出的艺术作品共83件（幅），其中油画27幅、国画18幅、书法作品20件、雕塑18件。具体包括以高虹、何孔

① 《展示中国人民解放军发展壮大的历史》，载《中国地名》2009年第4期。

德、彭彬、高泉、程允贤、李铎等为代表的中国人民革命军事博物馆艺术创作群体以革命现实主义艺术风格围绕中国军事题材创作的精品力作，大力弘扬爱国主义主旋律，成为该馆经典的标志性艺术长廊。

友谊馆简称礼品馆，位于原展览大楼4层中厅。1998年10月正式对外展出，2012年5月因展览大楼实施改造工程而撤展闭馆。全馆共收藏人民解放军对外交往中接受的3000多件礼品，从中挑选出了500多件礼品进行展览，展览面积近900平方米。[①]按照各洲分区陈列与专题陈列相结合的方式进行展示，充分反映了该馆“和平、友谊”的展览主题。

礼品馆展示了毛泽东、邓小平、江泽民接受的礼品，以及各个国家的军徽、军标、重型武器模型和刀、剑、枪等军事交往礼品。如1963年古巴总理菲德尔·卡斯特罗赠送给毛泽东的手枪，突尼斯总理穆罕默德·姆扎利赠送给邓小平的地毯，乌拉圭总统胡利奥·玛利亚·桑古内蒂赠送给邓小平的匕首，缅甸陆军总司令访华时赠送给江泽民的银器，朝鲜人民武装力量部赠送给江泽民的刺绣。

2012年9月，该馆开始对原展览大楼进行改造，关闭了上述10个基本陈列。改造工程于2017年7月竣工，该馆的建筑面积扩大为15.9万平方米，陈列面积近6万平方米。全馆的陈列厅（区）由22个增加到目前的43个。在此背景下，对展览系列进行了重新划分，形成了今天我们所看到的六大陈列。从此，该馆开始迈向一个更高的发展时期。

其二，专题展览——紧跟时代，弘扬发展。该馆在进行基本陈列的同时，还经常根据党和国家发展的需要举办一些专题性的临时展览。

2008年，该馆举办了“我们的队伍向太阳——建军80周年国防成就主题展览”。以此展览为基础，建成了新中国国防和军队建设成

---

① 其中包括29个亚洲国家的礼品150余件、27个非洲国家的礼品60余件、29个欧洲国家的礼品240件、13个美洲国家的礼品50余件、3个大洋洲国家的礼品7件。

就馆，并于同年开放。

该馆曾举办的大型专题展览包括“利国、利军、利民之举——全国军地两用人才成果展览”“毛泽东光辉军事业绩——纪念毛泽东诞辰100周年展览”“雷锋精神谱新歌——纪念毛泽东等老一辈无产阶级革命家为雷锋题词30周年展览”“中华民族的胜利——纪念中国抗日战争和世界反法西斯战争胜利50周年展览”“长征·丰碑永存——纪念中国工农红军长征胜利60周年展览”“新时期军队建设成就——纪念中国人民解放军建军70周年展览”“新时期英雄战士李向群事迹展览”“建国50周年国防和军队建设成就展览”等。

2017年7月21日，在该馆举办了《铭记光辉历史　开创强军伟业——庆祝中国人民解放军建军90周年主题展览》，共分为室内、室外两个展区，具体包括一层西侧的室内4个展厅和展览大楼南广场的室外4个展厅。[①]具体包括红色军事景观，如井冈山会师、攻克锦州、开国大典、上甘岭战役、华北军事演习、“九八”抗洪、进驻港澳、抗震救灾、全军政治工作会议等；武器装备及模型，如60余件武器装备模型、23件现役单兵武器装备以及陆海空训练模拟器等。室外展厅共4个，面积共2400平方米，展出的是陆海空及火箭军共16个型号的主战装备。

四、镇馆之宝，传递红色精神

该馆收藏了18万件文物，大部分是记载和见证了中国共产党及人民军队历史的革命文物。每一件文物的背后都有一段感人的故事，都有一段艰险的经历，它们本身就是镇馆之宝，留有光辉岁月的痕迹，传承着人民军队的基因和血脉，述说着八一南昌起义以来90余载的奋斗历程，以下选择介绍几个典型故事以彰显这种革命精神。

① 室内共4个展厅，面积共4500平方米，展出照片、图表1100余张，文物近2000件，艺术品14件。

（一）一件棉被背后的故事

在该馆的一个展厅里陈列着一件普通而又珍贵的文物——毛泽东送给傅连暲的棉被。傅连暲是福建长汀县人，1925年任长汀基督教会医院院长。南昌起义军南下广东途经汀州，他曾带领医护人员抢救过大批红军伤员。1929年3月，当红四军进军闽西开辟根据地时，傅连暲利用教会医院院长的身份为红军提供了大量药品，不仅拿出自己的全部积蓄为红军购置衣物，还让自己的儿女、亲属和学生参加红军，与毛泽东、朱德等结下了深厚的革命友谊。1933年，他毅然参加革命，把整个医院搬到“红色首都”——瑞金，成立了中央苏区医院。当他参加红军长征抵达陕北，并再次见到毛泽东时，毛泽东送给他了这件棉被。①

该馆收藏的这件棉被，虽经过岁月的侵蚀而显得残破，经过技术保护得以保存至今，但它代表了毛泽东对这位人民军队医疗卫生事业的开创者所做贡献的充分肯定与赞誉。

（二）南昌起义时朱德的驳壳枪

这是一支普通的德国造M1896式毛瑟短管手枪，但也是一支意义非凡的手枪，被誉为“中国革命第一枪”，因为它的主人是南昌起义的主要领导者之一朱德。

1927年8月1日，朱德就是拿着这支手枪与周恩来、贺龙、叶挺、刘伯承等领导了八一南昌起义，打响了武装反抗国民党反动派的第一枪，创建了人民军队。此后，朱德又佩带着这支手枪转战南北，并在手枪弹匣一侧刻下“南昌暴动纪念朱德自用”的字样。1958年，当中央军委决定筹建中国人民革命军事博物馆时，朱德将这支毛瑟手枪移交给军博，保存至今。②

（三）百岁老军工的传奇人生

该馆曾经展出过一件文物，即1939年八路军自主研发的第一支

---

① 周舟：《一件棉被背后的故事》，载《中国老区建设》2018年第9期。

② 李洪军：《军博革命文物：军史的亮点，精神的光芒》，载《中国纪检监察》2018年第15期。

步枪——无名式马步枪，在延安茶坊兵工厂研制成功。在当时非常艰苦的条件下研制成功步枪的意义非同寻常，它的研制者就是梁松方。

2014年，梁老已经101岁了，在该馆举行的文物捐赠仪式上，人们见到了这位坐在轮椅上的革命老前辈。他成为全场的焦点，人们簇拥着他，向他献上鲜花和奖章，但老人却神态安详，目光柔和，似乎并不感到特别兴奋。当他将毛泽东题词的“生产战线上的英雄”奖状和当时使用过的工具交给军事博物馆时，现场响起热烈掌声。①

梁老是军工战线的一名老兵，20世纪30年代毕业于上海交通大学，主修机械工程。1938年，他参加了自主研发步枪的任务。1939年4月25日，新式马步枪在陕甘宁边区枪械修造部（即茶坊兵工厂）研制成功。如今，梁老已经去世，但他的人生传奇和精神风范早已融入军工史册，值得我们永远纪念。

（四）《雷锋日记》

该馆还收藏着一部战士日记，它就是著名的《雷锋日记》。雷锋是中国家喻户晓的模范人物，他的事迹传遍祖国大江南北，成为一代楷模，成为中国人民学习的榜样，雷锋精神已经成为当代中国弘扬社会主义核心价值观的重要组成部分。他牺牲后，毛泽东题词“向雷锋同志学习”。《雷锋日记》共有9册，记录了雷锋的平凡生活，记载了无数感人的故事与经历，反映了他崇高的精神品格和坚定的共产主义信念。

雷锋在日记中写道：“人的生命是有限的，可是，为人民服务是无限的，我要把有限的生命投入到无限的为人民服务中去。”这句话至今仍然感动中国，激励着人们为进行社会主义现代化建设，实现中华民族伟大复兴的中国梦而奋斗。做好事不留名，为人民奉献一切，这些都在《雷锋日记》中得到了印证。雷锋牺牲后，解放军总政治部宣传部决定正式出版《雷锋日记》，1963年出版后立即风靡全国，一时洛阳纸贵，而日记原件则作为历史文物被该馆珍藏。

① 于潇：《一馆一世界，一物一天地》，载《新湘评论》2014年第16期。

（五）三面奖旗与《渡江侦察记》

20世纪50年代，八一电影制片厂拍摄了一部经典故事片《渡江侦察记》，影片讲的是1949年渡江战役前夕，一支解放军的侦察小分队奉命渡江进行军事侦察的故事。这支英雄部队是由人民解放军第三野战军27军侦察营二连组成，他们直插江南敌后，机智英勇，不畏艰险，侦察半个月，为解放军渡江解放全中国立下了赫赫战功。1949年9月，该部队被授予"先遣渡江英雄连"荣誉称号，并颁发了一面奖旗。1950年，27军侦察科长被邀请到八一电影制片厂，担任影片《渡江侦察记》的军事顾问，他便带上这面奖旗前往北京，参加了全军劳模大会。之后，这面奖旗被送到中国人民革命军事博物馆收藏。

现在这面奖旗有三面，一面存于中国人民革命军事博物馆，一面存于原旅大警备区某部队，一面存于27军军部军史馆。[①]

为什么会变成三面奖旗呢？原来，隶属于27军的侦察连因为工作需要几经调转，被派往东北大连后变为地方部队。脱离老部队后，当年参加渡江侦察的一些老战士时刻关心着奖旗的下落。1964年，当得知奖旗放在中国人民革命军事博物馆，他们向旅大警备区首长请示，想让这面奖旗"物归原主"！总政治部负责人看了报告后决定奖旗还是放在中国人民革命军事博物馆，但可以复制一面带回老部队营地。这样，二连就得到了一面奖旗。但是，二连的所在部队27军也想要一面奖旗，这也是27军的光荣啊。况且，27军经过历次战斗，部队建制发生了变化，老二连调走了，可新二连又成立了，这怎么办？于是，为了发扬这支英雄部队的光荣传统，加强军队文化建设，1984年决定再复制一面奖旗赠给二连的老部队27军，这样就有了"一面变三面"的有趣故事。这也折射出人民解放军强烈的军魂意识和革命精神，反映出红色文化的内在本质。

中国人民革命军事博物馆自建成以来，不仅是呈现中华民族军事

① 修湘回忆，张捷整理：《功勋的记录》，载《党史纵横》1995年第3期。

发展历史、展示人民军队在党的领导下不断取得胜利的辉煌历程、反映新中国军事建设和发展历程的重要阵地，也是弘扬革命精神、歌颂人民军队丰功伟绩、开展爱国主义教育和国防教育、进行中外军事文化交流和增进国际友谊的重要窗口。

今天，该馆站在历史的新起点上，以“把军博建成政治思想坚强、军事特色鲜明、陈列宣传水平先进的国际一流博物馆”为发展宗旨，完成了多样化的陈列展览任务，为增强国家军事和文化软实力、促进社会主义文化大发展大繁荣、创造中国特色社会主义文化的新辉煌而贡献力量。

第四节　毛主席纪念堂

毛主席纪念堂雄伟挺拔、庄严肃穆，是党和国家的最高纪念堂，是以毛泽东为核心的党的第一代领导集体共同的纪念堂，是全国爱国主义教育示范基地。

毛主席纪念堂位于天安门广场南部，占地面积5.72公顷，总建筑面积33867平方米，主体建筑为柱廊式正方体，44根方形花岗岩石柱环绕四周，显得巍峨壮观、庄严肃穆，具有独特的民族风格，成为一座享誉中外的著名红色地标性建筑。

毛主席纪念堂主体建筑共分三层，即地上有两层，地下有一层。地上一层的北大厅是瞻仰参观入口和举行纪念仪式的地方。大厅正中安放着汉白玉毛泽东坐像。瞻仰厅是纪念堂的核心部分，是瞻仰毛泽东遗容的地方。毛泽东的遗体安放在黑色花岗岩为基座的水晶棺中。地上二层是毛泽东、周恩来、刘少奇、朱德、邓小平、陈云的革命业绩纪念室，室内陈列着大批文物、文献、图片和书籍，反映了老一辈无产阶级革命家的光辉业绩。

毛主席纪念堂南、北门外两侧矗立着巨型群雕，以鲜明的主题形象生动地再现了中国人民在毛泽东和中国共产党的领导下进行英勇斗争、夺取革命胜利、建设社会主义的光辉历史，表达了全国各族人民继承领袖遗志，不忘初心，建设社会主义现代化国家的坚定信心。

毛主席纪念堂于1979年被公布为北京市文物保护单位，1992年被列为北京市爱国主义教育基地，1997年和天安门广场一起被中央宣传部公布为全国爱国主义教育示范基地。毛主席纪念堂自对外开放以来，至今已有40多年了。岁月如梭，今天在天安门广场上，在毛主席纪念堂周围，瞻仰毛泽东遗容的群众队伍始终络绎不绝，成为天安门广场上一道亮丽的风景线。

一、为了永恒的纪念

1976年9月9日，中国人民的伟大领袖和导师毛泽东主席溘然长逝，消息传来，全国人民陷入悲痛之中。为了永远纪念和缅怀毛主席的丰功伟绩，10月8日，中共中央、全国人大常委会、国务院、中央军委发布《关于建立伟大的领袖和导师毛泽东主席纪念堂的决定》：在首都北京建立伟大的领袖和导师毛泽东主席纪念堂；在纪念堂建成以后，将安放毛泽东主席遗体的水晶棺移入堂内，让广大人民群众瞻仰遗容。[①]9月13日，中共中央决定成立中央保护毛主席遗体领导小组。10月初，党中央提出要“让世世代代人民群众能够亲眼瞻仰毛主席的遗容，缅怀毛主席的丰功伟绩，重温毛主席的教导，激励他们的革命斗志”[②]，更加明确了毛主席纪念堂的设计指导思想。

在党中央的直接领导下，国务院副总理谷牧任领导小组办公室主任，负责筹建毛主席纪念堂，并对纪念堂的建设和遗体保护工作做出相关决策。1976年9月14日，国家计委组织北京、上海、天津、广东、江苏、陕西、辽宁、黑龙江等8省市10余家单位的40余位著名建筑师、美术师来到北京，组成规划设计组。10月22日，在谷牧主持下召开了领导小组办公室会议，传达中央指示精神，要求在毛主席逝世一周年的时候建成一座高水平、高质量的纪念堂，使广大人民群众能够瞻仰毛主席的遗容。会议决定：以北京为主负责建设工作，着手进行筹备，组织施工队伍。任命北京市建委副主任李瑞环担任纪念堂建设工程指挥部党委书记、总指挥，具体负责纪念堂的各项建设工作。

然而，面临的一个首要问题是毛主席纪念堂的位置究竟应选择在何处？当时，来自各方的意见很多，提出的地点有天安门前、天安门北端、中南海、香山、景山、北海等十几处，选址方案多达30多个。

---

① 中国建筑工业出版社、国家基本建设委员会建筑科学研究院编：《毛主席纪念堂》，中国建筑工业出版社1978年版，第3页。

② 董少鹏：《毛主席纪念堂设计内幕》，载《档案》2004年第2期。

这些方案凝聚着众多设计师对伟大领袖的无限热爱。设计组首先想到毛主席一生南征北战，为国为民操劳了一辈子，现在应该安息在一个风景如画的地方，丁是便提出“水上日出”的方案：“浩瀚碧波，霞光灿烂，一轮红日，跃出水面，光芒万丈。”于是，他们开始四处奔走，寻找合适的水域。中南海、昆明湖……走了一水又一水，但是他们总觉得“水上日出”的方案不能充分表达人民的心愿。

接着，设计组成员很快又提出“山顶红星”的方案：“毛主席安卧在苍松翠柏、山花烂漫的白云深处，夜晚，高高的天际，一颗永不陨落的红星熠熠闪光，照耀我们今后的征程。”于是他们又翻山越岭，香山、景山、玉泉山……走了一山又一山，但还是感觉不理想。大家认为：毛主席的伟大身躯，江河湖海容不下，三山五岳载不起，只有安放在人民群众之中，才是最合适的。[①]这样，选址的方案开始聚焦到首都北京的政治中心——天安门广场。

但是，究竟放在天安门广场的什么位置，也有不同的意见。一个方案是建在天安门广场上人民英雄纪念碑以南，其优势在于这里是中国政治活动中心，群众集会来到天安门广场时就也来到毛主席身边，政治意义深远；毛主席纪念堂与人民英雄纪念碑、人民大会堂、中国革命博物馆、中国历史博物馆形成一个整体，可以组成一组广场建筑群，并且毛主席纪念堂可以成为其中的主体建筑；施工条件好，视野开阔。但是也有不利条件，主要是毛主席纪念堂的入口不好处理。另一个方案是建在天安门以北，选择这里可以将天安门作为毛主席纪念堂的入口，“在天安门广场集会或接受检阅时，有毛主席仍在指引我们继续革命的亲切感”，同时还可以利用中山公园、劳动人民文化宫的苍松翠柏做映衬。但这个地点也有缺点：从天安门广场看毛主席纪念堂会有遮挡，而且意味着毛主席纪念堂要建在古建筑的包围中，端门也将被拆除，不利于古建筑的保护。[②]

① 孟昭庚：《毛主席纪念堂落成始末》，载《党史博采》2010年第1期。

② 朱亮：《毛主席纪念堂建筑方案设计过程》，载《装饰》2009年第9期。

选址设计组通过召开座谈会，广泛征求各界意见，经过反复思考和修改，最后取得一致意见，确定毛主席纪念堂应建在天安门广场以南的人民英雄纪念碑与正阳门之间的中间位置，即原中华门的位置。这个位置正好处于天安门广场的中轴线上，毛主席纪念堂建在这里，从南北方向看去，恰好与天安门遥遥相对；从东西方向看去，正好在人民大会堂和中国革命博物馆、中国历史博物馆之间；从整体上看，毛主席纪念堂居其之间，地位更加突出，成为天安门广场建筑群的主体，更能突出伟人的光辉形象，也能充分体现毛主席纪念堂所蕴含的政治意义。这一方案上报后，中央政治局最后批准了这个方案，并做出了“毛主席纪念堂建在天安门人民英雄纪念碑南”的决定。[①]至此，一代伟人的安息地被确定了下来。

接下来，选址设计组随即开始了毛主席纪念堂的建筑设计工作。当时，党中央对毛主席纪念堂建设提出了8个字的指导方针——瞻仰、缅怀、重温、激发，要求“建筑坚固适用，庄严肃穆，美观大方，有中国自己的风格，方便群众瞻仰，利于遗体保护”，抗震强度要设定为9级，以保障建筑的安全，并指出在毛泽东逝世一周年前建成开放。[②]为此，设计师们夜以继日地投入到紧张的设计工作之中。

首先，采用什么样的建筑造型。当初设计纪念堂时大部分设计组成员认为，只有宏大规模的建筑才能体现毛主席的伟大和崇高，所以设计规模都普遍偏大，有的建筑面积竟达到十几万平方米。南京工学院（现东南大学）的著名建筑师杨廷宝提出的建筑面积方案只有50米见方，这一方案给人以极大的启示。最后，毛主席纪念堂工程设计小组领导人之一的沈勃在集中大家意见后，以杨廷宝的方案为基础，勾画出了纪念堂实施方案草图。[③]建成后的毛主席纪念堂是长、

---

① 毛主席纪念堂规划设计组供稿：《毛主席纪念堂总体规划》，载《建筑学报》1977年第4期。

② 马国馨：《三十年前纪念堂》，载《建筑创作》2007年第9期。

③ 于勤：《沈勃谈毛主席纪念堂的设计与选址》，载《毛泽东思想研究》1996年第2期。

宽各105.5米的正方形建筑。采用这种正方形的建筑可使平面布局平整，线条流畅，造型简洁。建筑形式是对称而立，由于是在广场中轴线上，对称建筑给人以稳重平衡的感觉，产生和谐统一的美学感受，具有强烈的中心感和庄严肃穆的艺术效果，同时还能使瞻仰路线通畅便捷。

其次，在建筑外观的设计上采用“中西合璧，融合古今”的设计理念。在第一轮的设计方案中基本形成“柱廊式”与“群体式”两种意见，结合天安门广场的具体环境，大家最后都倾向于“柱廊式”的方案，认为这种方案容易做到庄严、美观、大方，又易于与人民大会堂、中国革命博物馆等建筑相互协调。但是，当设计廊柱的屋顶形式时又有了不同意见，大致包括无檐壁的单檐方案、有檐壁的单檐方案、高女儿墙的单檐方案、重檐方案、盝顶重檐方案、无挑檐方案等。于是根据这些意见，设计组做了3个综合方案上报中央。1976年11月6日，党中央经过研究，指示再做两个方案。最后，融合了不同方案的优点而形成的综合方案获得中央批准。据统计，前前后后做过的毛主席纪念堂设计方案有近600个之多！最后的方案集中了各方面的意见，这是集体智慧的结晶。[①]经过多次反复修改设计方案，正式确定的建筑方案是建筑形式为正方形、8开间、长和宽各105.5米，重檐屋顶，两层红色花岗岩台基，围以汉白玉栏杆，布局严谨，造型简洁。

二、精心建造

设计规划告一段落，紧张的建设施工随即开始。1976年11月24日下午，按照中共中央委员会的决议，毛主席纪念堂奠基仪式在天安门广场隆重举行。施工工地上矗立着毛主席的巨幅画像，画像正对面竖立着巨型横标。大型推土机、打桩机、吊车等施工机械整齐地排列

① 马国馨:《三十年前纪念堂》，载《建筑创作》2007年第9期。

在各个工地上。参加奠基仪式的有首都各界代表，以及直接参与施工的50余家建设单位的工程技术人员，共8000多人。从这一天开始，在人民英雄纪念碑和正阳门之间便出现了一个热火朝天、紧张忙碌的施工工地。

由于毛主席纪念堂工期十分紧张，整个建筑工程从奠基到完成只用了半年时间，然后进行设备安装和调试，又赶上冬季施工，工程难度可想而知。在指挥部的统一领导下，统筹计划，集中力量打歼灭战，抓住重点，狠抓质量。由于工程的政治性和特殊性，所以设计、施工、安装都不能有丝毫松懈，工程采用分片包干、平行流水、立体交叉等方法，大大加快了进度。当时，施工单位的工作热情极为高涨，广大群众都把参加工地义务劳动作为一种荣誉，半年内就有70万人参加义务劳动。强烈的情感，旺盛的斗志，焕发出巨大的力量投入到毛主席纪念堂的建设当中，建设工程进展顺利，许多分项工程都保质保量提前完成了。机械施工公司仅用了6天就完成了打桩任务，地下结构施工中的钢筋绑扎、模板支撑、基础焊接、防水混凝土施工等艰巨任务仅用了20天就完成了，比预定计划提前了24天。在装修阶段，指挥部曾在1.7万平方米的施工面上集中了一万多人，场面极为壮观。负责安装44根巨型石柱的北京第一建筑公司集中了1500人日夜奋战，用了15天时间就完成了任务。汉白玉栏板是由北京建筑艺术雕塑厂加工的，也仅用了3天时间就全部安装完毕。这些高效的工作在毛主席纪念堂工地上不胜枚举，令人难忘。

在施工现场，建筑师、工程师们和广大工人一起并肩奋战，攻克了一个又一个技术难关。据当年参加毛主席纪念堂工程建设的马国馨回忆：为了保证结构的坚固安全，采用能够抵御9级地震的抗震强度设计，以确保万无一失，这在唐山大地震之前是极少采用的。因为缺少工程经验，在结构和施工上都存在很多的技术难题。经过反复研究，最后采用无边框剪力墙的结构体系，以保证结构的刚性强度。当时还没有混凝土开洞的机械设备，为避免在施工中出错，技术人员就要在图纸上把每一道墙体上预留的位置清晰地标出来，让施工者能够一目了然。为了便于加快施工，又要抗震，并有较好的艺术效果，设计者们在施工方案的选择上尽量减少湿作业；在琉璃装饰的安装上，借鉴了大型板材的做法，大多数工序提前在工厂中进行，大大节省了施工时间；设计了预制组合钢柱、外饰石膏板贴墙纸的轻质隔墙。同时，为了满足毛主席纪念堂灯具抗震、防火的要求，设计人员设计出低压、高效的冷光源，灯罩材料选用透光率高、抗冲击力大、耐高温的工程塑料，保证了建设工程的高质量。在无数建设者的努力下，一座凝聚着亿万人民对伟大领袖深厚情感的大型建筑迅速拔地而起，屹立在首都的中心——天安门广场上。曾任北京建筑设计院院长的沈勃是主持过北京很多重要建设工程的老前辈，当回忆这段往事时，也不无感慨地说："纪念堂的建设从1976年11月奠基到1977年5月竣工，仅用了半年时间，且建筑水平很高，这是建筑史上的奇迹！"

1977年9月10日，雄伟庄严的毛主席纪念堂屹立在人民英雄纪念碑和正阳门之间的广场中心（李基禄　摄，新华社　提供）

毛主席纪念堂的建设也凝聚了亿万中国人民的心血，饱含着全国各族群众对人民领袖的无限深情。人们的热情极度高涨，建设材料遍及全国各省市的近万个加工单位，大家都把承担毛主席纪念堂的建设任务视为光荣的政治任务而高度重视。各地都把最优质的建材送到工地，如山东是建筑石料之乡，各类花岗岩、大理石不仅储量大，而且质地好，所以选用山东花岗岩用于毛主席纪念堂的建设。贵州人民为毛主席纪念堂献出了一棵千年香樟木。在绿化毛主席纪念堂庭院的1.3万株花木中，有北京的油松和红果树、青岛的雪松、延安的青松，还有18棵樱花树是台湾同胞辗转从海外送来的。毛主席纪念堂外有44根福建的枣红色花岗石明柱，柱间装有广州石湾花饰陶板，通体是青岛花岗石贴面。大厅里4根方柱的柱体材料是江苏无锡的奶油红大理石，柱端则采用天山白色大理石做陪衬。地面铺设的是杭州的灰色大理石。瞻仰厅中的水晶棺基座是用泰山的黑色花岗石制成的，南大厅中镌刻着毛主席诗词的大理石墙面下摆着10盆五针松，花盆材料是云南特有的绿色大理石，并用它的天然纹理刻成韶山、井冈山、金沙江、大渡河、雪山、草地、延安、长城等图景。

1977年5月4日，毛主席纪念堂胜利竣工了。8月18日，水晶棺被移入纪念堂，8月20日，毛泽东遗体进入纪念堂。①9月9日，首都万人集会，隆重举行了纪念毛泽东主席逝世一周年暨毛主席纪念堂落成典礼。1978年，毛主席纪念堂建筑获得全国科学大会的最高奖励，并载入英国出版的《建筑史》，被誉为“新中国建筑杰作”。

三、缅怀伟人的圣殿

毛主席纪念堂是长、宽各105.5米的正方形建筑，总高33.6米，纪念堂中心距人民英雄纪念碑和正阳门均为200米。建成后的纪念堂正好位于天安门广场的中轴线上。这座正方形的宏伟建筑，与人民英雄纪念碑、人民大会堂、中国历史博物馆的高度相当、色彩相近、风格协调，相互呼应，形成了一个统一的建筑群，共同构成了天安门广场上一处具有绚丽光彩的城市魅力景观。

---

① 孟昭庚:《毛主席纪念堂落成始末》，载《党史博采》2010年第1期。

毛主席纪念堂正门朝北，打破了中国传统建筑正门朝南的规则。在当初设计时，有人提出疑问，如果天安门广场举行群众集会时群众就会面向天安门而背对纪念堂，是不是不合适？怎么解决这个问题呢？设计组领导成员、北京市建委主任赵鹏飞提出了一个解决方案：把纪念堂庭院东西两侧向里收缩，使两侧广场面积扩大，一旦举行群众集会，纪念堂的四面八方就都有群众环绕，这样就形成了“毛主席在群众中间”的效果，背对纪念堂的问题就得以解决，也不会在心里产生不安的问题。如今，我们看到毛主席纪念堂的朝向与人民英雄纪念碑完全一致，与天安门城楼遥遥相对，更加突出了天安门广场的中心位置。纪念堂庭院四周是新辟的广场，当天安门前举行群众集会时，毛主席纪念堂将被人海所环抱。

进入毛主席纪念堂庭院，首先映入眼帘的是华国锋题写的“毛主席纪念堂”6个大字。纪念堂的两侧台阶高4米，纪念堂的地面建筑共分两层。第一层由北大厅、瞻仰厅、南大厅和4个大小不同的休息厅组成。北大厅是举行纪念毛主席活动的场所，110盏葵花灯把大厅照耀得无比辉煌。厅内有4根奶油红大理石方柱，柱顶上镶嵌着美丽的新疆和田白玉石。地面用杭州的杭灰大理石铺成，上面铺着红色绒毯，大厅正中安放着3米高的汉白玉毛主席坐像。该坐像展现的是毛主席安详地坐在沙发上，栩栩如生，他面带笑容、亲切慈祥，好像正与人们亲切交谈。

这尊汉白玉毛主席坐像是由来自全国各地的100多名雕塑工人雕刻而成的。主创人员有来自四川美院的著名美术家叶毓山、北京画院的画家张松鹤、鲁迅美院的美术家孙家彬等，他们在不到一个月的时间里就创作了100多张毛主席雕像的设计画稿。其中，有表现毛主席站立姿势的，如穿着军大衣挥手等，也有坐着姿势的，形式各异。在第一轮的审稿中就否定了所有站立姿势的设计，因为大家觉得在毛主席纪念堂这一特殊环境里安放站立的毛主席雕像会出现与空间氛围不协调的问题。人们走进纪念堂，一定要有安静、安宁、肃穆的气氛，使人屏息静气地期待着走近领袖身旁，去看望他、纪念他。高耸挺拔的伟大形象在这样的环境中并不合适。叶毓山设计的作品引起了众人的关注。他的设计初稿是毛主席安详地坐在沙发上，左腿跷在右腿上，有一种亲切、自然、潇洒的神态。经过几轮的评选、审议，最后审定通过了叶毓山设计的方案。中央领导在看了小样后给雕像设计组做出批示：这件坐姿的方案“好就好在表现了毛主席的常态，主席平时最喜欢这样坐在沙发上与人亲切交谈”。

为了准确地按照毛主席坐像的石膏模型雕刻出3米高的汉白玉坐像，工匠们需要在一块40多立方米的汉白玉石料上凿出外形。这块汉白玉石料来自北京房山的西南山区。1976年11月20日，房山县委收到了为毛主席纪念堂开采1500立方米汉白玉的光荣任务，县委组成了开采指挥部，并立即召开会议研究部署采石工作。过去，房山县的汉白玉一年最高的开采量是2000立方米，现在要求在4个月内完成开采1500立方米的任务，而大量的汉白玉都储藏在30米以下的岩层中。时间紧、任务重，这是不言而喻的。为了毛主席纪念堂的需要，农民、解放军战士、采矿工人、机关干部日夜奋战，克服重重困难，开挖土方48000立方米、石方4600立方米，终于按期完成了开采1500立方米汉白玉的任务。石料运到工地后，雕刻工人随即开始精雕细刻，工人们把自己的全部精力和智慧投入其中，仅用了半年多的时间，1977年8月10日，一尊形神兼备的伟人雕像完成了。

毛主席坐像的背后是一幅气势宏大的工艺美术作品——绒绣《祖国大地》。这幅巨大的艺术品长24米、高7米，总面积170平方米，重达310千克。画面雄伟壮观，表现出东方欲晓的祖国大地上晨曦微露，烟雾缥缈，近处山峦起伏，飞泉流泻，大江大河千回百转，东归大海，远处地平线的尽头是雪山、海面，气势非凡。整个画面以雄浑壮阔的风格使人心潮澎湃、浮想联翩，深感毛主席的光辉形象和壮美的祖国山河一样万古长青。这幅美术作品是由著名画家黄永玉、袁运甫等创作的，他们在接受为毛主席纪念堂创作巨幅油画的任务时，毛主席的一句诗给他们带来了灵感：“问苍茫大地，谁主沉浮？”正是毛主席等中国共产党人领导亿万人民在中华大地上反帝反封建，定乾坤，主沉浮！于是，《祖国大地》的构思就这样产生了。经过3个月的创作，这幅油画就完成了。山东烟台绒绣厂接受了将油画绣成挂毯的任务。过去，这个厂的产品最多使用300多种颜色，而绣制《祖国大地》却用了1200多种颜色，第一次使用了金线和其他彩色丝线，以表现丰富的画面色彩。43位经过严格挑选出来的优秀女绣工用了500多斤绒线，经过68个日夜，终于圆满地完成了这幅巨大的作品，并亲自送到北京，把它镶在纪念堂的厅壁上。①

穿过北大厅两侧的金丝楠木雕花大门，便进入瞻仰厅。这是一个南北向的长方形大厅，是纪念堂的核心部分，毛泽东的遗体就安放在这里。

从北大厅到瞻仰厅之间有一段较长的过厅，为了让人们适应室内光线，预示着人们将进入主殿，从而做好心理上的准备。

瞻仰厅面积为190平方米，并不是很大，这也是特意设计的，以营造一个肃静的环境，增加庄严的气氛。大厅正面白色大理石墙面上镶嵌着金光闪闪的大字“伟大领袖和导师毛泽东主席永垂不朽”。大厅的中央是镶嵌着金色国徽、党徽、军徽和题写着“1893—1976”生卒年代的黑色花岗岩石棺基座，周围摆放鲜花，棺座上安放着晶莹透明的水晶棺，毛泽东的遗体安放在水晶棺中，他身穿灰色中山装，身上覆盖着中国共产党党旗，仿佛仰卧在鲜花和党旗下长眠。

走出瞻仰厅，便进入南大厅，这个大厅面积有230平方米，以淡黄色为主，天花板上有15盏吸顶灯，组成3组醒目的葵花形状，象征着阳光与希望。吸顶灯的四周饰以方灯与彩画相间而成的花边，每组葵花灯之间也以彩画连接，是借用“芙蓉国里尽朝晖”的寓意，象征着毛泽东思想的光辉照耀着中国革命的锦绣前程。地面是桃红色的东北大理石，上铺朱红色地毯。大厅的正面是汉白玉贴面墙，墙面由56块汉白玉大理石组成，象征着56个民族。墙面上刻着毛泽东的手迹《满江红·和郭沫若同志》，墙下摆放着插有五针松的绿色花盆，

① 孟昭庚：《毛主席纪念堂落成始末》，载《党史博采》2010年第1期。

花盆用云南特有的绿色彩花大理石磨制而成。

毛主席纪念堂地上二层有毛泽东、朱德、刘少奇、周恩来、邓小平、陈云的革命业绩纪念室和电影厅。纪念室中的陈列用大量的照片、文献、实物展现了中国共产党领导全国各族人民进行革命和建设的历史画卷，反映了6位领导人在中国革命和建设的各个时期的丰功伟绩。

毛主席纪念堂南、北大门的两侧各有一座巨大的人物群雕。这些雕塑作品都是以表现伟大领袖和革命圣地为题材，渗透着艺术家的创作智慧。

北大门的群雕题为《丰功伟绩》。在两面刻有毛泽东雕像的大旗下塑造了36个人物形象。北大门东侧的一座人物雕像表现的是新民主主义革命的伟大胜利，由4组人物雕像组成：

第一组人物群像反映了土地革命战争期间的斗争。其中有手持大刀的暴动队员，有紧握梭镖的女赤卫队队员，有伫立在井冈山五大哨口的红军战士，还有高举革命火炬的安源矿工，以及两个跟随毛主席长征的红军战士。

第二组人物群像反映的是抗日战争的伟大胜利。其中有扎着羊肚白毛巾的民兵，有女游击队员，有活跃在青纱帐里的敌后武工队，也有手持短枪的八路军指挥员。

第三组人物群像反映的是解放战争中的大决战。这里有支前的民工队伍正在运送弹药，支援前线。有冲锋战士在英勇战斗，有爆破手抱着炸药包扑向敌堡，有司号手吹起进军的号角，也有指挥员振臂高呼的形象。

第四组人物群像反映的是高举毛泽东伟大旗帜的工农兵形象，象征着中国人民在中国共产党的领导下取得新民主主义革命的胜利，中国人民从此站起来了。

而北大门西侧的一座群雕则表现了新中国在毛主席领导下取得社会主义革命和建设的伟大胜利。这座群雕也是由4组人物雕像组成：第一组人物群像反映了亿万翻身农民响应毛主席的号召，走农业合作化道路的情景；其他3组人物雕像中有肩扛扁担的大寨“铁姑娘”，有手握刹把的大庆石油工人，还有站在他们身后的钢铁工人。

南大门的群雕题为《继承遗志》。南大门西侧的一座群雕表现的是人民解放军战士为了保家卫国而勇敢战斗的主题；东侧的一座群雕表现的是各族人民为把我国建设成为繁荣富强的社会主义现代化强国而奋斗的主题。

在这些群雕的位置和排列方向上，运用了我国传统的“八字门”建筑形式，即采用对称的“八”字形平面，使雕像更加开阔大气。

这些人物雕像是来自全国各地的100多位优秀的美术家集体智慧的结晶。经历了7个多月的艰苦奋战，雕像才告完工。

同时，毛主席纪念堂还布置了一批名家绘制的美术作品，装饰在四周。其中，老画家魏紫熙曾多次赴井冈山深入体验，以黄洋界为近景，把气势磅礴的罗霄山脉拉近，满山松柏用一片朱砂染红，展现出“红色摇篮”井冈山的一派生机勃勃的景象。古稀之年的画家李可染接受创作任务后，不顾腿脚疾病，亲自登上井冈山，三上黄洋界，创作了以“春天”为主题的井冈山画作。65岁的著名画家关山月曾为人民大会堂创作了巨幅画作《江山多娇》，享誉海内外。这次他为了创作毛主席纪念堂的作品，再一次登上井冈山，去韶山、遵义、延安，足迹遍及各大红色圣地以收集创作素材。①

40多年过去了，毛主席纪念堂已经接待了瞻仰的群众达上亿人次，很多外国国家元首、政要也曾到此瞻仰伟人，这里成为人们缅怀以毛泽东为代表的老一辈无产阶级革命家光辉伟业的重要场所，同时也是对广大人民群众特别是青少年进行革命传统教育、爱国主义教育和社会主义核心价值观教育的重要基地。

① 孟昭庚：《毛主席纪念堂落成始末》，载《党史博采》2010年第1期。

第五节 中国国家博物馆

中国国家博物馆是我国最高的历史文化艺术殿堂，是全面、系统、完整地展现中华优秀传统文化、革命文化和社会主义先进文化的综合性博物馆，也是世界上单体建筑面积最大的博物馆。每年吸引近千万国内外观众前来参观，促进了不同文化之间的交流互鉴，是世界上最受欢迎的博物馆之一。

中国国家博物馆位于天安门广场东侧、东长安街南侧，与人民大会堂遥相呼应，2003年2月由原中国历史博物馆和中国革命博物馆合并组建而成，是一座展示中华民族历史文化的大型公共博物馆，也是目前世界上单体建筑面积最大的博物馆。

中国国家博物馆融收藏、展览、研究、考古、公共教育、文化交流功能为一体，是一座集中展现中华优秀传统文化、革命文化和社会主义先进文化的公共教育基地，也是象征中国文化的地标性建筑。这里珍藏着140余万件藏品，以其源远流长的历史文化魅力展现中华民族5000多年灿烂辉煌的文明进程，彰显自鸦片战争以来无数仁人志士为了民族复兴、国家独立而不屈不挠、前仆后继的斗争历史。

2012年11月29日，习近平总书记率领全体中央政治局常委来到中国国家博物馆参观《复兴之路》展览，发出了实现中华民族伟大复兴的中国梦的号召，全国各族人民欢欣鼓舞，中国特色社会主义新时代从这里扬帆起航。

一、历史传承与沿革

中国国家博物馆的创建可追溯到1912年成立的国立历史博物馆筹备处，至今已经走过100多年的历程，可谓底蕴深厚。

蔡元培先生是中国近代第一位倡导建立国家博物馆的著名教育家。1912年1月，中华民国临时政府成立，蔡元培担任第一任教育总长，在他的大力倡议下，民国政府以“京师首都，四方是瞻，文物典司，不容阙废”为由，决定在北京设立博物馆，馆址就设在元明清太学旧址——国子监。值得一提的是，这个早期博物馆的选址者正是鲁迅先生。当年，鲁迅任职于教育部并负责公众教育。这样，中国第一个由政府筹建并管理的博物馆机构——国立历史博物馆筹备处成立了。起初，陈列较为简单，仅以国子监的礼器、书版、石刻等作为最初的馆藏文物。[①]1918年7月，民国政府又把明清两代的皇宫——紫禁城的三大殿纳入博物馆范围，馆址迁到了故宫的端门和午门。1920年11月，国立历史博物馆正式成立，1926年正式开馆，普通民众可以自由进入昔日的皇家宫殿参观。1929年8月，该馆更名为中央研究院北平历史博物馆，1933年4月再改名为中央博物院筹备处北平历史博物馆。抗战胜利后的1945年8月，该馆又改名为中央博物院北平历史博物馆。1949年10月，中华人民共和国成立后更名为北京历史博物馆。[②]

与此同时，一座新的博物馆也诞生了，这就是中国革命博物馆的前身——中央革命博物馆筹备处。1950年3月7日，经中宣部、文化部批准，国立革命博物馆筹备处成立，筹备处设在北海团城。7月29日，经政务院批准，更名为中央革命博物馆筹备处，8月初迁入故宫内的武英殿。武英殿曾经是皇家书局，位于紫禁城三大殿以西的一座庭院中。筹备处成立之初，这里就成为展示和宣传中国共产党革命历史的一个重要教育基地。

1951年，为迎接建党30周年以及配合全国掀起的思想政治教育热潮，中央革命博物馆筹备处组织举办了“中国共产党三十周年纪念

① 李季：《为历史存照，与时代同行——中国历史博物馆九十年》，载《中国历史文物》2002年第3期。

② 于水山：《长安街与中国建筑的现代化》，生活·读书·新知三联书店2016年版，第112页。

展”即“七一展览”，旨在向广大群众进行革命传统教育和普及党的知识。1955年，筹备处将“七一展览”改为常设的“党史陈列展”。1957年9月18日，中宣部转发了《文化部党组关于所属革命博物馆的方针的意见》，提出拟将中央革命博物馆筹备处命名为中国革命博物馆，指出中国革命博物馆的性质是向广大人民进行中国革命历史教育的机构，同时也是进行革命历史研究、文物收集、保存有关革命文献和资料的研究机构，规定了该馆的中心陈列应以以党史为核心的中国现代革命史（新民主主义革命、社会主义革命和社会主义建设）作为主干内容，将来新馆址建成后拟将旧民主主义革命部分再加进去，形成一个完整、系统的中国革命历史展览体系。为此，周恩来、邓小平等中央领导专门就此做出重要批示，确定了中国革命博物馆的名称，明确了博物馆的性质和任务，并就展览陈列的中心内容的时间跨度、重点内容做了指示，为革命博物馆的各项建设工作指明了前进方向。①

1958年8月，中共中央政治局扩大会议在北戴河举行，会议决定：为庆祝新中国成立10周年，在北京将建设一批包括万人大会堂在内的重大建筑。其中，在天安门广场西侧建设万人大会堂，广场东侧建设革命博物馆、历史博物馆两座新馆。为了与天安门广场西侧的万人大会堂的宏伟建筑规模取得和谐、平衡的效果，最终决定把这两个博物馆合并在了一个综合建筑群内，统称为中国革命历史博物馆。②两馆作为北京“十大建筑”之一，当时是由中央书记处主抓，邓小平作为中央书记处总书记从建筑施工、文物收集和展览陈列等各个方面对博物馆的建设给予了高度的重视，并委托中宣部直接负责两馆的建设工作。

1958年10月，新的博物馆建设工程正式开工，仅仅用了不到一年的时间，至1959年9月，位于天安门广场东侧的新馆大楼竣工了。

---

① 钟国文：《邓小平与中国国家博物馆》，载《中国档案》2012年第12期。

② 董光器编著：《古都北京五十年演变录》，东南大学出版社2006年版，第165页。

新楼落成后，两座博物馆同时迁入，根据形势发展的需要，迁入新楼的原北京历史博物馆于1960年8月正式更名为中国历史博物馆，原中央革命博物馆则更名为中国革命博物馆，同时撤销筹备处。这两座博物馆多次对陈列内容进行了修改、充实，1961年7月1日即建党纪念日向社会正式开放。

“文化大革命”期间，博物馆的发展出现曲折。1969年9月，中国革命博物馆和中国历史博物馆合并，统称为中国革命历史博物馆。1983年8月，中国历史博物馆与中国革命博物馆恢复独立建制，中国革命历史博物馆则宣告撤销。2003年2月，两馆合并组建中国国家博物馆。2007年3月至2010年年底，中国国家博物馆进行了改扩建工程，2011年3月完工，总建筑面积超过19万平方米，是目前世界上单体建筑面积最大的博物馆。

1959年9月，20世纪50年代北京“十大建筑”之一的中国革命博物馆和中国历史博物馆建成（新华社　提供）

二、设计者的艰辛足迹

2006年9月28日凌晨，在国庆节将要来临之际，中国国家博物馆的设计者、一代建筑设计大师张开济永远离开了我们。

1912年，张开济生于上海，1935年毕业于南京中央大学建筑系，曾任北京建筑设计研究院总建筑师、北京市政府建筑顾问、中国建筑学会副理事长，1990年被建设部授予“建筑大师”称号，获得国家首届“梁思成建筑奖”。作为中华人民共和国成立后的第一代建筑师，张开济设计了很多大家熟悉的作品，如北京天文台、钓鱼台国宾馆、三里河“四部一会”办公大楼等。但是，让张开济终生感到自豪的是在雄伟壮观的天安门广场上，他设计的两个建筑作品都堪称经典：一个是天安门城楼观礼台，另一个是国家博物馆。

张开济是一位具有强烈的爱国主义情怀和奉献精神的著名建筑师。新中国成立之初，张开济曾经面临多种选择，但他义无反顾地选择留在祖国，投身于社会主义建设，实现报效祖国的人生最大价值。张开济曾说：“当时我毫不犹豫地做出了人生抉择，这是因为一个统一和富强的祖国是我多年的愿望；另一个原因在于，北京这座历史文化名城一直是我向往的地方。”①

1958年，党中央决定兴建北京“十大建筑”，给了新中国第一代建筑师大显身手的机会。作为北京建筑设计院的3位总建筑师之一，张开济被委以重任，主持中国革命历史博物馆的设计工作。为了圆满完成这一神圣使命，他付出了极大的艰辛。

中国革命历史博物馆与人民大会堂分别位于天安门广场的两侧，遥相呼应，设计上既要风格统一，又要各具特色，因为中国革命历史博物馆是公共性的文化建筑，在设计风格上要区别于政治性的公共建筑。而且，从建筑规模上看，中国革命历史博物馆也与人民大会堂相差很大。对此，张开济大胆采取了“虚实相间”“开敞庭院”的新颖

① 《时代人物周报》，2004年10月19日。

构思，使中国革命历史博物馆在外观设计上保持与人民大会堂的整体呼应，同时又在单体建筑的设计上形成鲜明特色。既结合中国传统建筑理念，设计开放式、庭院式的内部空间，公共性特点得以发挥，使得中国革命历史博物馆的建筑功能得到充分体现，又在整体效果上与人民大会堂保持一致性。

多年后，当谈及1958年设计中国革命历史博物馆时，张开济回忆道：革命历史博物馆地理位置显要，是十大国庆工程中的“二号工程”，又与人民大会堂相对，因此受到党和国家领导人的高度重视。他说：“周总理当时很重视这个设计，详细研究过设计图纸。有一次，将人民大会堂和革命历史博物馆的立面图请他审查，周总理在看了后说都很好，这两个建筑廊子一实一虚，柱子一圆一方，互相呼应，但他提出革命历史博物馆的柱子看起来太细了。在与总理见面后，我说虽然在立面图上看方柱子显得细了一些，但实际建成后的效果却正好，因为方柱子在透视上，还要看到一个侧立面，所以在立面图上应该细一些。最后总理同意了我的意见。”①张开济这样评价当年的设计：“人民大会堂当时搞十三万平方米，而革命历史博物馆只有六万多平方米，而每个设计又要求对称，我在革命历史博物馆内设计了几个院子，力图增加其纵深感，现在看来是搞对了。”②

如今，张开济已永远离开了我们，但他把全部的精神与情感都付诸建筑，用建筑这种特殊的语言固定下来，传承后世，成为一个时代、一种文明的记录。

三、开创性的设计构思，浓郁的民族建筑风格

中国革命博物馆、中国历史博物馆总建筑面积65152平方米，使用面积51634平方米，南北长313米，东西宽149米，建筑高度26.5

① 传石：《张开济和他的建筑设计作品》，载《中国建设报》，2006年11月6日。

② 张者：《张开济：一望无际叹古都》，见《文化自白书》，北京广播学院出版社2004年版，第235页。

米，内部中央部分高33米。在建筑设计与风格上有哪些创新和独特之处？

这两座博物馆共三层，第二、三层主要为展览厅，展览面积23472平方米，可供约一万人同时参观，底层为内部办公和仓库、供应、机电等用房。既为适应展览布置和参观路线的需要，也为反映中国建筑的特色，设计者采用“院落式”的新颖布局，将两座博物馆分别放在南北两个院落中，中间前部院落有宽阔的空廊面向天安门广场，同时南北两个院落相互贯通，形成一个整体。后部为中央大门厅，是整座建筑的交通枢纽，门厅后面是一个1390平方米的会议厅，高度为15米，供集会使用。底层还有一个可容纳700人的报告厅。

整座建筑坐落在一个宽大而坚实的基座之上，沿着基座的台阶拾级而上便进入一个宽敞、通透的大庭院，两组建筑分置于南北两端，中间有中央大厅相互连接，形成一个虚实相间的空间。建筑主体分两段处理，底层以实墙为主，饰以花岗石。上部两层墙面按柱廊法式设计处理，屋顶的挑檐采用黄绿双色琉璃砖饰面，以加强整个立面的民族色彩，它借鉴和传承了中国古代殿堂建筑的传统，给人以强烈的历史厚重感。

西侧立面的中央部分是两座博物馆共同的大门，其设计最为出色。中间设计了有11个开间的一个空廊，廊上饰以一颗大五角红星和一组旗徽。空廊的设计理念与灵感来源于中国古代的石牌坊，既宏伟壮观又挺拔通透。廊柱是带有海棠角的方柱，不仅富有民族特色，而且与对面的人民大会堂的圆柱实廊相比，一虚一实、一方一圆，交相辉映。①

这座建筑的背后凝聚着设计者艰辛探索的汗水和深入思考的创造过程。这座建筑作为北京的红色地标，既是中华人民共和国的国家博

---

① 杨春风、金磊：《中国革命博物馆、中国历史博物馆》，载《建筑》1999年第10期。

物馆，同时也是社会主义文化建设和发展的象征，如何用建筑形式、风格、手法去鲜明地反映这一要求，是摆在设计师面前的一项重要任务。

首先，如何表现思想内容，如何使其外形和内涵对人们起到一种政治鼓舞与教育的作用，是设计者需要考虑的。当时的设计师们达成了一致共识：建筑形态要突出庄严雄伟、简单朴素、明朗愉快、生机勃勃的特点。在建筑形体方面，要做“大块文章”，尽量避免复杂的轮廓；在立面处理方面，避免烦琐的装饰与灰暗的色调，给人以明快的视觉效果；在建筑风格方面，力求吸纳古今中外的一切优秀成果，以中国民族风格为主，推陈出新。整座建筑不采用大屋顶，也不用斗拱彩画，在传统的营造技法上创造了人民群众所喜爱的建筑形式。

其次，在建筑布局方面，解决了“小规模，大空间”这一突出矛盾。这两座博物馆以独具匠心的规划设计，实现了与人民大会堂的有机均衡，在天安门广场两侧形成相互呼应、风格统一的两组公共建筑群。为呼应天安门广场的尺度，也为了平衡人民大会堂的巨大体量，怎样用较小的体量来获得较大的外形轮廓呢？这是设计者需要攻克的又一个难关。为此，设计师们采用了内院式的建筑布局，以增大建筑的视觉效果。但是，如果采取传统的“口”字形则不能解决问题。于是，他们采用“四”字形布局，尽可能地扩大建筑物面向广场的长度，这样既增加了建筑的纵深感，又扩大了空间尺度，实现了与人民大会堂的完美统一。

最后，这两座博物馆的最大亮点是正门前门廊的设计，这是整座建筑的一个主题，也是形成地标性建筑的一个醒目标志，极具艺术冲击力和感染力。这个高33米、宽100多米的廊道构思究竟巧妙在哪里？为什么能产生美好的视觉效果和审美体验呢？从建筑艺术角度看，廊道为整个建筑群创造出一个完美的形象符号，像一个点睛之笔，使整座建筑的面貌为之一新。其中，渗透着中国古代虚实结合、无用之处有大用的哲学思想。通过这个门廊，把天安门广场“借景入内”，浑然一体，与人民大会堂的整体外观形成对比，遥相呼应，达到一虚一实、相得益彰的效果。它像一座胜利之门，表达了中国革命不断走向胜利的寓意。同时，在门廊上与人民大会堂的国徽遥遥相对的地方设计了一个红色旗徽，象征着这座红色建筑的底蕴。设计师们这样描述他们的思路：“我们希望当人们走过这崇高伟大的‘胜利门’而进入博物馆的时候，他们内心里也进入了一个崇高的境界，去迎接那将看到的展出。”[①]今天，当人们结束参观后站在门廊列柱间眺望远方，雄伟庄严的人民大会堂和人民英雄纪念碑与之遥相呼应，历史与现实相映衬，预示着中华民族的光明前景，这也许就是这座建筑的魅力吧！

四、舒展长幅画卷，展现悠久历史

中国革命博物馆、中国历史博物馆的胜利竣工使一座展现中国文化建设事业辉煌成就的最高殿堂从此矗立在北京天安门广场，成为中国文物、博物馆事业进入发展新时期的一座重要里程碑，在我国社会主义文化建设事业中产生了广泛而深远的影响，对弘扬中华民族悠久灿烂的文明，继承近百年以来中国人民英勇不屈的革命精神，向全国人民进行爱国主义教育和革命传统教育发挥了重要作用。

其一，1959年迁入新馆的中国历史博物馆是中国搜集、收藏、研究、展示中国历史文物的规模最大的博物馆，“中国通史陈列”一直是该馆的基本展陈，与“中国革命史陈列”一起成为这两座博物馆长期展出的基本陈列。馆内展览面积8000平方米，展品9000余件，陈列内容从距今170万年前的元谋人开始，至1840年的鸦片战争为止，按中国古代历史的发展过程分为原始社会、奴隶社会、封建社会三大部分，展品包括文物、图表、模型和文字说明，配以美术作品，以渲

① 北京市规划管理局设计院博物馆设计组：《中国革命和中国历史博物馆》，载《建筑学报》1959年第Z1期。

染气氛，系统地反映了中国古代历史，充分展示了中国古代各个历史时期的重大事件、杰出人物以及发明的生产工具、创造的科技成果。此外，该馆还经常举办一些历史、考古、文物方面的专题性展览，让参观者从中感受到博物馆独具魅力的“浓缩历史场景”“展现古今时空”的展现方式，让人们在穿越历史的体验中去深刻感悟人类社会的发展规律，提高对客观世界的认识能力和审美水平。

其二，与中国历史博物馆一起迁入新馆的中国革命博物馆是收藏、陈列中国近现代历史文物，研究和宣传中国革命和社会主义建设历史，并以研究中国共产党历史为重点，向人民群众进行马克思列宁主义、毛泽东思想和革命传统教育的博物馆，是弘扬革命精神和红色文化的重要阵地。1960年8月更名为中国革命博物馆后，1961年7月1日即中国共产党成立40周年纪念日开始对外开放。

该馆占地面积46000平方米，建筑面积32500平方米，基本陈列为“中国革命史陈列”，展览以45000余件实物、文献、图片、图表、模型、绘画、雕塑等展品生动地再现了中国近代历史的宏大画卷，展现了中国人民英勇反抗帝国主义侵略、推翻封建势力压迫，并最终在中国共产党的领导下取得新民主主义革命胜利和社会主义建设伟大成就的历史。陈列共分10个部分：中国半殖民地半封建社会的开始；近代工业的产生；边疆的危机；戊戌变法；辛亥革命；新文化运动的兴起，五四运动，新民主主义革命的开端；国民革命，推翻北洋军阀的统治；土地革命；全民抗战，打败日本帝国主义的侵略；解放战争，民主革命的胜利。①“中国革命史陈列”坚持实事求是的原则，以其鲜明的主题、独特的陈列体系、丰富的文物、艺术化的环境渲染等吸引着广大国内外观众。自陈列展出以来，成为向人民群众进行爱国主义和革命传统教育的重要基地，发挥了传播革命精神和先进文化的作用。该馆通过直观的红色文化价值引领，回顾光辉历程，弘扬革命

① 宋亚文：《20世纪60年代中国国家博物馆展览述略》，载《中国国家博物馆馆刊》2012年第6期。

精神，促进红色文化的传承与发展。

时代在前进，博物馆事业在发展。2003年2月，党中央、国务院决定，在原中国历史博物馆、中国革命博物馆的基础上组建中国国家博物馆（简称国博）。2011年3月1日，改建完的国博正式开放，揭开了新的篇章。国博以“国内领先，国际一流”为目标，遵循“历史与艺术并重”的发展定位，初步建立了常设展览与临时展览相辅相成、展览与学术并重、历史与艺术相互结合的具有国博特色的展陈体系，对外文化交往日益增多，经常举办国际性的大型文物展览而成为国家的“文化客厅”，在国内外产生了巨大的文化影响力。

“展示文明，弘扬文化，继承传统，服务社会”成为新时代国博的一个新亮点。目前，国博收藏了见证中华文明辉煌历史的许多珍贵文物，其中不少“镇馆之宝”已经成为中国历史发展阶段的文化标志，以青铜器最为著名，上自先秦、下至明清，其中不乏国之重器，如后母戊鼎、大盂鼎、子龙鼎等，皆享誉国内外。“古代中国”和“复兴之路”两大基本陈列是从中国通史陈列、中国革命史陈列中发展而来的，经久不衰，并与时俱进、不断创新，成为今天深受观众喜爱的首选展陈。[①]

“古代中国”是世界上唯一系统展示中华民族绵延不绝的灿烂文明的展览，以2500余件珍贵的古代文物全面、系统地展示了中国古代各个历史时期在政治、经济、文化、社会生活和中外交流方面的发展历程。《复兴之路》展览通过1200余件珍贵革命文物和800余张历史照片，生动地再现了自1840年鸦片战争以来，中国人民为实现民族复兴而进行的各种艰辛探索，回顾了中国共产党领导全国人民为争取民族独立、人民解放、国家富强的光辉历程。通过《复兴之路》展览的直观展现，让人们切身感受到一个古老国家、一个灾难深重的民族是怎样从屈辱走上强盛的民族复兴之路，以实现中国梦的艰辛历程。

① 苗春：《国家博物馆——中国历史文化的新坐标》，载《人民日报》（海外版），2016年5月19日。

五、展现红色文化，建设中国特色社会主义文化教育基地

任何一座现代意义上的公共博物馆，既有知识普及、文化传播、大众教育方面的功能，同时又具有鲜明的思想价值导向，是体现国家意识形态的重要部分。博物馆的最大作用与意义在于增加民族认同、文化认同、政治认同，在于通过贯穿并渗透于直观展示背后的世界观、历史观、价值观来影响和教育广大群众，提高其认识世界、观察社会的能力，启迪智慧，拓展视野，增强自信，从而促进社会进步。

国博作为社会主义性质的公共博物馆，始终把坚持正确的政治方向放在建设和发展的首位，坚持党制定的建馆精神和原则，以习近平总书记“让文物说话，把历史智慧告诉人民，激发我们的民族自豪感和自信心”的讲话精神为指导[①]，以“中国革命史陈列”和“中国通史陈列”作为两大基本陈列，以唯物史观为基础，重新安排文物，全面展示历史全貌，使参观者受到历史唯物主义和爱国主义教育。与过去比较而言，这无疑是一次具有开创性意义的历史变革。

首先，以马克思主义唯物史观为指导，以历史发展规律为主线，突出革命精神，构建全新的博物馆建设体系。

新中国成立之前，旧式博物馆的内容是以展示历代文物古迹为主，历史观是“王朝更迭”“帝王中心”的旧观念，看不到人民群众的作用，只是王侯将相的家谱。新中国成立后，唯物主义的社会发展观成为主导的意识形态，中国历史的叙述模式发生了彻底改变。这两座博物馆的建立和开放，在这样一个思想文化转型的关键时刻发挥着十分重要的作用。用马克思主义历史观进行重新书写，彻底打破旧的体系，建立全新的社会主义性质的博物馆展示体系，成为博物馆建设的重要任务。鉴于当时的北京历史博物馆陈列内容贫乏、质量不高，

① 《南方日报》评论员：《让博物馆的丰富馆藏“活”起来》，载《南方日报》，2016年11月11日。

针对“既不能全面地、确切地反映历史面貌，向广大群众进行爱国主义和历史唯物主义教育，也不能满足他们参观的要求”这一实际状况，这两座国家级博物馆开始了全面建设的艰辛历程。

1958年10月，新馆建设之初，党中央高度重视博物馆未来的建设与发展，就博物馆的性质、方针、原则、内容等重大问题进行了部署。中宣部、文化部党组成立革命博物馆、历史博物馆筹建小组，由文化部党组书记、副部长钱俊瑞任组长，邓拓、田家英任副组长，具体负责两馆的建设工作。

首先，成立了两馆陈列提纲审查小组，集中了一批著名专家进行研究。1958年11月4日，下发《为新建中国革命博物馆、中国历史博物馆于故宫博物院征集文物与资料》通知，对其内容、性质、作用进行了明确阐述：“以表现我国五千年来历代各族人民在生产斗争与阶级斗争中的辉煌成就，及我们党领导下的中国人民各个革命时期英勇斗争的光荣传统，表现马克思主义、列宁主义与中国革命日益结合的过程，更好地‘古为今用’、‘今为今用’，向全国人民进行阶级教育和革命传统教育。”[①]上述决策，为更好地发挥博物馆的教育作用奠定了坚实基础。

那么，这两座博物馆是怎样落实和体现上述指导思想的？

一是把征集和展示文物的重点放在反映我国各个历史时期劳动人民的生产斗争、阶级斗争及党领导革命斗争的光辉历程上，强调历史唯物主义的发展线索和逻辑体系。在向全国征集文物资源的过程中，古代生产工具、发明创造、文化艺术品、农民起义和革命斗争的遗物、兵器、文献、各民族人民的英雄事迹、社会主义革命和建设中各种重要的文物资料等成为博物馆收藏的重点。为了集中表现中国历史上劳动人民的辛勤劳动、智慧创造和生产技术上的成就，筹建小组又下发了《请各省、市、自治区文化局收集本地区古代主要生产工具遗

① 李万万：《中国历史博物馆、中国革命博物馆的筹建及展陈制度的成熟》，载《文物天地》2016年第10期。

存项目表》（草稿），组织各地有关机构、博物馆、文管会支援收集一批具有代表性的古代生产技术工具，用于反映历史上生产力的真实状况。[①]这种有针对性的大范围文物征集，为博物馆的历史陈列奠定了坚实基础。

二是打破王朝及帝王将相的展览体系，以马克思主义唯物史观为理论指导，统筹规划中国通史和中国革命史陈列，形成一个新展览体系。1959年1月，革命博物馆、历史博物馆筹建小组根据中央指示精神，分别拟定了“中国通史陈列”和“中国革命史陈列”的6条基本原则，内容包括：（1）“中国通史陈列”从原始社会开始，到1840年鸦片战争以前结束，按照社会发展分期，结合朝代排列；“中国革命史陈列”包括旧民主主义革命、新民主主义革命、社会主义革命和建设3个时期。（2）“中国通史陈列”以阶级斗争为主线，并结合生产斗争以表现中国历史各个时期的生产力、生产关系的发展状况和劳动人民的斗争历史，突出表现历代农民起义；“中国革命史陈列”遵循高度的政治性和真实性相结合的原则，着眼于对人民群众的教育引导。（3）对推动历史发展的进步代表人物要有所体现，特别是中国共产党领导的各地大规模的群众斗争、武装起义、各根据地的发展和人民军队的活动都应加以表现。（4）体现中国多民族团结、统一的历史，各民族对祖国的贡献；“中国革命史陈列”中还要体现党的民族政策，反映各个少数民族的革命斗争和社会主义建设的典型资料。（5）表现中国在世界史上的地位和作用，同时也要注意中外经济、文化交流和影响。（6）关于中国奴隶社会和封建社会的分期问题，以郭沫若的“春秋战国封建说”为依据。

以唯物史观为指导的历史陈列不仅极大丰富了陈列内容，扩大了历史视野和观察角度，而且极大提升了博物馆的精神内涵，增加了教育价值。

---

① 李万万：《中国历史博物馆、中国革命博物馆的筹建及展陈制度的成熟》，载《文物天地》2016年第10期。

其次，发挥资政育人的功能，彰显人民大众是历史创造者的主题，进行爱国主义和革命传统教育，激发革命热情，增强民族自豪感和自信心。

1961年7月1日，中国历史博物馆、中国革命博物馆在新馆正式开放，开始进入第一次两馆并立发展的时期，围绕“中国革命史陈列”和“中国通史陈列”两大基本陈列开展工作。

其一，“中国革命史陈列”是具有开创性意义的全新展览，无论从指导思想、方针原则，还是展示内容、艺术表现、环境布置等方面，都充分体现了社会主义国家博物馆的性质和特点，是顺应新中国初期政治、经济、文化发展对博物馆事业的需求而产生的，是在党的领导下全国各地以及社会各界通力协作的产物。

陈列范围确定为旧民主主义革命时期、新民主主义革命时期、社会主义革命和建设时期3个部分，因为各方面条件不成熟，第三部分未能如期推出。实际推出的旧民主主义革命时期（1840—1919）展览包括鸦片战争、太平天国革命运动、中法战争、中日甲午战争、戊戌变法、义和团反帝运动、辛亥革命7个部分；新民主主义革命时期（1919—1949）展览包括中国共产党创立、第一次国内革命战争、第二次国内战争、抗日战争、第三次国内战争5个部分。陈列面积达4120平方米，展示革命文物3600余件，其中包括鸦片战争中抗击英国侵略军的虎门大炮、天安门广场升起的第一面五星红旗等文物，生动展示了中国人民100多年以来反抗帝国主义、封建主义的斗争，最终在中国共产党领导下取得了新民主主义革命伟大胜利的光辉历史进程。同时，陈列中更加注重用美术创作来表现事件和人物，以提高展览的观赏性。创作的一批革命历史题材的艺术作品具有很高的艺术水准，堪称经典之作。

展览推出后受到社会各界的高度关注，人们踊跃参观。自1961年“七一”开馆至1963年年初，共接待国内观众132万人次和97个国家的外宾5812人次，在宣传马列主义、毛泽东思想和进行革命传统教育中发挥了非常重要的作用。[①]

随着“文化大革命”爆发，中国博物馆事业受到重创，这两座博物馆也难于幸免。1969年9月，两馆合并为中国革命历史博物馆，各项事业举步维艰，停滞不前。“文化大革命”结束后，中国迎来了新的历史阶段，拨乱反正，“解放思想，实事求是”成为时代的主旋律。1978年，党的十一届三中全会召开，在这一背景下，中国革命历史博物馆举办了全新的中国共产党历史陈列展览，发挥了积极的作用，在国内外产生了广泛影响。

1979年10月1日，新展览在新中国成立30周年之际正式开放。陈列内容体现了党的实事求是的思想路线，打破了长期以来党史领域存在的一些禁区，努力反映历史的本来面目。外电连续报道，高度关注这个展览。共同社进行了专题报道：“中国革命博物馆中，从10月1日起中国共产党党史陈列室在时隔十三年后开始向群众开放”，“其中还有刘少奇和林彪的照片和油画，引起人们的注意”，“象征着建国三十年到来后中国现代化政策”。陈列展出后立即引起巨大轰动，受到社会的广泛欢迎。人们纷纷前去博物馆参观，据统计，10月1—10日共接待观众12万人次，最多一天达17000人次。观众普遍认为新的党史陈列内容丰富，恢复了党史的真面目，体现了“解放思想，实事求是”的精神，是党史领域揭露“四人帮”罪行、拨乱反正的一个新气象。北京大学教授任继愈来信说：“看了党史展览，我们这里几位老同志觉得你们思想解放了，开始恢复了我党尊重历史、实事求是的好传统。”

其二，“中国通史陈列”内容新颖、形式多样，成为爱国主义教育的坚强阵地。

1960年8月，新建的中国历史博物馆开始为迎接中国共产党成立40周年筹备“中国通史陈列”展览，经过准备，展览在1961年7月1日正式对外开放。1966年8月，“文化大革命”爆发后，出于对馆内

① 李万万：《中国历史博物馆与中国革命博物馆开馆之后的展览研究》，载《文物天地》2017年第2期。

文物安全方面的考虑，博物馆宣布闭馆。在20世纪六七十年代，展览工作处于停滞状态达12年之久。当时，因为政治形势不断变化，陈列内容反复更迭、多次修改，至1975年完成第5次修改，直到粉碎“四人帮”之后的1978年1月21日才正式对外开放。

新馆的“中国通史陈列”以历史唯物主义为指导思想，用大量的文物考古资料科学地反映中国历史发展的客观进程。从原始社会开始，至1919年五四运动为止，分为原始社会、奴隶社会、封建社会、半封建半殖民地社会（旧民主主义时期）四大部分，陈列面积8000平方米，陈列品9000多件。

展馆开放后立即受到社会的普遍欢迎，前来参观的各界群众络绎不绝，广受关注。这是一座完全颠覆过去以“王朝将相”为中心的博物馆，突出了农民起义、社会生产力、生产斗争、阶级斗争、民族融合等重点内容，其中以讴歌人民群众、歌颂革命领袖和民族英雄、强调民族大团结为主题，具有重要的历史意义。展馆成为向人民群众进行马克思主义唯物史观、革命传统和爱国主义教育的重要阵地，成为宣传毛泽东思想的大学校。

同时，也举办专题性展览，如中国历史博物馆举办了“鄂伦春族历史文物展”“西双版纳傣族农奴社会历史文物展”“辛亥革命历史文物展”“雷锋同志模范事迹展览”“中国工农红军长征30年展览”“抗日战争胜利20周年纪念展览”“毛主席的好学生——焦裕禄同志事迹展”“毛泽东思想的光辉照亮了安源工人运动展”等一系列紧跟形势变化、顺应政治需要的专题展览。“文化大革命”结束后，先后举办了周恩来、朱德、李大钊、刘少奇等革命家事迹展览，为政治形势的好转服务。为反映出土文物成果和增加对外交流，举办了北京市出土文物展、中国磁州窑陶瓷展、安徽文房四宝展览等。

六、改造中国国家博物馆

历经50多年的风雨，中国历史博物馆、中国革命博物馆走过了辉煌的岁月，在文物征集与保护、科学研究以及陈列展览、公共教育、社会服务等方面取得了显著成绩，对中国文物、博物馆事业的发展做出了重要贡献。作为首都北京的重要地标性建筑，两馆已经成为凸显中国文化勃勃生机的一个象征。改革开放以来，随着我国经济和社会事业的迅速发展，人民生活水平不断提高，群众的精神文化需要日益增长，以及我国对外文化交流的不断发展，两馆的体制、规模和展览水平已经远远不能满足发展要求，迫切需要建设一座与我国的大国地位和国家形象相称的、具有国际先进水平的国家博物馆。

1996年，党的十四届六中全会通过的《中共中央关于加强社会主义精神文明建设若干重要问题的决议》中明确指出要“有计划地建成国家博物馆、国家大剧院等具有重要影响的国家重点文化工程”。经过长期酝酿和各方面的充分准备，2002年组建国家博物馆被提上了议事日程。2003年2月27日，根据中央机构编制委员会的批复，文化部印发了《关于组建中国国家博物馆的决定》，正式撤销中国历史博物馆、中国革命博物馆，在两馆的基础上组建中国国家博物馆，标志着我国博物馆事业翻开了崭新的一页。为了实现把国家博物馆建设成为“与我们这样一个大国地位相称，与中华民族悠久历史和灿烂文明相称，与蓬勃发展的社会主义现代化建设事业相称，与广大人民群众日益增长的精神文化需求相称”的“国内领先、国际一流”的博物馆发展目的而努力奋斗。①

组建后的中国国家博物馆首先启动了改造工程。1959年落成的总建筑面积约6.5万平方米的老馆已难以适应新的事业的发展需求，国家决定对原有建筑进行改造和扩建，从建筑空间、布局规模、装饰风格、技术设施等方面进行全面改造。2003年2月，国务院批准国家博物馆改造工程立项。2004年3月，工程建设设计方案进行国

① 李守义：《中国国家博物馆馆舍变迁史略》，载《中国国家博物馆馆刊》2012年第12期。

际招标，共征集到10个设计方案，最终确定中国建筑科学研究院和德国GMP国际建筑设计有限公司联合体的设计方案为中标方案。

由于中国国家博物馆改造工程项目属于国家“十五”重大文化建设工程，且位于天安门广场这一重要位置，国家有关部门对实施方案高度重视，国家发改委牵头先后4次召集全国著名的建筑、规划、结构、经济、设备、博物馆等方面专家进行充分论证，最终确定“留三面、扩一面”的建筑实施方案，以新建筑与老建筑协调，以及与天安门广场和长安街周边环境协调，建筑艺术与内部功能、技术需求协调为大原则。所谓“留三面”，就是保留原有老馆的南、北、西3部分建筑的基本风格不变。所谓“扩一面”，就是新建筑向东面扩展，同时利用地下空间进行扩建，这样既实现了新的国家博物馆与人民大会堂及周边环境的协调一致，保持了建筑风格的完整性，又扩大了总体规模，增加了新的空间和新技术的应用，实现了新与旧、现代与传统的统一。

2006年11月22日，国务院常务会议批准了这一建筑设计方案，2007年3月17日正式动工兴建，2010年年底基本竣工，2011年3月1日新馆开放。新馆的建筑面积达19.8万平方米，其中展厅面积近7万平方米，共有48个展厅，最大的展厅面积近3000平方米，文物库房的建筑面积达3万平方米。安装了先进的安全监控设施，设有700多个座位的剧院、600平方米的演播室、200多个座位的学术报告厅和数码影院。

改造后的中国国家博物馆是世界上单体建筑面积最大的博物馆，显得大气、朴素、典雅、庄重。著名建筑学家、两院院士吴良镛先生评价道：现在证明国博最终确定的“留三面”方案非常成功，既没有改变原有的建筑外貌和整体风格，又实现了新、老建筑的有机协调，和天安门广场风貌和谐统一，设计方案很好地将中国文化元素与西方建筑设计元素结合起来，走的是一条中国式的设计路线，是近年来建筑设计领域中外合作设计的典范。总体设计符合科学发展观的思想，体现了中国传统“天人合一”的思想，很有中国气势，符合大国博物馆的地位，这一标志性建筑也是象征提升我国文化软实力的一个里程碑式的文化建筑。[1]

从1912年至今，中国国家博物馆已走过百年历史。百年来，无论是在国子监的萌芽，还是在故宫端门、午门的草创起步，再到屹立于天安门广场的气势恢宏的新馆，始终以继承和传播中华文化为己任，经过几代人的艰辛探索和努力，在弘扬中国优秀传统文化和社会主义先进文化、宣传爱国主义革命传统等方面取得了显著成就，为促进我国博物馆事业发展、提高人民文化素质、构筑中华民族共有的精神家园做出了杰出贡献。

① 李守义:《中国国家博物馆馆舍变迁史略》，载《中国国家博物馆馆刊》2012年第12期。

第五章

走向复兴

第一节　中南海

中南海是中海和南海的统称。新中国成立后，中南海由一座昔日的皇家园林变为党中央和国务院所在地，成为党和国家最高领导人工作和生活的地方。毛泽东、刘少奇、周恩来、朱德等老一辈无产阶级革命家曾经在这里留下了历史足迹。

中南海在历史上和北海共同称为“三海”，亦名西苑或太液池，是故宫西侧的一片广阔水域及建于湖畔的古代建筑群，最早建于金代，历经了元明清各代的不断扩建。在明清两代，这里是皇家宫苑。民国初年，曾在这里设总统府，1929年起被辟为中南海公园，向公众开放。

1959年中南海鸟瞰（刘东鳌　摄，新华社　提供）

1949年1月31日，北平宣告和平解放。3月25日，中共中央从西柏坡迁到北平，毛泽东和其他中央领导人在香山办公。当时，新政协召开在即，筹备开国大典的各项工作正紧锣密鼓地展开。根据周恩来的指示，中央统战部秘书长齐燕铭率领申伯纯、金城、周子健等几位同志于2月3日已先期抵达北平，在北平军管会的配合下，接管了中南海，并对当时破败不堪的中南海进行了清理。同年9月，毛泽东离开香山的双清别墅，搬进中南海，中央机关也随之迁入中南海办公。从此，中南海便成为党中央、国务院的办公地。[①]几代中央领导人在这里工作和生活，许许多多影响深远、决定中国命运，甚至震惊世界的重要活动和历史事件在这里发生，这里成为全国政治决策中枢。在中国人民的心目中，这里是一个令人向往的地方，在世界上具有重要影响和极大知名度。

习近平总书记在2016年主持的中央政治局民主生活会上指出“中南海要始终直通人民群众”[②]，这句掷地有声的话语深刻反映出中南海与广大人民群众的紧密关系。

一、中南海的历史渊源

北京是我国历史悠久的古都，先后成为辽南京、金中都、元大都、明清京城，800多年的建都史形成了深厚的传统底蕴，散发着独特的城市魅力。北京的古都之美，不仅由于它拥有巍峨壮观的宫殿古刹和以中轴线为基准的对称分布的棋盘式街道，还在于都市中心镶嵌着一串明珠似的大片湖泊。这些湖泊就是北京的“六海”——北海、中海、南海组成的“前三海”，西海、后海、前海组成的“后三海”。这样便在皇城西侧形成了湖泊环绕、水波荡漾的优美景观，与紫禁城的黄瓦、红墙浑然一体，这是世界上少有的地貌景观，也是古都北京

① 李庆贵、王泽军主编：《毛泽东中南海外交风云》，西苑出版社2011年版，第1页。
② 《人民日报》，2016年12月28日。

的独特风貌。

城市的发展和水源有密切关系。数百年来，在北京城市发展过程中，对北京有着特别重要意义的永定河水系和高梁河水系对辽金元以来皇家宫苑园林的营建起过重要的作用。北海、中海始建于辽代契丹族的瑶屿行宫之中。金灭辽后，1153年4月，即金海陵王迁都燕京（今北京）后的两年，改燕京为中都，开始大规模扩建都城。其中，对后世北京城影响最大的建筑就是在金中都东北郊外利用天然湖泊修建的太宁宫（即大宁宫），后因金亡而被毁，但其遗址经元明清数百年的不断开凿、营建、修整，建成了风光旖旎的皇家园林——西苑。

所谓“海子”，最早出现于唐代。北方干旱少雨，民众凡见到积水湖泊，动辄称之为“海”，足见对水源的喜好。还有一种说法，称来自蒙古语，凡是水积为潭皆称为“海”，也称湖泊为“海子”，寓意水面辽阔和浩大，反映出生活在北方草原的游牧民族对水域和水源的珍爱。今天北海、中南海的名称就是沿袭金元时代人们对湖泊的称谓。为什么把“前三海”称为太液池？这是源自中国古代的一个神话传说。相传，东海有蓬莱、瀛洲、方丈三山，是神仙居住的仙山。汉武帝时曾派出数千人的大船，东行海上去寻找这3座仙山，最后没找到，就在长安皇宫——建章宫北面挖了一个大池，叫太液池，池上堆土为山，名曰仙山。以后，唐代也在大明宫的后面挖太液池，池中建蓬莱山，白居易的《长恨歌》中“太液芙蓉未央柳”即是指此。因沿袭这种宫廷营造思想，金代在中都的西北郊修建了多处离宫，营造湖光山色的美景。著名“燕京八景”之一的“太液秋风”就是指这里的风景。①

元朝建立后，废弃金中都旧址，在其东北方另建新都，称元大都。但是，元朝统治者依然按照《周礼·考工记》的规划思想，把皇城放在大城中间，把西面的大片湖泊划入其中，形成琼华岛，皇宫就建在湖泊以东。今天的北海、中南海就在元代太液池的范围内。以太

① 赵蕙蓉编著:《中南海尘影》，西苑出版社1999年版，第6页。

液池为中心，东面建有皇帝居住和处理国事的政务场所——大明宫，西面建有兴庆宫、隆福宫，分别是太后和太子居住之所。

为了开辟元大都的新水源，著名水利学家郭守敬大胆放弃莲花池水系，转而利用水量更丰沛的高粱河水系，引自昌平的白浮泉，经瓮山泊（今昆明湖）下注高粱河，入城内积水潭，然后引水东下，至通州与京杭大运河汇合，这就是著名的通惠河。于是，南方来的漕运船只可以直接驶入城内，停泊在积水潭。

1368年，徐达率军攻陷元大都。1403年，改北平为北京，明成祖朱棣于1420年下令正式迁都北京。为了准备迁都，将紫禁城以及城墙南移，明代皇宫虽不再以太液池为中心，但是将此处作为宫廷御苑，改称西苑。在大规模修建紫禁城期间，明成祖朱棣曾把西苑作为处理政务的临时办公场所。

明代的西苑初期只在今天北海、中海的范围内，在元代的宫殿遗址上发展而来，范围很小，之后又在它的南面开凿另一个小湖，这就是南海，与北海、中海并称“三海”。史料记载“西苑太液池，源出玉泉山，从德胜门水关流入，汇为巨池，周广数里”，这正是“三海”的真实写照。宏伟严整、金碧辉煌的宫殿建筑与波光粼粼、水天一色的景色相互交映，形成人间的仙山琼阁。

1489年，将分隔北海与中海的木吊桥改建成石拱桥，雕栏玉砌，石桥东西两端设置牌坊，名为“金鳌玉蛛桥”。此桥横跨于北海与中海之间，如长虹卧波，两座精美的牌楼则点缀在长桥两端，构成北海的一大美景。这是当时北京城内最大的、贯穿皇城东西的一座七孔联拱石桥。石匾题字出自明朝嘉靖皇帝之手，故又名御河桥。清人《团城》诗云：“团城西行一望遥，蓬瀛仙境水迢迢。莲花北海通南海，且上金鳌玉蛛桥。”明清以后，由于漕运改道通州码头，水位逐渐退去，积水潭遂间隔成新的3片水域，分别叫西海、后海、前海，为了与“前三海”（北海、中海、南海）相区别，也叫“后三海”，共称北京“六海”。

到了清代，又对“前三海”进行扩建，亭台楼阁、殿堂庙宇更加丰富，今天中南海的大部分建筑都是清代重新修建的，加上北海，在整个“西苑三海”的太液池上形成了北有五龙亭、南有瀛台、东有蕉园、西有紫光阁、中间琼华岛，以美丽的金鳌玉蝀石拱桥 分南北的壮观景象。这里不仅是皇家的宴游之地，也是皇帝听政办公的殿堂，清帝“或宴赉王公卿士，或接见朝正外藩，以及征师劳旋，武科较技”，一切重大的政务活动都在西苑的各大宫殿内进行。1885年，慈禧太后为了“归政”后颐养天年而大修“三海”工程。之后，这里便成为中国近代发生一系列重大事件的场所，曾见证百日维新的腥风血雨，目睹过清廷最后的挣扎。1908年，光绪皇帝和慈禧太后先后在这里离世，标志着西苑作为皇家禁苑的时代终结。①

辛亥革命后，袁世凯在中南海居仁堂设立总统府，以后历届北洋政府均在此主政。1929年，北洋军阀统治结束后，中南海曾被辟为公园，对公众开放。1946年，国民党政府设立北平行辕，在此办公。1948年，北平临近解放，这里曾是傅作义的华北“剿总”司令部。1949年，北平和平解放后，中南海从此回到人民手中，中南海的历史也翻开了新篇章。

二、中南海的新生

1949年1月31日，中国人民解放军全面接管北平城防，北平和平解放。这天晚上，周恩来副主席在西柏坡指示中央统战部秘书长齐燕铭和申伯纯、金城、周子健等几位同志，要他们即刻行动，连夜出发到北平，为中央机关进京打前站。2月3日，举行人民解放军入城式。他们一行人刚到，北平军管会主任叶剑英就把周恩来发来的电报转交给齐燕铭，指示他们先把中南海和北京饭店接收下来。当时的考虑是，中南海作为新政协筹备会议和正式会议的会址，而北京饭店

① 陈恭禄：《中国近代史》，中国工人出版社2012年版，第415页。

则作为参加政协会议的各界代表们的下榻之地。[1]齐燕铭接到周恩来指示后，立即与北平军管会及北平纠察总队接洽，准备马上接收中南海。当时北平刚刚解放，局势不稳，为防止发生意外，决定当天下午就进入中南海办理交接手续。下午3点，申伯纯带领两名干部，轻装简从，驱车向中南海驶去。

据亲历者回忆：车到新华门，见大门敞开，并无军警守卫。我们沿南海西岸向北，径直驶达丰泽园大门口。下车后，见丰泽园门廊柱上挂着“中南海公园管理处”的牌子。我们随申伯纯直接走进丰泽园的颐年堂大厅。这时齐燕铭已经先到了。大家见面后，齐燕铭让申伯纯立即找公园负责人谈话，向其宣布北平军管会派出中南海军管小组，从即日起接管中南海。一会儿的工夫，接收手续就办完了。当晚，两名干部就住在这里。申伯纯特意对留下值守的同志意味深长地说：“你们是中央机关入住中南海的第一人，责任重大，意义重大。住下后先初步摸一下中南海的情况，院里情况复杂，晚上注意安全！”[2]

当时，饱经沧桑的中南海已是满目疮痍，破败不堪。一个军政要地竟然门洞大开，无人防守，可见其秩序和管理的混乱。园内的大部分古建筑因年久失修而残破不堪。园中杂草丛生、垃圾遍地，环境十分恶劣。如丰泽园的主要建筑颐年堂和春耦斋的室内虽是雕梁画栋、彩绘饰顶，但因年久失修，漆彩斑驳，已经失去了当年的华丽。丰泽园西北角有个叫纯一斋的院落，中央统战部部长李维汉进城后曾住在这里。一天，院里施工，一个地井盖没有盖上，晚上李维汉不慎跌入井中受伤，原本由他负责的新政协筹备工作只好交给了林伯渠处理，可见其内部设施的残破。当时的紫光阁上方的重檐已经塌陷，房檐上长满了杂草，门窗破损严重，后院的北门敞开着，一眼可以看到中南海北墙的一处小门，可直接通往北海公园，也是自由出入，无人防守。

---

① 夏杰口述，龚喜跃整理：《接收中南海亲历记》，载《百年潮》2010年第11期。
② 同上。

接管中南海时，里面还有一些原傅作义部队的军政机关尚未撤离，人员复杂，机构混乱，甚至还有一部电台，屋顶架满天线。西北角的西花厅、东花厅曾是清末摄政王府旧址。北洋政府时期的国务院、抗战胜利后的国民党北平市政府也在这里办公。当时，仍有一部分旧政权机关没有撤离。在新华门内东侧围墙下，一排平房前的空地上停放着许多汽车。这是原傅作义总部直属的一个汽车大队，有各种车辆32辆，司机们处于群龙无首的状态。许多司机希望新生的人民政府能给他们工作和生活出路。发现这个情况后，军管小组受上级委派立即接管了这个车队。后来，司机们为整治中南海、筹备新政协、成立政务院提供了车辆保障。

针对当时中南海复杂而混乱的情况，齐燕铭当即下令：军管会立即派人督促原傅作义的军政人员限期搬出中南海，并停止一切电讯活动，同时上交电台；立即派有关部门迅速接管中南海残留的所有机构，包括车队、军乐队等；立即派出自己的部队驻防中南海，以保卫其安全。

1949年2月7日，党中央派中共中央华北局干部来到丰泽园，实地勘查即将驻守的警卫部队营房情况以及警卫分布的设置。4月初，中南海内所有旧政府人员全部撤离，其他闲散人员也都清理完毕。不久，新成立的中国人民公安中央纵队警卫团在团长何有兴的带领下开进丰泽园，正式驻防中南海。

之后，中南海军管小组加紧开展各项工作，如清查中南海所有房产的位置和面积、家具设备等，并登记造册、绘制图表，保障公共财产的使用；勘察所有房屋的破损情况，制订修复计划，联系修缮单位；年底前，共计修复了2000余间房屋；联系北平市有关部门和单位组织清除中南海的杂草和淤泥，共计清理湖底淤泥16万立方米，沿湖边用石块砌起护岸，杂草、垃圾也被清运干净；加强与北平市军管会及警卫部队的联系，配合开展中南海的各项工作。[①]

---

① 夏杰口述，龚喜跃整理：《接收中南海亲历记》，载《百年潮》2010年第11期。

随着临近开国大典，为方便工作，中南海军管小组认为，这里如果再叫中南海公园管理处就不合适了，于是更名为中南海办事处，为党中央的顺利进城、筹备新政协的召开、中央人民政府的成立做出了重要贡献。

三、从香山到中南海

经过几个月夜以继日的突击清理，中南海环境焕然一新。北平市市长叶剑英打了一个报告，请党中央适时迁入中南海。而这时，党中央还在香山，周恩来派齐燕铭接收中南海时或许并没有想到把中南海作为党中央的办公地，当时一心考虑筹备政协会议。

为了确保党中央顺利进入北平，1949年1月，中央成立了周恩来、杨尚昆、曾山等领导的转移委员会。1月18日，北平和平解放的谈判正在进行时，中央直属机关供给部副部长范离一行就悄然离开西柏坡，前往北平勘察中央机关的驻地。最后选定香山作为中央机关进入北平的第一站。1月31日，北平和平解放后，为确保中共中央所在地的安全，中央又派社会部副部长李克农一行13人于2月3日赴北平再次全面考察。他们也认为先以离北平城区20千米外的香山作为中央机关的临时驻地较为合适。

3月23日上午，毛泽东、朱德、刘少奇、周恩来、任弼时5位书记率中共中央机关和解放军总部离开西柏坡。25日凌晨3时，毛泽东和中央其他领导同志从涿县出发，于上午6时到达清华园车站，中午在颐和园益寿堂稍作休息。下午3时，5位书记抵达西苑机场阅兵，并会见北平各界代表和民主人士。阅兵结束后，毛泽东移居香山双清别墅。

9月17日，中共中央从香山迁入中南海。叶剑英建议党中央进驻中南海的报告得到了周恩来的支持。可等了几天却没有动静，叶剑英专门到香山双清别墅去询问情况。原来，毛泽东并不愿意进中南海。进城之前，毛泽东反复号召全党要读一读郭沫若写的《甲申三百年祭》，这篇文章讲的是李自成攻入北京后如何骄傲，又如何失败的。[①]毛泽东意在告诫全党务必保持艰苦奋斗的优良作风。但是，全国即将解放，党中央的领导责任更加重大、任务更加艰巨、工作更加繁重，中央机关作为号令全党、全国的政治核心和中枢则显得尤为重要。为此，中央召开会议，终于以少数服从多数的意见决定搬进中南海。毛泽东只好同意搬进中南海。

关于毛泽东进中南海的确切日期，据《毛泽东年谱》记载："6月15日因召开新政治协商会议，暂住中南海丰泽园菊香书屋。此后进城均住此处。9月21日中国人民政治协商会议开幕前夕，毛泽东由香山双清别墅移居菊香书屋。"[②]

这一住，毛泽东就在中南海工作和生活了27年！从此，中南海与伟人毛泽东的名字紧紧联系在了一起。

四、中南海的巨大变迁

新中国成立后，恐怕再没有任何一个地方比中南海的影响更大了。那里是党中央和国务院的中枢所在地，是党和国家领导人工作和生活的地方，也是党和国家领导人运筹帷幄之地。

中南海由过去封建王朝的皇家禁苑变为人民政权的政治中心，其间发生了根本的变化。1949年10月1日，中华人民共和国宣告成立，中南海的面貌发生了巨变。

新华门是中南海的正门，原名宝月楼，位于南海最南端，又叫明楼，建于清乾隆二十三年（1758年），相传是乾隆为其所宠爱的香妃而建。新华门是黄琉璃筒瓦顶，重楼重檐，上、下两层，面阔7间。民国初年，改建为中南海正南门，称新华门。

进入新华门，迎面是一个大影壁，上面有毛泽东的手书"为人民

① 舒云：《开国纪事》，人民日报出版社2015年版，第20页。

② 中共中央文献研究室：《毛泽东年谱（一九四九—一九七六）》第二卷，中央文献出版社2013年版，第24页。

服务”。转过影壁，便是宽阔的南海水域。北边有一个绿水环绕的小岛——瀛台（又叫南台），是南海之中的半岛。四周碧波如画，古木参天，黄瓦红墙，雕梁画栋，风景宜人，犹如海上蓬莱，故名瀛台。戊戌变法失败后，光绪皇帝被慈禧囚禁于岛上的涵元殿。

南海北岸是丰泽园，清康熙年间修建，曾有稻田40亩，供皇帝举行演耕礼之用。这是一个古代建筑群，有许多小院。丰泽园的主体建筑是颐年堂和春耦斋，宫苑书斋式的建筑风格显得格外素雅浑厚。进入丰泽园的楠木大门，迎面便是颐年堂，始建于康熙年间，原名崇雅殿，乾隆时改称惇叙殿，为庆祝慈禧寿辰而改称颐年殿，民国初年改称颐年堂。这是一座宫殿式建筑，原是清朝初年大臣给皇帝讲学之地，后来是清朝帝王宴请王公贵族之地。新中国成立后，颐年堂成为中共中央政治局开会的地方，党和国家领导人也在这里会见重要外宾。春耦斋是一座单檐四角攒尖顶的建筑，灰外墙，地上铺设紫绿石，面阔5间，进深3间，室内雕梁画栋。

颐年堂东面就是菊香书屋。这是一所标准的老北京二进四合院，由南北两进院子组成，北院北房名为紫云轩，是毛泽东的起居室。南房称为松寿斋，也是南院的北房。整座小院显得古朴典雅，院中翠柏挺拔，芳草铺地，有康熙题写的楹联“庭松不改青葱色，盆菊仍霏清净香”，这里原是清朝历代皇帝藏书、读书的地方。院内有几棵苍劲挺拔的松柏分布在甬道的两侧，给这所旧宅平添了几分历史的沧桑感。周恩来初进中南海时曾住在这里，林伯渠进入中南海时也曾把它作为办公和休息之处。1949年9月，当毛泽东入住颐年堂时，已经是这所院子的第三位主人了。

勤政殿在中海和南海之间的堤岸上，与瀛台隔水相望，是南海里最大、最高的一座建筑。勤政殿建于康熙年间，坐北朝南，正殿5间。匾额上“勤政”二字是康熙御笔。勤政殿是清代帝王在西苑的听政之所，其主殿比颐年堂大得多，有过厅、正厅，所以这里成为新政协筹备会开会的重要场所。新中国成立后，勤政殿是国家领导人接受外国使节递交国书、会见重要外宾的地方，也是举行重要国务会议的地方。首届中央人民政府在这里举行了第一次中央政府委员全体会议，选举产生了中央人民政府主席、副主席及政务院总理等国家领导人。

中南海西门内的怀仁堂原名仪鸾殿，是一组传统宫殿式建筑群，双重飞檐的门楼气势宏伟、庄重威严。这里原是慈禧的寝宫，也是她处理政务和生活的地方，八国联军入侵北京后遭到焚毁，后经重建，规模扩大。新中国成立后，这里是举行重大国务会议的主要场所。在接收中南海后，重点修缮的除勤政殿外就是怀仁堂了。新政协第一次全体会议就是在这里召开的，通过了一系列重要决议，如确定国旗、国徽、国歌、首都以及共同纲领等。同时，这里也是举行重要典礼、进行重大外事活动的场所。

怀仁堂东南、春耦斋以北的居仁堂是一组西式建筑，雄伟壮观，山石点缀，池水映衬，花木拱围。它原名海晏楼，清末是慈禧接见外国女宾之地。新中国成立后，它曾经一度作为军委总参谋部的办公地。[①]

紫光阁在中海的西岸，也是中南海规模较大的建筑，为两层重檐建筑，白石栏杆，雕龙望柱。阁前有400平方米的平台，曾经是乾隆召集侍卫大臣表演射箭、宴请功臣、举行殿试、接见少数民族首领的地方。清朝末年，紫光阁曾是清帝接见外国公使的场所。新中国成立后，紫光阁成为党和国家领导人会见外宾的地方。

五、中南海的光辉岁月

党中央机关进入中南海后，党和国家领导人在这里运筹帷幄，领导全党、全军和全国各族人民进行艰苦卓绝的英勇斗争，为创建新中国、恢复经济、建设社会主义强大国家而殚精竭虑。

中南海，留下了党中央艰辛探索的业绩，书写了光辉灿烂的历史

① 李庆贵、王泽军主编:《毛泽东中南海外交风云》，西苑出版社2011年版，第2页。

篇章!

下面，仅以中南海几处最具代表性的建筑为例，记述中国共产党的领袖们在这里的奋斗历程。

一是丰泽园大院。毛泽东入住中南海后，其他几位中央领导同志及部分中央机构也从香山搬进了中南海。中共中央办公厅、中央军委、中央宣传部是最早进入中南海的单位，分布在毛泽东办公和居住的丰泽园附近。这样，以丰泽园为中心，形成了中南海的一个重要区域，人们称之为丰泽园大院。

据当年在毛泽东身边的工作人员回忆：进中南海虽步履匆忙，但为了不影响工作，哪处房子不用大修，就稍加收拾后马上进入开始办公或居住。稍微好一点的、大一点的院子就作为会议室、办公室用。比较残破的、犄角旮旯的房子就先用来住宿。菊香书屋的北面有一个院子叫含和堂，其中的西房和两层楼的北房是中办机要室的办公室，每当收到急电就立即送到菊香书屋阅批。机要室进入中南海之际，解放战争还没有结束，面临新区土改和经济恢复、国家新政权的筹建和争取国际承认的工作，头绪繁多，各类电文、文件纷至沓来，大家不分昼夜地忙碌着。中央政治秘书室则设在菊香书屋东侧的西八所，其实就是南北纵向的一组院落，秘书室协助中央领导和书记处处理信函、收集信息等。在西八所办公的还有中央警卫处的部分单位和工作人员。①

进驻中南海的中央军委将办公地点选择在丰泽园北面的居仁堂。巧合的是，之前这里也是旧政府的军事重地。如今这里成了指挥中国人民解放军彻底消灭国民党反动派残余势力的大本营。解放军代总参谋长聂荣臻就在这里主持日常工作，许多重要的军事会议在这里举行。值得一提的是，1950年多次研究出兵朝鲜、保家卫国的重要军事会议都是在这里召开的。

中央宣传部选择了怀仁堂附近的4个大院子，由北向南依次为来

---

① 王凡:《毛泽东初进中南海》，载《党史博采》2011年第6期。

福堂、增福堂、永福堂、锡福堂，距离丰泽园不远。经过毛泽东审阅甚至亲自修改的一篇又一篇重要社论、新闻稿、文稿、通知等从这里发往全国，见诸各大报端，宣传党的主张，领导全国新闻舆论。

中央统战部也是最早进入中南海的单位之一。因为即将筹备召开新政协会议，各党各派代表、各界民主人士、海外侨胞大量会集北京，统战部的工作非常繁忙。李维汉担任统战部部长兼政协秘书长，住在丰泽园颐年堂后院。随着解放大军进军西北、西南边疆，需要解决一系列民族和宗教问题。1950年，经过谈判，中央政府与西藏地方政府就在勤政殿签订了和平协定。

二是勤政殿与怀仁堂。新中国成立之初，勤政殿和怀仁堂是中南海里最重要、使用频率最高的建筑。这里曾召开中国人民政治协商会议，筹备建立中华人民共和国。

1949年6月11日，在中南海勤政殿召开了新政治协商会议筹备会的预备会，商定了参加新政协筹备会议的单位为23家，共134人，并产生了组成筹备委员会的人选。6月15—19日，在勤政殿举行了新政协筹备委员会第一次全体会议，周恩来担任会议临时主席并致开幕词，这次筹备会议讨论并通过了组织条例和筹备会常务委员会名单。16日，筹备会常委会举行第一次会议，推选毛泽东为主任，周恩来、李济深、沈钧儒等5人为副主任，李维汉为秘书长，设立秘书处、庶务处、招待处、新闻处、警卫处、人事室等工作机构。会议通过《各单位代表参加小组的办法》，下设6个小组，分别就拟定参加新政协的单位及其代表名额、起草新政协组织法、起草共同纲领、拟定中央人民政府组织法、起草大会宣言，以及拟定国旗、国徽、国歌方案等议题开展工作。会议办公地点设在中南海勤政殿的政事堂。

1949年9月17日，新政协筹备会第二次全体会议在勤政殿举行，周恩来代表筹备会常务委员会做了关于会议准备工作的报告，宣布筹备工作完成，正式大会即将召开。会议通过了3个文件：政协组织法草案、共同纲领草案、政府组织法草案。

经过近3个月的充分准备，1949年9月21日，中国人民政治协商会议第一届全体会议在中南海怀仁堂隆重举行。参加会议的有各党派代表、军队代表、人民团体代表、无党派爱国人士、少数民族代表、华侨代表等46个单位的662名代表出席。①

大会开幕后，军乐队奏响《中国人民解放军进行曲》，场外鸣放礼炮54响，全体代表起立，热烈鼓掌达5分钟。毛泽东致开幕词，他向全世界庄严宣告："占人类总数四分之一的中国人从此站立起来了。"②会上，各界代表88人踊跃发言，宋庆龄说："我们达到今天的历史地位，是由于中国共产党的领导。这是唯一拥有人民大众力量的政党。孙中山先生的民族、民权、民生三大主义的胜利实现，因此得到了最可靠的保证。"③

这次会议一共开了10天。会议通过了《中国人民政治协商会议组织法》《中华人民共和国中央人民政府组织法》《中国人民政治协商会议共同纲领》等重要文件，做出了4项决议案：一是中华人民共和国国都定于北平，自即日起改名北京；二是采用公元纪年；三是以《义勇军进行曲》为国歌；四是国旗为五星红旗，象征中国革命人民大团结。会议选举毛泽东等180人为政协第一届全国委员会委员；选举毛泽东为中央人民政府主席，朱德、刘少奇、宋庆龄、李济深、张澜、高岗为副主席，陈毅等56人为委员。大会还通过了建造人民英雄纪念碑的决定。9月30日，在会议的最后一次全体会上，通过了由毛泽东起草的《中国人民政治协商会议第一次会议宣言》，宣告"中华人民共和国现已宣告成立。中国人民业已有了自己的中央政府。这个政府将遵守共同纲领在全国境内实施人民民主专政"。同日下午6时，全体代表集体到天安门广场举行人民英雄纪念碑奠基典礼。奠基典礼结束后，代表们回到怀仁堂继续开会。大会执行主席宣布了选举结果，全场掌声经久不息。毛泽东宣布大会闭幕。

10月1日下午2点，就在即将举行开国大典的时候，毛泽东在中

① 参见中国人民政治协商会议全国委员会网站。

② 柯延主编：《毛泽东生平全纪录》，中央文献出版社2009年版，第564页。

③ 同上书，第565页。

南海勤政殿主持召开中央人民政府委员会第一次会议。会议决定：宣告中央人民政府于本日成立，以共同纲领为本政府的施政方针，选举林伯渠为秘书长，任命周恩来为政务院总理兼外交部部长、毛泽东为中央人民政府革命军事委员会主席、朱德为解放军总司令、沈钧儒为最高人民法院院长、罗荣桓为最高人民检察署检察长。下午3时，北京30万群众齐集天安门广场，开国大典在此举行。毛泽东在天安门城楼上启动电钮，升起了第一面五星红旗，并庄严宣告：中华人民共和国中央人民政府今天成立了！

此后10多年的时间里，勤政殿是毛泽东接见、宴请外国首脑、著名人士的重要场所。经过修缮，勤政殿装饰一新，更加雄伟壮观，由前厅、长廊、中门客厅、接见大厅、西客厅、主席办公室以及东餐厅等构成，有大小厅室30余间，处处相连。1959年9月，人民大会堂建成后，虽然国家的接待事宜转到在人民大会堂办理，但毛泽东的外事接见活动仍在勤政殿进行。

三是菊香书屋。在中南海丰泽园的东侧有一所普通的院落，出入院落的门厅大门上有块木质的横匾，上面雕刻着4个字“菊香书屋”，这就是毛泽东在中南海居住和工作的地方。走进菊香书屋的院子，向北便可以看见5间北房，中间的一间有过厅，大门上也有一块木质匾额，上面写着“紫云轩”3个大字。进入紫云轩，东侧的两间北房便是毛泽东的起居室。自从毛泽东进入中南海直到“文化大革命”爆发前，他工作和生活的多一半时间是在紫云轩度过的。所以，连同这所院子一起被定为毛泽东故居。菊香书屋的西侧和西厢房的一部分都变成了酷爱读书的毛泽东的藏书室。

在这个小四合院里，毛泽东彻夜工作，有一首诗歌形象地描绘了这一情景：“毛主席窗前一盏灯，春夏秋冬夜长明。伟大领袖灯前坐，铺开祖国锦绣前程。”他在这里做出了多少重大决定、批注了多少重要文件没有人能够说得清楚，但有很多事情却使人记忆犹新。

在这里，毛泽东经历了抗美援朝战争的考验。中华人民共和国刚刚成立不久，国家还没有完全安定下来，国民经济尚在恢复阶段，毛泽东就毅然决定中国人民志愿军出兵朝鲜，保家卫国，与世界强国作战，这需要多大的勇气和气魄啊！

在这里，毛泽东领导了新生的社会主义国家恢复经济、走向工业化建设的道路。在第一届全国人民代表大会的开幕词中，他指出“我们的总任务是团结全国人民，争取一切国际朋友的支持，为了建设一个伟大的社会主义国家而奋斗，为了保卫国际和平和发展人类进步事业而奋斗”，“准备在几个五年计划之内，将我们这样一个经济上文化上落后的国家，建设成为一个工业化的具有高度现代文化程度的伟大国家”。[①]之后，胜利完成了第一个五年计划，这是我国社会经济发展最快的历史时期。在第一个五年计划期间，人民生活水平显著提高，工农业发展迅猛，充分显示了社会主义制度的优越性。之后，毛泽东提出要探索社会主义建设中的十大关系，正确处理人民内部矛盾，调动国内外一切积极因素，走一条有中国特色的社会主义革命和建设的道路。

中南海，人们既熟悉又觉得神秘的地方。多少年来，中南海以绚丽的自然景色和悠久的历史古迹而闻名于世。今天，更多的普通人进入了中南海，他们来自全国的各条战线，是广大人民群众的优秀代表。党和国家领导人经常邀请各个领域的专家学者、劳动模范等到中南海，以征求和听取他们的意见，倾听他们的呼声。他们来自基层，但到这里就像走进了一个温馨的大家庭。中南海始终面向广大群众、心系亿万人民，肩负时代赋予的重任，带领全国各族人民勠力同心，为实现中华民族伟大复兴的中国梦而奋斗。

① 中共中央文献研究室：《毛泽东文集》第六卷，人民出版社1999年版，第350页。

第二节　全国政协礼堂

全国政协礼堂的全称是中国人民政治协商会议全国委员会大礼堂。这里是举行中国人民政治协商会议全国委员会会议的地方、全国政协常委会办公场所，也是国家领导人和各民主党派进行政治、外交、文化活动的重要场所。1956年9月，中国共产党第八次全国代表大会在这里召开。

全国政协礼堂坐落在北京西城区阜成门内南侧太平桥大街23号，北邻古老的白塔寺，南有政协文化广场，紧邻全国政协机关。全国政协礼堂筹建于1954年，是根据周恩来总理指示兴建的，1955年下半年基本竣工，1956年正式投入使用，是新中国具有纪念意义的标志性建筑之一。[①]全国政协礼堂庄严大气、造型典雅，既有朴素的中国传统建筑风格，又具有现代建筑特色。1995年，全国政协礼堂进行整体加固改造，1996年竣工后全面开放。目前，全国政协礼堂共分4层，其中地上3层、地下1层，占地5600平方米，总建筑面积约16000平方米。礼堂前面是政协文化广场，占地5700多平方米。全国政协礼堂正门门额上悬挂着中国人民政治协商会议的会徽，金光闪烁，显得庄严、肃穆、神圣。

经历60余年的风风雨雨，这座庄严雄伟的建筑不仅成为举行国家重要政治会议、参政议政、民主协商的会场，更是一座具有重要纪念意义的红色地标性建筑。它见证了中国特色社会主义民主政治走过不平凡的艰辛历程，也见证了中国共产党领导的多党合作和政治协商制度走过的辉煌历程，是中国共产党领导下的爱国民主统一战线的象征，也是中国民主党派和全国各族人民同心同德、团结一致，为实现建设社会主义现代化强国的目标而努力奋斗的象征。

---

① 苏林云：《见证历史风风雨雨的全国政协礼堂》，载《纵横》2000年第3期。

一、建造政协礼堂

中国人民政治协商会议（简称人民政协）是中国人民爱国统一战线组织，是中国共产党领导的多党合作和政治协商的重要机构，是我国政治生活中发扬社会主义民主的重要形式，是国家治理体系的重要组成部分，是具有中国特色的制度安排。团结和民主是人民政协的两大主题。人民政协是中国各族人民经过长期的革命斗争，在新中国成立前夕，由中国共产党和各民主党派、无党派民主人士、各人民团体、各界爱国人士共同创立的。新中国成立后，随着中国社会主义革命和建设事业不断发展，各民主党派和各界爱国民主人士继承光荣传统，发挥各自优势，积极投身于国家建设，同时扩大国际交往，形成最广泛的爱国民主统一战线。在这样一个时代大背景下，为进一步加强党的统一战线工作，调动国内外一切积极因素，发挥人民政协的重要作用，建造全国政协礼堂就摆到议事日程上来了。

新中国成立之初，全国政协的办公条件十分简陋，地点也几经变动。1949年年底，全国政协先从中南海东花厅搬到王府井大街南口的3层小楼。不到两个月，由于人员增多，又搬到南河沿南口的怡园饭店。不到3个月，又搬回中南海东花厅。直到1950年9月，全国政协才和政务院政法委互换办公地点，搬到西城区赵登禹路32号（现为太平桥大街23号）。[①]这里原是清代顺承郡王府的旧址，建于顺治初年。之后，清廷又赐给礼亲王代善的后人继承府邸。清朝覆亡后，这座王府几经转手，先被北洋将领徐树铮占有，"东北王"张作霖占据北京时又成为其大元帅府。新中国成立后，顺承郡王府作为北京保存较为完好的清代王府受到保护。50年代后，这里成为政协全国委员会机关驻地。[②]1984年，这座王府成为北京市重点文物保护单位。

当时，这里的格局依然保持着旧式模样。据《乾隆京城全图》记

---

① 苏林云：《见证历史风风雨雨的全国政协礼堂》，载《纵横》2000年第3期。

② 卞晋平：《20世纪80年代的政协大院》，见《亲历政协三十年》，中国文史出版社2018年版，转引自"中国政协网"。

载：王府呈正方形，东起今太平桥大街，西至锦什坊街，南起华嘉胡同、留题迹胡同，北抵麻线胡同。占地面积约3000平方米，布局严整，内分3路，中路是王府建筑核心区，前殿后寝，有宫门、正殿和两侧翼楼、后殿、后寝。东西两路为居住区，分别由大小院落组成。院内种植了4棵高大的楸树，修建了汉白玉石桥，桥下流水潺潺。20世纪50年代初，在拆除了这些石桥和大门的基址上，就地建起了这座政协大礼堂。1954年春，政务院副秘书长齐燕铭找到全国政协常务副秘书长、中央统战部副部长徐冰传达周恩来总理的指示：要为全国政协建造一个大礼堂，作为全国政协举办会议和开展活动的场所。能容纳1200人，建筑面积为1万平方米，造价300万元。随即，经政协秘书长办公会决定，成立了政协礼堂建设小组，由政协秘书处副处长连以农任组长、苏林云任小组秘书，苏林云做具体的联系工作。这项工程归齐燕铭直接领导。

随即，建设小组召开会议，组织相关单位就具体筹建问题进行商议。北京市建筑设计院、北京市建筑工程局、北京市电业局、中央广播事业局等单位的主要负责同志参加会议，重点是传达周总理关于修建政协礼堂的指示、讨论选址和具体分工事宜。[①]

首先，确定礼堂地址。有人认为，这么重要的礼堂应该紧邻长安街修建。经过进一步讨论，大家认为既然是政协礼堂，还是建在全国政协机关院内比较好，方便开展工作，而且政协机关院子里有足够的空间。从北面麻线胡同到南面扁担胡同，约有40亩土地可利用。于是，大家一致决定，将全国政协礼堂建在机关院内，即在北京太平桥大街23号原顺承郡王府旧址内建造。

其次，由著名建筑专家领衔设计。北京市建筑设计院的总工程师朱兆雪、赵冬日负责总体设计，北京市建筑工程局第一工程公司负责施工。朱兆雪、赵冬日均是当代中国著名的建筑师和工程专家，主持过很多国内大型工程的设计工作，经验丰富。

---

① 苏林云：《见证历史风风雨雨的全国政协礼堂》，载《纵横》2000年第3期。

最后，确定设计和建设方案。经过广泛讨论，礼堂的主会场分成上、下两层，可容纳1300人，一楼设5个会议室，其中第二会议室最大，能容纳200人。三楼建一个800平方米的大厅，既可以召开会议，也可以举办各种文娱活动和茶会、酒会等。礼堂设有多个休息厅，每个休息厅都很宽敞。同时，考虑到政协礼堂不仅是全国政协的主会场，而且中央和国家机关的一些重要政治活动也要在此举行，因此，还要有翻译室、同声翻译装置等。礼堂有东南西北4个大门，北门正对着政协机关，南门外决定开一条马路，正对着政协文化广场。①

方案确定后，便进入施工建设阶段。建设全国政协礼堂是周总理亲自指示、党中央直接督办的项目，建设单位高度重视，集中人力、物力，派出了最优秀的工程师和施工队伍。全国政协机关工作人员不论男女都轮流参加义务劳动，投入到工程建设中。1954年夏季动工，1955年下半年建成，这在当时不能不说是一个奇迹。

全国政协礼堂建成后不久，周总理亲自查看了礼堂的建设情况。他从一层走到三层，每个厅堂都看了一遍，每个地方都详细询问，对建设施工质量表示满意。

二、中西合璧的建筑风格

全国政协礼堂作为新中国早期的重要建筑之一，代表了20世纪50年代较高的建筑水平。礼堂整体属欧式建筑风格，外形庄严、大气、美观、厚重，内部装饰华丽、典雅、清新、律动，同时又兼具中国传统建筑风格，中西合璧，相得益彰。

首先，从建筑形式上看，礼堂主体造型采用欧式的会堂建筑风格。外观造型庄严肃穆、对称严谨，以突出政治意义和国家形象。建筑造型为经典的3段式：下部基座是有花岗岩浮雕的须弥座，中部大块面积是干粘石分块墙面装饰，上部是优美曲线造型的挑檐和

① 苏林云：《见证历史风风雨雨的全国政协礼堂》，载《纵横》2000年第3期。

镂空花饰女儿墙。[1]最有特点的是礼堂门廊设计，即由台阶、柱廊、拱顶构成一组完美的图景。映入眼帘的是悬挂着人民政协会议的会徽的三孔式大门，左、中、右紧紧相依，两侧对应4根高大廊柱。东西两侧是两个向前突出的过厅，与后面的礼堂主体相连，凸显了全国政协礼堂拱形大门的雄伟。从拱形大门远远望去，可见礼堂的3面红色大门，二层的拱形窗楣也清晰可见。建筑色彩是淡灰米色，色调古朴典雅。

其次，礼堂布局严整，对称分明。大楼坐北朝南，以主入口、观众厅、舞台为中轴线，舞台位居北侧，观众厅居中，主入口在最南，是典型的具有民族特征的中心对称布局形式。

沿着礼堂门前台阶而上，进入中间大门后是观众厅南侧的前厅，前厅东西狭长，前厅北面正对着礼堂的观众出入口。

礼堂北侧是后厅，东西两侧对应的4个角落是小型会议厅及化装间和工作区。顺着楼梯登上二层，东西两侧是休息室和小会议厅。三层是一个面积约800平方米的平层多功能大厅，多功能大厅是用于召开会议、举行宴会的地方，其两侧入口过厅都有楼梯通向屋顶的赏月平台。多功能大厅色彩绚丽、金碧辉煌，整体装饰凸显了中华多民族的特色，从门、地板到墙裙，再到顶棚，均为木质材料，墙裙上部包着金黄色的锦缎，顶棚由画有描金图案的藻井装饰，顶棚四周有描金斗拱，大厅两侧的柱廊间装饰着描金的花鸟额枋，拱形窗楣布置在大厅东西两侧，彰显了大厅的富丽堂皇和浓郁的中国风。

三、召开党的八大

1956年9月15—27日，党的八大在全国政协礼堂召开，这是中

---

① 蔡大庆执笔：《全国政协礼堂加固改造工程建筑与装修设计》，载《建筑科学》1998年第3期。

国共产党在新中国成立后召开的第一次全国代表大会。时隔62年之后，2018年6月21日，“中国共产党第八次全国代表大会”标识挂于全国政协礼堂，并举行了隆重的揭牌仪式，全国政协副主席兼秘书长夏宝龙出席并揭牌。[①]至此，包括上海的党的一大、二大和四大会址，广州的党的三大会址，武汉的党的五大会址，莫斯科的党的六大会址，延安的党的七大会址，以及北京的党的八大会址，全部挂牌对外开放。[②]这次在全国政协礼堂设立的党的八大会址标识，不仅延续了在历次党的全国代表大会会址设立标识的做法，加强对革命遗址纪念建筑的保护，而且对进一步宣传中国共产党的光辉历史、发挥党史资政育人的功能起到了重要作用。

1956年9月，在全国政协礼堂举行的中国共产党第八次全国代表大会不仅是中国共产党在新中国成立后召开的第一次全国代表大会，而且是党的七大召开11年后的全国代表大会，具有重大的历史意义。党的八大有正式代表1026人、候补代表107人，代表全国1073万名党员。应邀参加党的八大的有50多个外国共产党和工人党代表团，也是在党的十五大之前唯一邀请各民主党派和无党派人士参加的党代会，是一次盛况空前的党代会。

根据党的七大制定的党章规定，在通常情况下，党的全国代表大会每3年召开一次。党的七大是在1945年召开的，党的八大应当在1948年前后召开，然而从党的七大到党的八大却历时11年，原因是形势发展迅速，百废待兴，很难按照常规如期举行。在这期间经历了解放战争、抗美援朝、土地改革等重大历史事件。1955年10月，党的七届六中全会正式通过《关于召开党的第八次全国代表大会的决议》，决定在1956年下半年召开党的八大。这次会议还通过《关于党的第八次全国代表大会代表名额和选举办法的规定》，邓小平代表中央政治局做《关于召开党的第八次全国代表大会的决议草案的说

---

① 《中共八大会址标识在全国政协礼堂设立　夏宝龙为标识揭牌》，载《中国政协》2018年第12期。

② 李颖：《在全国政协礼堂召开的中共八大》，载《人民政协报》，2018年6月28日。

党的八大在全国政协礼堂举行（新华社　提供）

明》。[①]邓小平作为中共中央秘书长，具体负责筹备召开党的八大的各项组织工作。

由于当时北京的人民大会堂还没有修建，作为新中国较早的重要建筑之一，1956年竣工的全国政协礼堂顺理成章地成为党的八大的主会场。

据时任政协礼堂建设小组秘书的苏林云回忆，1956年春，中共中央秘书长邓小平和中央办公厅主任杨尚昆来到政协礼堂第一会议室，把连以农和苏林云找来，邓小平说："中共第八次代表大会要在政协礼堂召开，约有1500人参加，上主席台的有270人，这次大会米高扬要来，得给他准备个休息的地方，你们有什么困难没有？"苏林云等听了以后十分兴奋，当即回答："没有困难，保证完成任务。"[②]党的八大将要在政协礼堂召开的消息传开后，全国政协机关的同志们都深受鼓舞，倍感肩负的责任重大，大家纷纷表示要做好各项准备工作和

① 李颖：《在全国政协礼堂召开的中共八大》，载《人民政协报》，2018年6月28日。
② 苏林云：《见证历史风风雨雨的全国政协礼堂》，载《纵横》2000年第3期。

大会服务工作，不辜负全党期望，保证会议顺利进行。

首先，要解决会场的座位问题。会议约有1500人参加，而礼堂仅有1300个座位。为此，他们调整了一楼的所有桌椅位置，增加了两排座椅，满足了大会需要。

其次，对大会主席台进行了改造。大会主席台应有270个席位，在大会召开时，坐在下面的代表都能看到主席台上的发言人，当时主席台只有16米宽，每排最多只能坐30人，需要安排9排座位。工作人员经过集思广益，最后确定了解决方案：第一排为基础平面，以此为准，从第二排起每排向上抬高20厘米，共做了8排逐渐升高的坡度，每排还加装了固定栏板以保障安全，这样共设计了9排栏板，每排共制作了80多块栏板，在两侧和后排还预留了通道。这样，能够容纳270人的大型主席台就改造完成了。同时，还将主席台西侧的道具间装修一新，为受邀参会的苏共中央领导人米高扬设立了一间贵宾休息室。经过一番精心的筹备，一切安排就绪，邓小平和杨尚昆看后都表示满意。①

1956年9月15—27日，中国共产党第八次全国代表大会在全国政协礼堂胜利召开。在会议的开幕式上，毛泽东发表了激动人心的讲话，其中，“虚心使人进步，骄傲使人落后”这句著名论断就出自毛泽东的开幕词。他提出中国共产党的任务就是“要把一个落后的农业的中国变成一个先进的工业化的中国”②。

毛泽东以充满激情的话语表达了中国共产党建设社会主义现代化国家的豪情壮志，引起与会代表的强烈共鸣。这篇开幕词不足2500字，博得了34次热烈掌声，成为毛泽东的经典文献而载入史册。

---

① 李颖：《在全国政协礼堂召开的中共八大》，载《人民政协报》，2018年6月28日。

② 中共中央文献研究室编：《毛泽东文集》第七卷，人民出版社1999年版，第117页。

党的八大会议主席台（新华社　提供）

此外，党的八大提出的关于中国社会主义建设的重要思想和路线、方针、政策具有重要的历史意义。刘少奇做的《中国共产党中央委员会向第八次全国代表大会的政治报告》，邓小平做的《关于修改党的章程的报告》，周恩来做的《关于发展国民经济第二个五年计划的建议的报告》，以及朱德、陈云、董必武等在会议上的重要发言，标志着中国共产党在社会主义改造任务胜利完成的条件下，开始探索中国特色社会主义建设理论与实践，为形成中国特色社会主义道路进行了有益探索。①

在大会召开期间，全国政协礼堂工作人员以饱满的热情为大会提供了周到、细致的服务。毛泽东对此非常满意，并且在会议结束时亲自接见了礼堂的工作人员。据苏林云回忆："八大会议就要闭会时，毛主席的秘书叶子龙对我说，毛主席说这次会议期间，礼堂同志很辛苦，他要在会议结束的时候见见大家。当毛主席面带笑容，一边走一

① 李颖：《在全国政协礼堂召开的中共八大》，载《人民政协报》，2018年6月28日。

边挥着手说‘同志们辛苦了’的时候，大家都拥着毛主席走到北门厅，很多人都哭了，那个激动人心的场面使我终生难忘。”[①]

四、政协礼堂与“委员之家”

1959—1961年三年困难时期，由于“左”的错误影响，挫伤了许多民主人士的积极性，加上当时国民经济发生严重困难，粮食、副食品和日用品供应严重匮乏，为了缓和紧张的政治气氛，团结党外的政协委员和各界民主人士，帮助他们解决遇到的生活困难，周恩来总理指示政协礼堂和政协机关要开展各项活动，为各民主党派的党外民主人士提供生活便利，创造宽松的环境，首先要求把政协礼堂办成“委员之家”。这也是进一步做好党的统一战线工作的重要组成部分。为此，政协礼堂积极行动，开展了一系列旨在增进团结、加强凝聚、促进交流的工作。

一是“神仙会”与“三不主义”。全国政协副主席、中央统战部部长李维汉提出组织政协委员开“神仙会”，实行“三不主义”，即“不抓辫子、不戴帽子、不打棍子”，打消委员们的思想顾虑，发扬民主，畅所欲言。当时，在礼堂的会议室举办了各类座谈会、联谊会、学习会、双周讲座会，形式多样，议题广泛，委员们踊跃参加，礼堂的会议室场场爆满。有些活动甚至安排到礼堂的东西大厅，二楼的前厅和三楼大厅也常常不得不用屏风隔成几个会议室开会。[②]

二是筹建文化俱乐部。根据周总理的指示，政协礼堂要经常举办文娱活动，以活跃气氛。为此，由全国政协常务副秘书长、中央统战部副部长张执一负责筹建文化俱乐部。经常为政协委员举办电影放映会、小型晚会、舞会、书画展等[③]，当时最难的工作是搞影片，工作

---

① 苏林云：《见证历史风风雨雨的全国政协礼堂》，载《纵横》2000年第3期。

② 同上。

③ 耿温如口述，王运文整理：《三年困难时期我在全国政协礼堂的工作经历》，载《春秋》2014年第1期。

人员蹬着自行车跑遍了市电影公司、电影总公司、电影厂去联系片源。光凭介绍信还不行，还要讲政协统战工作的意义，讲周总理怎样关怀民主人士，讲政协的一项重要工作就是团结好民主人士。这绝不只是看一场电影，党外人士对此很重视，看成是党对他们的关心。

还有一种小型活动，称为“笑的晚会”，更为轻松活泼，主持人是侯宝林委员。参加活动的是党外高级民主人士，不仅能够听到侯宝林说的相声，参加的委员还可以自己讲笑话，气氛很活跃。

三是小卖部与厨艺展示。三年困难时期，物资供应紧张，政协礼堂在三楼设立了小卖部、小吃部，为政协委员生活提供方便。委员们可以凭证在这里购买水果、饼干、香烟等物品，但实行限量供应。小吃部也是凭票供应，每月给每位委员6张票，凭票可以买包子、馄饨、凉菜等。周总理指示，从各省调来著名厨师，做各种特色小吃，如四川豆花、湖北豆皮、扬州汤包等，满足委员们不同口味的需求。当时食品供应紧张，完全凭票购买，而且数量有限，开办小吃部从一定程度上缓解了政协委员的供应短缺问题，保障了他们的身体健康。有些委员还亲自下厨，展示手艺。于是，大家纷纷自己动手，各展特长，这样才更像“委员之家”。[①]

当时虽然处于困难时期，但政协礼堂的工作却搞得十分红火，著名歌唱家张权被错划为“右派”后，60年代从东北返京，周总理得知后特意在政协礼堂为她办了一场音乐会。当张权来到礼堂后，周总理握着她的手说：“张权同志，你受苦了。”张权激动得泪流满面，一时语噎。[②]政协委员梁漱溟虽被视为“异端”，但他还是按时参加政协直属组学习会活动，学习结束后，他每次都在礼堂的二楼前厅打太极拳，政协礼堂的服务人员仍然对他亲切关怀，每次都送茶倒水，细心照顾。在许多政协委员的心目中，这里就像他们的家！

---

① 耿温如口述，王运文整理：《三年困难时期我在全国政协礼堂的工作经历》，载《春秋》2014年第1期。

② 苏林云：《见证历史风风雨雨的全国政协礼堂》，载《纵横》2000年第3期。

五、政协礼堂见证了重要历史时刻

全国政协礼堂自建成后，不仅作为人民政协召开历届全国政协代表会议的主会场，而且也是党和国家举行重要会议、外事活动的地方，这里见证了我们国家的很多重要历史事件，记录了很多激动人心的历史时刻。

1957年5月15日，正是春暖花开的季节，中国新民主主义青年团第三次全国代表大会在全国政协礼堂开幕。全国各地的青年代表齐聚北京，参加新中国广大青年的盛大节日。下午3时，大会开幕，全场爆发出雷鸣般的掌声，毛泽东走上主席台时全场起立，欢呼声、掌声震动着每个人的心，主席台上还有刘少奇、周恩来、朱德、陈云、邓小平、董必武、彭真、陆定一、王稼祥、杨尚昆等党和国家领导人及各民主党派负责人。

大会执行主席廖承志宣布大会开幕，庄重地向全国青年宣布：中国新民主主义青年团已经胜利地完成了自己的历史任务，将要在这次大会上讨论通过改名为中国共产主义青年团。接着是邓小平致祝词，他在祝词中说："中国新民主主义青年团在中国共产党领导下，积极参加我国的民主革命和社会主义革命的斗争，积极参加了伟大的社会主义建设。青年团在自己的工作中，不愧为祖国的优秀儿女，不愧为党在各个战线上的助手，现在进入了一个新的历史时期，作为这个伟大的历史性转变的一项标志，就是中国新民主主义青年团将要在现在召开的第三次代表大会上，改名为中国共产主义青年团，我代表中国共产党中央委员会向你们致以最热烈的祝贺。在这个极其光荣伟大的事业中，共青团员的模范行动和创造精神将起重大的作用。我们要在社会主义建设的胜利史上写下青年们光辉一页。"[①]邓小平的祝词给青年们以极大的鼓舞。

① 《在青年团第三次全国代表大会上邓小平同志代表中共中央致祝词》，载《人民日报》，1957年5月16日。

大会期间还发生了一段有趣的插曲。当宣布小憩时，休息室里活跃了起来，来自广西的荆曼云、欧阳云莲、刘明仁和广东的黄诚堃来到休息室。不久，毛泽东进来了，大家的心情说不出有多高兴，休息室里立刻响起热烈的掌声、问候声。代表们围上去对毛泽东说：“主席您好！”毛泽东与他们亲切握手，并问他们是哪里人。毛泽东瞧瞧这个，望望那个，笑容满面。团中央书记处书记胡克实对毛泽东说：“代表们想和老共青团员们照个相。”毛泽东说：“老共青团员？我也是呀！”①记者拿着照相机，把新中国的缔造者和革命事业的继承者照进了镜头。然后，毛泽东在沙发上坐下，拿出一支烟来，说：“你们大家都吸烟吗？”大家都说：“不吸！”毛泽东说：“你们不吸，我也不吸了！”大家又说：“吸吧！”山东代表徐建春划着了火柴，给毛泽东点燃了烟。不过，她太紧张了，点烟的手直哆嗦，只好用另一只手托着点烟的手。旁边的记者看到这样温馨的场景，连忙按动快门抓拍下来。毛泽东抽着烟和徐建春亲切地聊了一会儿，风趣地说自己吸烟也算是和细菌做斗争，逗得大家哈哈大笑起来。毛泽东和蔼可亲，让共青团员们也不拘谨，他就像是一个青年一样，和大家谈笑风生，既像一位慈爱的父亲，又像一位知心的朋友，让每一位代表都感动不已。

青年团第三次全国代表大会历时10天，5月25日在政协礼堂闭幕。当日下午在中南海，中央领导人接见了全体代表。毛泽东向全体代表讲话：“你们的会议开得很好。这是一个团结的会议，对全中国的青年会有很大的影响。我对你们表示祝贺。希望你们团结起来，坚决地、勇敢地为社会主义的伟大事业而奋斗！”②全体代表很受鼓舞，掌声响彻云霄。

如今，每年在新年到来之际，全国政协都要举行一次新年茶话会，这已经成了惯例，成为我们国家的一项重要政治活动。说起茶话

---

① 黄诚堃：《毛主席的接见鼓舞我一生》，载《梧州日报》，2015年5月25日。

② 《毛主席勉励青年团代表大会全体代表坚决勇敢为社会主义事业奋斗》，载《人民日报》，1957年5月26日。

会的来历，这里还有一段不平凡的经历。

“文化大革命”中林彪、江青反革命集团倒行逆施，使得国家和人民遭受了空前的劫难，统一战线遭到严重破坏，人民政协陷于瘫痪，一部分政协委员和民主人士受到迫害。1966—1976年，人民政协基本停止了活动，政协礼堂工作也陷于停滞。1976年10月，党中央一举粉碎了江青反革命集团，结束了持续10年之久的“文化大革命”。从此，人民政协开始恢复工作，政协礼堂迎来了新的春天。

1978年2月23日—3月8日，全国政协五届一次会议在政协礼堂召开。这次会议距1964年12月召开的四届一次会议已有13年。在这次会议上，刚刚恢复工作不久的中共中央副主席邓小平当选为第五届全国政协主席。当时全国都在拨乱反正，百废待兴，一片蒸蒸日上的景象。历经十年动乱的中国，如何走上正确的发展轨道？一度停滞的政协工作如何展开？对此，邓小平做出了明确回答，他在闭幕会上的讲话中指出：现在我国进入了一个新的发展时期；我国革命统一战线必将在实现新时期总任务的斗争中，在向四个现代化的伟大进军中，发挥它的重要作用；这次会议对于发展我国革命统一战线，活跃国家的政治生活，巩固无产阶级专政，都具有重大的意义。[①]这次会议召开以后，人民政协工作沿着正确轨道蓬勃发展，掀开了新的历史篇章。

正是在这样的背景下，中共中央统战部向中央提出申请，希望在1980年1月1日举行全国政协新年茶话会。经中央同意，在进入20世纪80年代的第一天，全国政协举行了第一次新年茶话会。

当天上午，全国政协礼堂三楼大厅里群贤云集。各民主党派中央、全国工商联负责人和无党派代表人士来到会场，互致问候。这次茶话会由时任政治局委员、全国人大常委会副委员长的邓颖超代表党和国家领导人讲话。邓颖超在讲话中着重对新时期的爱国统一战线和台湾回归祖国两个话题做了阐述。随后，朱学范、胡愈之、胡厥文等

① 《五届政协第一次会议隆重闭幕》，载《人民日报》，1978年3月9日。

8名民主党派和全国工商联代表先后发言。

本来这次茶话会没有安排邓小平发言，但就在各位代表发言结束后，邓颖超提出请邓小平发言。邓小平幽默地说："同志们，我本来今天不准备讲话，邓大姐将了我一军，讲几句吧！"也正是在这次全国政协新年茶话会上，邓小平指出为把经济建设搞上去，80年代需要做好4件事：一是一定要坚持党的政治路线；二是必须要有一个安定团结的政治局面；三是要有艰苦创业的精神；四是要建立一支坚持社会主义道路的、有专业知识的干部队伍。①

自从举行第一次新年茶话会以来，一年一度的全国政协新年茶话会已经成为党和国家领导人与各界代表畅谈友情、共商国是的重要平台。在这里，党和国家领导人邓小平、江泽民、胡锦涛、习近平都发表过重要讲话，对国内外形势、国家发展目标和祖国统一问题都有过精辟的论述，每一次茶话会都对发挥统一战线作用、开展人民政协工作起到了推动作用，凝聚了人心，鼓舞了士气。

这正是：清茶一杯议国事，民主协商促发展，荣辱与共见真情，共商大计谋未来！

全国政协礼堂作为召开政协全国代表大会的场所，无论从建设宗旨、服务面向、管理制度，还是从建筑形式、设计风格、内部陈设等各个方面，无不体现了党的统一战线总方针，为推动中国共产党同各民主党派和无党派人士长期共存、互相监督、肝胆相照、荣辱与共，促进与各党派、无党派人士的团结合作，发挥了重要作用。

① 《首次政协新年茶话会》，引自"中国政协网"。

第三节　人民大会堂

人民大会堂庄严宏伟，是党和国家举行重要政治、外交、文化活动的场所，是新中国的标志性建筑。1959年建成后，中国共产党全国代表大会、中国人民政治协商会议等都在这里召开。

人民大会堂位于天安门广场西侧，西长安街以南，西侧为国家大剧院，南侧邻近前门西大街。

人民大会堂建筑面积达171800平方米，建筑平面呈“山”字形，其主体建筑由3部分组成：从东侧正门进入便是典雅大气的中央大厅，厅后就是宽达76米、进深60米的万人大会堂；大会堂北侧是有5000个座位的大宴会厅，南侧是全国人大常务委员会办公楼。大会堂内还设有以全国各省、市、自治区名称命名、富有地方特色的议事厅堂。大会堂外部是浅黄色的花岗岩墙面，屋脊装饰有黄绿相间的琉璃瓦屋檐，四周环绕着134根巨大的圆形廊柱；正门面对天安门广场，门额上镶嵌着中华人民共和国国徽，正门前矗立着12根浅灰色大理石门柱，4扇门前有5米高的花岗岩台阶。

人民大会堂作为庆祝中华人民共和国成立10周年的北京“十大建筑”之首，向世界充分展示了新中国日新月异、蓬勃发展的建设成就，彰显出人民当家做主的精神风貌。这座大型建筑完全由中国工程技术人员自行设计、施工，于1958年10月动工，1959年9月建成，仅用了10个多月的时间就建好了。从建筑设计、艺术风格、工艺水平，到建设施工、整体设计等各个方面，人民大会堂创造了中国建筑史上的奇迹，成为首都北京的一座红色地标建筑。人民大会堂是全世界最大的会堂式建筑之一，建筑风格既庄严雄伟、恢宏壮丽，又富有浓郁的民族特色，与周围建筑呈对称分布，融为一体，构成了一幅完整的天安门广场庄严绚丽的图景。2007年12月，北京市政府将人民大会堂建筑群列入《北京优秀近现代建筑保护名录（第一批）》。2016年9月，人民大会堂入选“首批中国20世纪建筑遗产”名录。

德国哲学家黑格尔说过：建筑是一门象征性的艺术，不具备创造自身精神性的能力，只是能创造出一种外在形状，只能以象征方式去表达某种意义，因此，建筑内涵是建筑美的本质所在，诸如时代精神、风土人文、社会现象等因素，皆通过外在的形式表现出来。[①]任何一座伟大建筑，必然要反映当代社会的风貌，表达人民的呼声，作为新中国建筑象征的人民大会堂也必然要反映这一历史规律。

人民大会堂建成后，在波澜壮阔的新中国发展史上发挥着其特有的政治功能和文化价值。作为天安门广场整体格局中的一个重要组成部分，人民大会堂成为社会主义祖国的象征和人民民主国家的政治象征。这里曾经是毛泽东、周恩来、邓小平等党和国家领导人处理国家大事、接待外宾的地方，是人大代表商讨大政方针的政治殿堂，各条战线的劳模代表、先进人物在此聚会。这里曾经见证了无数庄严的历史时刻，留下了载入史册的伟人足迹，许多事关国家前途命运的大政方针曾经在这里酝酿，这里向世人昭示着中国的日益富强，象征着祖国统一和民族团结。

今天，人民大会堂走过了半个多世纪的历程，昂然屹立，对其仍有说不尽的话题，挖掘其蕴含的红色基因则会对未来更有启示。

一、运筹帷幄，国庆献礼

1958年8月，中共中央在北戴河举行中央政治局扩大会议，会议做出决议：用一年的时间，在北京建造一批具有时代纪念意义的大型公共建筑，以此庆祝新中国成立10周年。

这不仅是为了庆祝新中国成立10周年，而且对新中国建筑事业

① [德]黑格尔著，朱光潜译：《美学》（第3卷）上册，商务印书馆1996年版，第125页。

的发展具有深远的历史意义。

经历了新中国诞生之后的艰辛探索，克服了重重难关，国民经济迅速恢复，工农业稳步发展，国力迅猛提升，大规模的社会主义建设大幕已经徐徐拉开。在这样的时代背景下，兴建一批高水平的建筑以适应时代发展的需要则势在必行。作为新中国的首都和全国政治、文化、国际交往的中心，北京也迎来了城市发展的一次重大机遇，建设一批具有国际先进水平的标志性、纪念性大型公共建筑，对提升首都核心功能、再现古都风貌、发展城市经济具有重要意义。

1958年9月5日，北京市召开会议，万里副市长传达了中央指示，要求在新中国成立10周年前夕建好人民代表大会礼堂（后命名为人民大会堂）、革命博物馆、历史博物馆、国家剧院、农业展览馆、民族文化宫、军事博物馆、科技馆、美术馆、迎宾馆（后来有所调整）。[①]此外，还要修建体育场、电影宫等建筑，再加上天安门广场扩建、东西长安街绿化、地下管线和路面的翻新改造，工程总投资为3亿元。这是新中国成立后的第一批标志性的公共建筑，其中人民大会堂又是“龙头”建筑，重中之重，事关全局，承载的艰巨使命尤为突出。[②]

纵观世界建筑史，一座大型建筑的建设周期往往很长，如纽约联合国总部大厦用了7年、悉尼歌剧院用了14年、美国国会大厦则用了26年。此时，距1959年国庆节只剩下不到13个月，而且参与规划的苏联专家也已经撤走。在这么短的时间内要完成这么大的工程量，又要达到“最高艺术水平和最高工程质量”的目标，任务的艰巨性可想而知。为此，在周总理的关怀和亲自指导下，北京成立了刘仁、郑天翔、万里等领导组成的“国庆工程”小组，随即成立了以市建委主任

① 经过调整后，建成的“十大建筑”包括人民大会堂、中国革命博物馆（与中国历史博物馆合并为一座建筑）、中国人民革命军事博物馆、民族文化宫、民族饭店、钓鱼台国宾馆、北京火车站、华侨饭店、工人体育场、农业展览馆。

② 刘守华：《档案揭秘：人民大会堂建造始末》，载《档案春秋》2016年第10期。

赵鹏飞为首的“国庆工程”指挥部，北京的“国庆工程”建设紧张而又有条不紊地开展起来。

在中央电影院（今北京音乐厅）召开的千余人参加的动员誓师大会上，万里掷地有声地指出：“不是有人不相信我们能自己建设现代化国家吗？老认为我们这也不行那也不行吗？我们一定要争这口气，用行动和事实做出回答。”由于时间紧迫，决定采取“边设计、边施工、边备料”的建设方式。为了更广泛地征求意见，会议决定由北京市政府和中国建筑学会联名发出电报，邀请各省市的著名建筑专家来京参加大会堂的设计工作；要求市建工局和市政工程局加紧准备建筑材料、施工机械，组织施工队伍，力争10月破土动工。[①]一项划时代的宏伟工程正徐徐拉开大幕，预示着即将展开一场轰轰烈烈的建设热潮。

二、集体智慧，确定方案

1958年9月7日，北京市政府以中国建筑学会的名义向16个省市的建筑界发出邀请。短短3天之内，全国各地30多位顶级建筑师就云集北京，其中有梁思成、杨廷宝、戴念慈、陈植、张镈、张开济等著名建筑师，开始对人民大会堂进行总体方案的设计。大家夜以继日地工作，数易其稿，先后经过了7轮评选，但仍然没有一个能够脱颖而出的理想方案。时间不宜久拖，人民大会堂的方案定不下来，“国庆工程”将受到影响。于是，周总理在国庆节前夕指示：要进一步解放思想，除老专家之外，发动青年建筑师参加各大项目的方案设计。

经过短短一个多月的艰苦奋战，专家们提出了84份平面方案和189份立面方案。到10月10日，经过专家们又一轮修改，不少设计方案得到完善，设计思路也更加明确，但是围绕总体布局、平面设计、立面造型、空间范围等方面仍然存在较大分歧。本着“为了将首

① 沈勃：《人民大会堂建设纪实》，载《建筑创作》2014年第1期。

都建设得更好，特别是对天安门广场周围的建筑如人民代表大会礼堂等尤力争完美，使之具有高度的建筑艺术水平”这一宗旨，北京市委再次致函各省、市、自治区政府，征求对“国庆工程”设计的意见，并希望各地也能够提出更好的设计方案。[1]

在设计方案时，遇到了一个又一个难关，提出的要求也逐步增加。最初，提出的设计要求是建造一座可容纳万人的大礼堂。第二轮修改时又增加了可容纳5000人的宴会厅，第三轮修改时把全国人大常委会办公楼也加了进来。虽然建筑功能不断扩展，但建筑面积却被限定在7万平方米以内，就算建一座万人大礼堂，平均每个座位也不超过7平方米的面积，还要建一个大宴会厅和全国人大常委会办公楼。根据上述要求，形成了一个设计方案，但受到外交部礼宾司的批评：如果宴会大厅在一层的话，进门之后没有回旋余地，就立刻“登堂入室”，显得过于仓促。另外，从大会堂正门一进入就是万人大礼堂，中间没有缓冲的过渡空间，缺乏庄严肃穆的气氛。如何才能把全部功能合理、巧妙地安排进这么狭窄的空间，又要最大限度地体现壮观、大气的会堂风格，这真是一道难解的题。

最终破解难题的是著名建筑师赵冬日带领的北京市规划局设计团队。北京市委第二书记刘仁亲自到天安门广场进行步测后，向赵冬日提出大胆设想：“7万平方米的建筑面积，不去考虑。140米×270米的规划用地，也不去考虑。打破樊篱，另起炉灶，设计一座全新的万人大会堂。”[2]按照这个思路，他们大胆提交了一个建筑面积17.18万平方米、超过原来设计面积一倍多的设计方案。这个方案的设计思路是大会堂平面呈“凸”字形，大宴会厅、大礼堂和全国人大常委会办公楼由北向南依次排列，3部分以中央大厅相连，彼此呼应，融为一体，宴会厅放到二楼，大礼堂移至中央偏西的位置，大会堂的立面方

---

① 赵冬日：《从人民大会堂的设计方案评选来谈新建筑风格的成长》，载《建筑学报》1960年第2期。

② 赵冬日：《回忆人民大会堂的设计过程》，载《党史博采》1997年第10期。

案则沿用前几轮设计中获得周总理首肯的西洋柱廊式结构。[①]

10月14日，为了尽快确定大会堂的设计方案，刚从外地风尘仆仆返京的周总理就邀请设计专家到中南海西花厅进行方案会审。当天，送审的3个方案分别由清华大学、市建筑设计院和市规划局提供。周总理一边看一边比较，问万里：北京市意见如何？万里汇报了市规划局赵冬日等主持设计的方案。周总理又反复看，由远及近，再由近及远，反复对比，一再征求在场专家的意见，最后拍板决定："就用这个！工程具体设计由市建院负责。"[②]随后，他向中央做了汇报，并最终获得通过。

在人民大会堂设计方案的构思、酝酿、确定过程中，周总理起到了领导核心作用，尤其在总体布局、建筑风格、建设方针、设计思想等方面，对大会堂建设具有重要指导意义。

在审查评图时，周总理经常通宵达旦，对每一个方案深入指点。在施工期间，周总理更是深入工地，了解情况，在工作异常繁重的情况下也从未间断。他这种亲自抓第一手资料、耐心听取意见、现场言传身教和一丝不苟、严肃认真、具体落实、检查到底的工作作风，从设计方案直到建成为止，始终如一，无不给参与这项建设的专家留下了深刻的印象，令他们永生难忘。[③]

在大会堂设计方案的制订过程中，充分反映了周总理虚怀若谷、兼容并包的领导作风。对于这个超出原有标准并最终胜出的设计方案，建筑界是有不同意见的。其中，梁思成在艺术风格与建筑尺度方面提出了不同看法，他认为艺术风格的优劣顺序应该是中而新、西而新、中而古、西而古。获选的北京市规划局的设计方案是效仿文艺复兴风格，属于西而古，并不被他认可。他还认为获选方案的立面尺度比例过大，"大而不当"，为追求庄严、隆重而在尺度上犯了简单放大的错误，使人进去后似乎变小了，有到了巨人国的感觉，他称这种做

① 苏峰：《新中国的建筑奇迹》，载《百年潮》2014年第2期。

② 沈勃：《人民大会堂建设纪实》，载《建筑创作》2014年第1期。

③ 张镈：《我的建筑创作道路》，天津大学出版社2011年版，第174页。

法是“小孩放大”，担心会重复犯历史上的错误。来自上海的6位专家联名向周总理送上一份书面意见，对500米宽的大广场表示担心，担心会出现建筑比例失调的问题。

鉴于还有不同意见，1959年1月20日，周恩来、彭真、万里召集在京的建筑、结构和美术方面的专家共计40余人召开座谈会。会上，周总理听取了梁思成等与会专家的意见和建议，并做了耐心细致的回答。他指出，虽然工期很紧，仍愿采取亡羊补牢的办法，克服缺点，集中优势，把大会堂建好。周总理强调指出，大会堂的建设要贯彻党的“适用、经济、美观”的建筑原则，做到“大而有当”，不能“大而不当”，这就要首先考虑建筑究竟为谁而建、怎样建设的大问题。他认为，要考虑物质与精神这两个方面的问题，提出了“物为人用”的建筑思想，建筑是为人民服务的，既是时代的产物，也深刻地反映着时代思想和人的观念。他认为，圣彼得教堂是神权社会的产物，要让人进去之后感觉上帝的伟大和个人的渺小。我们不同，人民是国家的主人，应该让人能感觉到自己是主人，人民是主人，而不能做物的奴隶。空间、形体、面积的扩大同样要做到从内到外都有平易近人的感觉，以体现我们社会主义国家人民群众当家做主的效果。

接着，周总理还谈了关于艺术风格的问题。以人民大会堂作为新中国成立之后的地标性建筑，究竟应该采用什么样的建筑风格，确实是一个亟待解决的问题。在前人创造的范例面前，如何立足现实，继承历史，开创出具有中国特色的建筑风格，则需要一个重新选择、吸纳、扬弃的过程。为此，他明确指出，古今中外的著名建筑都是历代祖先的智慧结晶和劳动成果，应兼容并蓄，吸纳所长，为我所用。我们不能囿于狭隘的地方民族主义圈子之内，应该“中外古今，一切精华，包含并蓄，皆为我用”[①]。他最后说：“现在的问题不在于是古非古、西非西，而在于一万人开会、五千人会餐、八个月盖完，这样就得马上定案，立即施工。如果两三年完成，就可以更多地征求些意

① 张镈：《我的建筑创作道路》，天津大学出版社2011年版，第182页。

见了。无论谁盖房子，我们的方针都是‘适用、经济’，在可能的条件下的‘美观’。如果有人认为这个建筑不好，将来可以搞得更好的，事物的发展总是后来者居上。所以大家提意见，能采纳的尽量采纳，使建筑搞得更完善。”①

周总理的讲话深入浅出，感人肺腑，令与会者无不感动，大家统一了思想，增强了信心，为更加艰巨的建设施工阶段打下了坚实的思想基础。

三、攻坚克难，创造奇迹

人民大会堂于1958年10月动工兴建，占地15公顷，总建筑面积超过17万平方米，南北宽206米，最高处距离地面46.5米。人民大会堂的中部是这座建筑的心脏——万人大礼堂，长60米、宽76米、顶高33米，分为3层，可容纳一万人，仅用了280天就完成了主体工程，创造了新中国建设史上的又一奇迹。

这是一个浩大而复杂的工程，施工项目达1000多项，面对这样一个工期紧、工程量大的政治任务，要按时完成党和人民交付的这一艰巨任务，只有打破常规，多头并进，采用边设计、边施工、边备料的“三边”方法，现场组织，统筹协调，才能顺利推进，保障任务的落实。施工组织保障有力，工程指挥部是“龙头”，设计与施工是“两翼”，人员、设备、材料是“三足”，指挥部一声号令，各部门分工协作，一场紧张而有序的建设高潮就这样开始了。

施工现场人声鼎沸，机器轰鸣，千军万马齐上阵，超过万人的建设大军分3班连续昼夜施工。市委派建委主任赵鹏飞现场主持，市建工局局长张鸿舜为现场总指挥，组成大会堂工程指挥部。市建筑设计院副院长沈勃带领一批专家和技术人员进驻现场，与施工单位面对面沟通，一切问题在现场解决，既节省了时间，又避免了设计中的失

① 苏峰：《新中国的建筑奇迹》，载《百年潮》2014年第2期。

误。工地上热火朝天，甚至除夕之夜都灯火通明，施工进度突飞猛进，《国庆工程简报》不断报道取得的辉煌战果：到1958年12月初，人民大会堂宴会厅的基础混凝土已经全部打完！1959年春节刚过，北京市就向17个省市的71名著名专家发出邀请，来京参加“国庆工程”设计审查会议。2月23日，汪季琦、梁思成、茅以升等专家悉数到会，参观工地后，专家们又分为建筑组和结构组进行了为期7天的讨论，重点是人民大会堂的结构安全问题。专家们看到工程进展的盛况无不感到兴奋和鼓舞，气氛热烈，纷纷提出自己的建议，根据实际情况提出了558条修改意见，并在会议上提出了22项具体可行的实施方案。

设计方面逐步完善，但又出现了施工问题。北京市委确定人民大会堂竣工日期为1959年8月15日。因此，进入1958年12月下旬，施工就进入了高峰期。此刻，大会堂工地有40家施工单位和近14000人在工作，3班昼夜施工，人员密集，一度有些混乱，影响了工程进度。同时，设备、材料的供应也发生了短缺的问题。对此，工程指挥部及时提出“集中领导，统一指挥，分层负责，分片包干”的措施，将组织系统分为总指挥部、分指挥部、工段的“三级机构”。[①]

在三级施工管理机制下，首先，针对万人大礼堂和宴会厅这两个大会堂的重点关键部位进行重点攻关。指挥部又将工程分为土方、结构、钢梁、装修、设备安装、室外管道庭院等“六大战役”，每个战役又按照不同项目、工序和部位分成几个小战役，化整为零，分步推进，目标明确，任务具体，每个工序之间首尾衔接，环环相扣；同时，千方百计地调集工程材料、机器设备，保障工程顺利进行。这样大规模的建设，所涉及的物资供应和施工队伍数量庞大，需要的加工订货和市场采购的材料品种繁多、规格复杂、涉及面广，这样史无前例的艰巨任务只有依靠举国之力才能完成。1958年11月26日，“国庆工程”办公室发函，请求各省市支援工程材料、设备和技术工人。

① 沈勃：《人民大会堂建设纪实》，载《建筑创作》2004年第1期。

决定在上海、辽宁、河北、广东设立“国庆工程”工作组，统一安排支援机电、水暖、通风、冷冻器材和卫生洁具及室内装饰设备的采购供应。同时，成立机械施工站，由各施工单位抽调业务熟练、有独立工作能力的人组成，每月根据生产计划，统一平衡、调度使用各种机械，最大限度地发挥机械使用的效率。①

全国各地积极支援人民大会堂的建设。各省、市、自治区先后派出7700多名优秀建筑工人参加建设，解放军官兵、机关干部、学生积极报名参加义务劳动，杨勇上将带领160名志愿军归国代表也参加了工地劳动，大家都想为大会堂建设铲一锹土、出一份力。据统计，参加人民大会堂建设的劳动大军共计30万人，23个省市的200多家工厂为大会堂赶制了大批设备和材料成品。

1959年5月，人民大会堂建设的总工作量已经完成35.5%，主体工程全部封顶，工程进入装修阶段。6月2—21日，北京市召开由4000多人参加的“国庆工程”五级干部会议，参加“国庆工程”的9万名职工都听取了传达，参与了讨论。会议确定了“进一步动员群众，鼓起更大干劲，打好最后一仗，保证各个‘国庆工程’按时竣工”的工作目标，为大会堂工程的后期建设奠定了坚实的基础。后期建设任务更加艰巨，工作难度更大，面临着新的考验。装修阶段对技术和质量要求更高，工艺复杂，需要多个工种的工人同时施工。为此，指挥部提出了完成任务的保障措施：集中优势兵力，突击重点项目；建立生产责任制，整顿劳动组织。实行“四定（即定质量、定工期、定效率、定材料）到组”，极大提高了劳动效率，建立了良好的生产秩序，工人情绪高涨，劳动效率成倍提高，建设速度也大大加快了。

由于时间紧迫，只有采用特殊办法才能解决工程难题。一方面，通过“综合施工计划”，把有关协作单位和各个工种组织起来，合理安排工序，实现联合作战，各负其责；另一方面，实行“多工种立体

① 刘守华：《人民大会堂建造始末》，载《档案春秋》2016年第10期。

交叉平行流水作用法”，充分利用时间和空间，工人们提出口号：“有空就占，有缝就钻，哪里有一点条件，我们就安装到哪里。”装修万人会堂时，现场同一时间内有20多个工种的3000名工人。工人们像“高空杂要”一样，开展立体交叉作业，不同工种的工人在同一时间内施工而又互不干扰。当一个月后拆除顶棚的脚手架时，下面大会堂的座椅已经大部分安装就位，地板也在未受任何损伤的情况下刷完油漆。

在人民大会堂建设中，广大的建设者运用聪明才智，发挥集体力量，攻克了一道又一道难关，创造了无数人间奇迹，书写了新中国建设的壮丽篇章。下面，介绍几件最典型的事例。

一是“水天一色”：大会堂天顶诞生记。今天，当我们走进庄严的万人大会堂时，抬眼望去，会被屋顶上那一幅美丽的图景所吸引。一颗巨大的红五角星居中，逐层环绕着葵花瓣的造型，无数闪亮的光影宛若天空上的繁星，屋顶的光影与会堂的墙面构成一个完美的整体，呈现出“水天一色”的艺术效果，给人以美的享受。在这项设计和施工的背后凝聚着建设者的智慧和汗水，述说着感人的故事。

大会堂要满足万人集会的要求，其面积必然是超大规模的，而且没有先例可做参考，也没有这方面的施工经验，其难度可想而知。按照一般的礼堂设计，剧场宽24米就已经很大了，现在扩大了6倍多，用传统的做法已经完全不行了。大礼堂的艺术风格该怎样处理也是众说纷纭，莫衷一是。有人建议采取欧洲豪华剧院的包厢式，但考虑到会场内人数与声响的相互关系，决定把顶棚设计为斜向台口的形式，类似影剧院或剧场，但是，这么做就不能营造出大会堂庄严、隆重的政治气氛。周总理对这两种方案都不太满意。他认为，万人大礼堂的内部设计是一个新鲜事物，遇到困难很正常。他邀请各地专家第二次来京，共同商议，不到几天，十几个新的方案就出台了。

但是，大家费了九牛二虎之力还是没有达成共识，就去找周总理。周总理说：“人民大会堂大厅是议论国家大事的地方，应该庄严、朴素、明朗、大方，不能按照歌剧院的形式处理，在形式上应该以人为主，一切从人的观感、舒适、卫生、安全出发，以简洁、干净为宜。”[①]他先对艺术形式定了调子。人站在地上，并不觉得天有多高，站在海边，也不觉得水有多深。“落霞与孤鹜齐飞”的诗句是对水连天、天连水的环境描写，应该是一种启发。为什么不从水天一色和满天星斗方面出发去做抽象的处理？扁圆卵形的观众厅后面的圆角大，前边浅弧线夹角小，没有平直的硬线，类似自然环境的无边无缘。上边的顶棚可以做成大穹隆形，象征天体的空间，顶棚与墙身交接处如果做成大圆角形就可以把顶棚的大弧线与墙身连为一体，没有边，没有缘，没有角，就会产生上下浑然一体的效果。周总理一边用铅笔勾画，一边用手势描述这一思路。大家听后深受启发，感到豁然开朗。

3天后，新的设计图纸就完成了。为了打破大会堂穹顶的单调，做了3圈水波纹灯槽的设计，中间是直径5米的红五角星灯，周围环绕葵花瓣形花饰，同时以红五角星为中心向360° 的圆周边连接38根闪闪光束，象征着纪念建党38周年（1921—1959）。红五星和向日葵象征着在中国共产党的领导下，全国各族人民葵花向阳、一心向党、欣欣向荣的时代特征，3圈水波纹带暗灯槽象征着党领导全国人民从胜利走向更大胜利的信心和决心。周总理看后非常高兴地说，这个葵花向阳的红五星和3圈水波纹象征着大海的后浪推前浪的气势，很好！他又指示：这个礼堂是整个建筑的核心，为了取得第一手的直观资料，必须做一个大模型，以能进去观察每个细部才好。[②]

设计方案出来了，如何施工又成为一个关键。要在史无前例的大空间里施工，难度可想而知。两层挑台上需打混凝土，顶棚上要装上3层龙骨，龙骨上要钉“水天一色”的天花板，顶板上还要安装通风设备、照明设备、扩声设备等。从回填砂石、砌地垄墙到铺设地板等地面工程都还没有开始。大量的装吊顶、抹灰、刷油漆工程，还有

① 张镈：《我的建筑创作道路》，天津大学出版社2011年版，第225页。

② 同上书，第229页。

灯具、桌椅、冷热风、音响、电视转播、灯光、扩音等设备安装工程都在等待进行，安装以后还需试机和调整。所有这些工作能否在3个月内全部完成，就成为整个工程能否在国庆节前交付使用的决定性一环。面对这种形势，工地党委召开了群众大会，把任务详情交给大家讨论，研究怎样在圆弧形的大礼堂内充分利用时间和空间，实行立体交叉作业，以使错综复杂的工序能够同时进行。在党委的启发下，架子工们和技术人员一起发挥了高度的智慧，计算顶棚“满天星斗”灯孔位置，巧妙地通过灯孔从钢梁上垂下一根根不落地的杉篙，又在这些杉篙的端部绑扎横的“顺水”杉篙，这样在整个顶棚和两层挑台下面都搭上了悬空脚手架，把大礼堂的整个空间搭成了“天上有天”的8层操作台。工作面扩大了，就给集中人力进行立体交叉作业创造了条件。大礼堂内的施工人员从1000多人猛增到6000多人，上、下分成5个施工段，前后组织了15次小战役。只用了40天的时间，圆弧穹顶就胜利完工，完成了按照常规需要半年以上才能完成的任务。这一胜利既为如期完成大会堂工程奠定了基础，也极大地鼓舞了士气。

二是“踏雪觅石”：大会堂红色花岗岩“风波”。要建造大会堂，需在很短时间内供应大批石料，其中大理石需用24000多平方米，花岗石需用27000多平方米。这些石料的选择、加工、运输都是很费脑筋的事情。关于整个建筑的基座材料采用什么花岗石，专家们是有争论的。后来，他们决定采用红色花岗石，以表现新中国无产阶级红色政权的坚固基础。但是红色花岗石从哪里来呢？

1959年1月底，房山县一个公社派人送来了一份花岗石样品，经过加工打磨以后，颜色确实不错。于是，他们就把花岗石样品拿给周总理看，周总理也认为很好。于是，原则上就选定了用这种花岗石做墙基的外饰面。

1959年2月初的一天早晨，天空飘起了大雪，在工程指挥部总指挥赵鹏飞的带领下，一行人来到房山县实地调研。在说明来意后，公社负责人把他们带到盛产石头的大队。大队长是一个精明能干的人，当即拿起两把榔头，踏着雪把他们带上了村东头的一座小山。经指点，才知道送交的石样是从山上的一块块大浮石上取下来的。这些浮石每块体积只有三四立方米，而且用榔头敲开边角检查时，发现石质很不均匀。当问到在短时间内采集几百立方米的石料有没有困难时，大队长一口回答："什么困难都可以克服。"其实，困难是很大的，这个山区地处偏僻，道路不通，即便石质好，但从山上把大块石料运到山下也绝非易事。回到村子里，他们又看到很多院墙就是用这种红色花岗石块砌筑的，但时间一久，这些石块都出现了大块黑斑。原来，这种花岗石中含有大量的磁铁矿，因此开始颜色发红，但在空气中氧化后就变成了黑色。所以，这种石料是根本不能用于建筑的，必须改用其他石料。回来后，考察组把这个情况重新向周总理做了汇报。经过反复比较，他们最终改用了浅黄色的花岗石。①它来自盛产大理石、花岗岩的山东栖霞地区，这里的石材色泽柔和、材质细腻，很适宜作为大会堂的基础石材使用。

三是"巨蟒捣乱"：大会堂主体结构封顶。万人大礼堂是名副其实的庞然大物，大会堂主体建筑的总体积达181000立方米。礼堂顶子是用12榀钢骨架做成的，跨度60.9米，高达7米，每根钢骨架重55吨。礼堂的第三层挑台外挑22米，第二层挑台外挑29米，每层挑台都有12榀钢梁构成钢架，钢结构共重2625吨。这些巨型钢梁吊装能否顺利完成，关系到整个大礼堂能否如期完工。于是，工程指挥部把钢梁的施工吊装作为整个工程的重点。

1959年3月5日，吊装工程正式开始，赵鹏飞带领一些工程技术人员去沈阳桥梁厂详细检查了钢材质量及加工情况。除北京的吊装工人外，又从富拉尔基、包头、太原、酒泉等地调来了大批有经验的吊装工人和技术人员，以保证钢梁吊装工作的顺利进行。

吊装工程一波三折。只有先把吊装屋顶的跨度为60.9米的12榀钢梁吊上去，其他工作才能展开。工程指挥部经过多次研究，决定采用两台履带式起重机和"人"字把杆抬吊。3月21日，工人们做好了

① 沈勃：《人民大会堂建设纪实》，载《建筑创作》2014年第2期。

一切吊装准备，地面上横摆着3条高7米、长60.9米、宽0.8米的犹如黑色巨蟒的钢梁。当最南侧钢梁的两端挂好吊钩准备起吊时，工程指挥部领导及技术人员都聚集到现场，怀着紧张的心情，期待吊装顺利完成。谁知恰在这时发生了麻烦。当指挥工长举起旗子，吹响哨子，指挥开动机器，钢梁一端刚刚离地时，只见黑色钢梁一扭头、一摆尾，就像一条巨蟒似的拼命挣扎，不愿离开地面。钢梁一扭一摆，让所有在场的人都大吃一惊。因为钢梁的制作从选材到加工需要相当长的时间，如果把钢梁搞坏，重新制作就来不及了。指挥工长看到这种情况，立即下令停止起吊。当钢梁放回地面时，它又一扭头、一摆尾，恢复了原状。经过检查，幸亏钢梁没有损坏，只是钢梁横向刚度不够，导致起吊后发生扭曲。为了增加横向刚度，工人在钢梁两侧各加了一些杉篙后第二次起吊，结果还是没有成功。后来在钢梁两侧加了钢管，连夜第三次起吊，又失败了。这时，距离整个竣工期限只有4个多月了，大家急得眼中冒火。

大家经过反复讨论、研究，最后决定做一个菱形钢架先固定在钢梁的上面，然后进行起吊。经过3天3夜的设计制作，做好了菱形钢架，终于制服了“黑色巨蟒”，从地面上顺利提升到45米的高度就位。直到5月17日，共用了57天的时间才把总重量2625吨的巨型钢结构安装完毕，这时距8月底交工期限只有3个多月的时间了，大家这才稍稍松了一口气。①

四是骁勇善战的“青年突击队”。随着工程建设逐步展开，一些建设施工单位的标杆——青年突击队发挥出先锋模范作用。其中，涌现出李瑞环、张百发等一批闻名全国的先进人物。

最先参加大会战的是全国第一支青年突击队“胡跃林木工青年突击队”及“张百发钢筋工青年突击队”，在建设工地发挥突击作用。“张百发钢筋工青年突击队”一进入工地就与“杨守成青年突击队”带头提出“开展夺红旗友谊竞赛”的倡议，各队立即响应，各支青年

① 沈勃:《人民大会堂建设纪实》，载《建筑创作》2014年第2期。

突击队竞赛比武，深入开展多做贡献活动。

“张百发钢筋工青年突击队”主要承担全国人大常委会办公楼的钢筋施工任务。这个办公楼在整个大会堂工程中不是重点，开工较晚，但地基处于辽金时代古河道底部，基础深达9米，需要穿越古河道的松软土层，施工难度很大。“张百发钢筋工青年突击队”的第一个任务就是和另一个钢筋工施工队一起，仅用16天就绑扎完办公楼680吨的基础钢筋。680吨相当于“张百发钢筋工青年突击队”过去一年半的工作量。经过讨论确定施工方案，合理划分流水段，分3班包干，日夜突击，争分夺秒，提出“技工1人带10人”等口号。仅300多人的队伍，奋战9昼夜后胜利完成阶段任务，全国人大常委会办公楼工程赶上了整个大会堂的施工进度。在结构施工阶段，由于工期拖后，“张百发钢筋工青年突击队”为把工期追回来，和木工组商定，采取“见缝插针”的方法，把钢筋活放在木工活的间歇时间干。以“留困难，送方便”精神，让木工先把模板支完。采取白天在模板外预制绑扎钢筋，夜间往模板里放，既保证了施工质量，又加快了施工速度。原计划5天绑一层钢筋，结果3天就完成了。为了表彰这种大无畏的革命精神，工程指挥部召开现场经验交流会，开展“学百发，超百发”竞赛活动。大会堂掀起了建设高潮，大家干劲倍增。

大会堂工地涌现出的另一个先进典型是“李瑞环木工青年突击队”，他们的任务是铺设人民大会堂木地板，在铺装施工中进行技术创新，独创出一套地板拼接的计算公式和放线办法，而且研制成功“推车式地板刨”[①]，这样刨地板时就不用趴着或跪着干活了，提高了工作效率。铺装宴会厅的拼花地板原需45天工期，他们只用了8天半就完成了任务。

安装大理石和水磨石期间还涌现出“刘胡兰青年突击队”，几名女工自动组织起来，开展搬运石料的竞赛，本来规定每日搬运250块，但她们创造了每日搬运640块的纪录，而且一块也没损坏，做到

① 沈勃：《人民大会堂建设纪实》，载《建筑创作》2014年第2期。

了又好又快。每当遇到临时性的艰难任务时，很多共青团员和青年工人就自发组成青年突击队，突击完成任务。他们热情高、干劲足，哪里有困难，他们就往哪里冲，哪里有艰险，他们就在哪里出现，攻坚克难，发挥了巨大作用，成为建设工地的一支生力军。

1959年8月31日，为期304天的大会堂收官之战画上了圆满句号。9月9日凌晨，毛泽东视察了即将竣工的人民大会堂。毛泽东走到大礼堂二层挑台上问道："这个挑台还安全吗？"他到宴会厅看了一下，还走上宴会厅主席台站了一会儿。然后，他到北京厅里坐下，询问有多少人参加了工作，如何在这样短的时间内完成了这个工程等。万里等相关领导一一做了回答。毛泽东给了工程建设者很高的评价："很好，施工进度快，大会堂的建设确实成绩伟大。""这些同志不为名、不为利，却这样努力工作，应该给他们立一个纪念碑。但是人数太多，碑上也写不下这样多的名字，我们应该提倡这种不为名、不为利的共产主义精神。"此时，万里提出："这座建筑到现在还没有命名，过去周总理曾讲过，需要请毛主席命名。"毛泽东问："你们现在怎么叫这座建筑？"万里回答："施工中叫大礼堂工程。有的人主张叫人民宫。"毛泽东说："有些封建。"万里接着说："还有的

1959年，人民大会堂建成（蒋齐生　摄，新华社　提供）

人说叫全国人民代表大会堂。但大家觉得名字太长，不易上口。”毛泽东听后打比方说：“人们问老百姓，你到哪里去了？老百姓一定说，到人民大会堂去，就叫人民大会堂吧！因为这座建筑是属于人民的！”一锤定音，尘埃落定，万人大会堂便正式命名为人民大会堂，沿用至今。①

9月10日，万名施工人员整装迈入装饰一新的人民大会堂，参加在这里举行的“国庆工程”竣工表彰大会。周总理站在大门口迎接大家，与每一位与会代表握手，并致问候。万里走上台激动地宣布：“今天我们能够在这里开会，说明我们胜利了！”顿时，暴风雨般的掌声和欢呼声响彻整个大会堂。②

至此，经过数以万计的建设者的艰苦奋战，一座气势恢宏的建筑耸立在首都北京的天安门广场上。

四、精神永驻，文化长存

人民大会堂始终在中国人民心目中占据着一个重要位置，象征着人民当家做主，正像著名作家冰心描述的那样：“走进人民大会堂，使你突然地敬虔肃穆了下来，好像一滴水投进了海洋，感到一滴水的细小，感到海洋的无比壮阔。”这是一位文学大师眼中的人民大会堂。为什么那个年代的建设者能够排除万难，克服无数困难，建造出如此辉煌的建筑？在繁重复杂的建设工程背后究竟有一种什么样的精神？这种精神值得我们珍视、总结并继承下来，为今天提供借鉴和启发。

第一，人民大会堂是社会主义新时代精神的体现，包含新中国人民当家做主的政治寓意，是中国共产党领导中国人民进行社会主义革命和建设的历史丰碑。

---

① 沈勃：《人民大会堂建设纪实》，载《建筑创作》2014年第2期。

② 刘守华：《档案解密：人民大会堂建造始末》，载《档案春秋》2016年第10期。

早在延安时期，中国革命还处在极其艰难的条件下，毛泽东站在简陋的中央大礼堂里就立下一个心愿：将来革命胜利了，一定要建造一座能够容纳万人的大礼堂，让党和国家领导人与广大人民群众一起共商国是。新中国成立后不久，毛泽东站在天安门城楼上，又提出要建一座万人规模的大礼堂的想法。在第一个五年计划期间，毛泽东问当时的建工部部长刘秀峰：完全依靠自己的力量，能不能盖起一座万人大礼堂？1958年3月，成都会议上谈及北京城市改造时，毛泽东又一次提出建造万人大礼堂的设想。领袖的心声反映着时代的要求，更反映了人民的期盼。

为什么要把人民大会堂建在北京的中心？为什么建在天安门广场？这无疑也是新中国成立后的必然选择。这既是适应新中国首都政治、经济、社会发展的实际，建造一座大型的人民议事会堂的需要，又是从文化意义的角度，把过去封建帝王之都逐步改造成为社会主义国家新首都的一种必然选择。天安门始建于明永乐十五年（1417年），皇宫与衙署分布于其周围，形成一个封闭的广场，老百姓严禁进入。这里是王朝的中心，体现的是至高无上、唯我独尊的皇权思想。

随着新中国的成立，中国人民终于站起来了，以人民大会堂为代表的一批新中国“十大建筑”的出现，成为时代发展的必然趋势。这里，不仅体现了毛泽东“以人为本，人民至上”的思想[①]，同时也体现了毛泽东的继承传统、推陈出新的特点。1952年，天安门广场改造时，毛泽东指出：要反映我国历史悠久、地大物博、人口众多的特点，设计指导思想要求庄严宏伟，气魄要大，使它成为能够容纳100万人的世界上最大的人民广场。[②]1958年8月，中共中央在北戴河召开政治局扩大会议，会上决定，为庆祝新中国成立10周年，在北京兴建一批包括万人大礼堂在内的重大建设工程，并要求在1959年国庆节前夕竣工。会议明确指出，万人大礼堂的地点就选择在天安

① 刘云山：《在全国纪念毛泽东同志诞辰120周年学术研讨会上讲话》，载《人民日报》，2013年12月30日。

② 陈煦、苏峰：《毛泽东与北京城市建设》，载《湘潮》2007年第2期。

门前。[①]

第二，人民大会堂充分彰显了社会主义建设的伟大成果，体现出社会主义制度的优越性，弘扬了集体主义精神和忘我工作、无私奉献的奋斗精神。

周总理在《伟大的十年》中指出："北京的人民大会堂这样大的建筑，只用了十个多月的时间就建成了，它的精美程度，不但远远超过我国原有同类建筑的水平，在世界上也是一流的。"[②]这是对人民大会堂工程建设的重要意义的高度概括，其中凝聚着我国无数劳动者、建设者的艰辛付出与汗水。

开工伊始，拆迁工程量巨大，得到了广大群众的积极支持。据统计，仅人民大会堂一项工程就需拆迁机关单位67家、迁移居民684户、拆除房屋2170间。为了配合人民大会堂的建造，当时生活在皇城根脚下的人民都心甘情愿地搬离了祖祖辈辈生活的老屋。而对于那些暂无条件搬离的，周总理决定缓建科技馆、美术馆、国家剧院和电影宫，节省材料和劳动力，解决搬迁户的居住问题。整个拆迁过程仅仅用时一个月，为如期开工打下了坚实的基础。

人民大会堂的地基恰好落在3条古河道的正上方，为了确保稳固，地基必须挖到8米深的老土层，流沙和淤泥必须彻底清除才能动工，当时国内根本没有足够的设备和先进的方法挖掘和运输土方，大部分是靠人力用扁担来搬运的，充分展现了社会主义、集体主义精神。巨大的土方量导致人手远远不够，令人感动的是，知道这一消息后，从全国各地陆续赶到工地的人们不计报酬，挑灯夜战，大家只有一个心愿，就是早日建成人民大会堂，向国庆节献礼。

由于工期紧，材料物资缺乏，开工前的22天，现场钢筋匮乏。鉴于人民大会堂的特殊意义，周总理指示，所有物资必须使用国货。当时，全国各地的工厂全都投入到了材料的准备当中。人民大会堂前

① 本刊编辑部：《人民大会堂建设史话》（上），载《学习导报》，2006年1月1日。
② 周恩来：《伟大的十年》，载《人民日报》，1959年10月6日。

的巨大国徽由北京市东城区五金机电厂制作，顶棚中心的大五角星由内蒙古包头钢铁公司二局和上海长征化工制品厂共同制作，向日葵的花瓣由无锡工艺品厂连夜加工，房顶的钢梁用的是鞍钢特质的4000多吨钢材，螺丝和螺母是从全国各地运来的。

为保障新中国成立10周年“国庆工程”的顺利完工，数以万计的工人和技术人员不顾酷暑和严寒，连续奋战，30万大军日夜奋战在人民大会堂工地，上自党和国家领导人，下到普通干部、士兵、学生以及广大市民，无不以参加义务劳动为荣，全国各地纷纷支援人民大会堂的建设，18个省、市、自治区派出7000余名精干的技术骨干和工人支援工地，23个省、市、自治区提供了几千台（套）物资设备，发挥了社会主义集体大协作的优势，集中优势力量，凝聚了全国人民的智慧，创造了城市建筑史上的一个又一个奇迹，体现了建设者的奉献精神。

第三，人民大会堂凝聚着社会主义建筑文化思想，是新中国建筑工程的一座里程碑，对新中国建筑设计和艺术风格产生了深远影响。

新中国成立后，中国的建筑应该向什么方向发展？建筑风格和设计理念应如何探索一条既要继承历史传统，又能适合时代需要的道路？如何探索社会主义性质的建筑，并形成一种建筑文化？这是摆在中国建筑师面前的重要问题。人民大会堂的建成为解答这些问题提供了成功的范例。

著名建筑学家、人民大会堂方案设计者赵冬日回忆：人民大会堂的建成，标志着党在建筑事业上的“适用、经济，在可能条件下注意美观”方针的胜利，而且还是建筑创作中集中群众智慧和大力协作的范例。他认为：“作为建筑艺术的创作方法，从规划到设计都贯彻了党的群众路线的工作方法，即在党中央和市委领导同志亲切关怀下，展开‘百花齐放，百家争鸣’设计竞赛，群众评比，反复辩论，集体创作，又经过集中提高，得出了最后的方案。我们坚持走‘解放思想，敢想、敢干’的道路，因而能做到大胆创作，打破陈规，力求做到以人为主、物为人用。不分中外古今，一切精华尽为我用。人民大会堂的建设是一个新的创举，是中国建筑历史上的一座里程碑。”

在建设人民大会堂的过程中，党的领导作用得到了充分发挥，对工程建设产生了至关重要的影响。一方面，表现在政治的引导力、组织力和保障力的发挥上，起到了灵魂和核心的作用。另一方面，则更加重要，这就是党的路线方针、建筑思想、设计理念得到了充分的贯彻，最终才产生了这座历史性的地标建筑，起到引领新中国建筑发展的作用。

在指导设计竞赛阶段，在党的建筑方针、艺术理论的指导下，敢想、敢干，集体创作。在指导建筑艺术与艺术风格方面，力求能够反映出时代的特征，能够反映出当时6亿中国人民的伟大气概。整体风格是既要严整，又要活泼，既要朴素，又要大方。

在建筑风格上，像人民大会堂这样具有重大政治意义的大建筑，应该采取什么样的风格？党中央制定的“不分古今中外兼包并蓄，一切精华尽归我用”的方针是建筑风格方面的指导思想。人民大会堂的建筑便是在这个方针指导下完成的。

人民大会堂是中国的政治殿堂，以其恢宏庄严、雄伟壮丽的气势成为世界建筑经典，巍然屹立于世界经典建筑之林。

第四节　京西宾馆

京西宾馆自1964年9月建成开业以来，以服务党政军的重要会议为中心，成为党中央、中央军委的重要会场。从1968年10月召开党的八届十二中全会开始，党的多次中央全会都在这里召开。1978年12月党的十一届三中全会在此召开，全会做出把党的工作中心转移到经济建设上来、实行改革开放的历史性重大决策，实现了新中国成立以来党的历史上具有深远意义的伟大转折。

京西宾馆今貌

京西宾馆坐落在北京西长安街上，与中国人民革命军事博物馆、中华世纪坛、中央电视台旧台址隔街相望。和周围拔地而起的高楼大厦相比，京西宾馆略显简朴，但却是一座见证过重要历史时刻的地标性建筑。从建成至今，京西宾馆已有50多年的历史了，作为党中央、中央军委的重要会议场所，京西宾馆始终享有“最安全的宾馆”“会场之冠”的美誉，中国共产党多次重要的中央全会都在这里召开，成为党中央、中央军委讨论重大战略和大政方针的地方，见证了历史转折时刻，目睹了时代风云变幻，中国历史的巨变由此拉开序幕。

一、从八一饭店到京西宾馆

建造京西宾馆的初衷是中央军委为了加强军队现代化、正规化建设而决定修建一座建筑。

这座建筑的名称，开始既不叫八一饭店，更不叫京西宾馆，而是叫中国人民解放军军人俱乐部。这是怎么回事呢?

故事还要从头讲起。1958年10月，中央军委为全面加强军队现代化、正规化建设，提高全军指战员的科学文化水平和素质，经党中央、国务院批准，决定在北京修建中国人民解放军军人俱乐部。这个俱乐部由一组建筑群组成，其中包括解放军夜大学、解放军体育馆和解放军大剧院。当时，并没有一个建设会议中心的建筑设计，更没有修建一处招待所的设计规划和打算。

在这个工程兴建之前，中国人民革命军事博物馆已经动工兴建了，它是向新中国成立10周年献礼的“十大工程”之一。1958年10月，军事博物馆动工兴建，1959年7月竣工，10月1日开始内部预展，1960年八一建军节正式对外开放。在军事博物馆建设接近尾声的时候，在其东侧的解放军军人俱乐部工程也开始施工。按照原定方案，正在施工的时候，突然接到中央军委指示：解放军军人俱乐部不建了，把全部力量用来修建一处军队的招待所，并要求具有开会的功能。这样，原来的设计方案，包括建设用地、设备安装、造价标准等都进行了较大幅度的调整。于是，经过申请，北京市政府又将军事博物馆对面黄亭子的一块保留地拨给军队，用于招待所建设用地，这就是今天京西宾馆西楼和东楼的所在位置。

1959年年底，京西宾馆动工兴建，初建时称八一饭店，为军队招待所性质，仅提供接待外国军事代表团和召开军委内部会议，不对外营业。按照解放军总政治部主任萧华的设想，八一饭店建成后，将与军事博物馆、解放军剧院和解放军体育馆共同在西长安街延长线一带形成一组完整的建筑群。[1]

在京西宾馆筹建阶段，设计者到全国各地参观，最后参照上海锦江饭店的样式建设主楼（即今天的西楼），以苏联建筑风格为主，1960年5月动工。[2]当时，全国正处于“大跃进”时期，干部群众热情高涨，干劲十足，工程进度很快，1960年年底已经完成了饭店14层的框架结构，1961年年初进入内部装修阶段。但此时，国家正处于三年困难时期，党中央、国务院为了压缩基建开支，决定停建楼堂馆所，八一饭店工程也随之停工。

1964年，正值新中国成立15周年，全国人民代表大会要在北京召开，同时举行国庆活动。届时，将会有80多个国家和地区的2600多位国际友人应邀来京参加观礼活动，来宾的接待工作成为北京市委书记彭真面临的一个难题。再修建一座新的宾馆，对当时国家的财力、物力而言还有一定的困难。国务院秘书长周荣鑫想到了已经建设但正处于停工状态的八一饭店，于是到现场查看。当时，八一饭店内部设备早已购置，只要把8层以下的楼层内部装修完成后就可以交付使用。周荣鑫将这一情况向周总理做了汇报。周总理立即指示：“军队在京西新建的饭店的收尾工程可以继续施工，力争早日完工。饭店由军队管理，军政共用。政府接待外国副总理以上的国宾，住钓鱼台国宾馆，接待外国部长级贵宾可以住军队这个饭店。”[3]

这样，八一饭店又于1964年1月8日复工，按要求力争在10月1日建成并投入使用。解放军总后勤部组织施工队伍昼夜施工，于9月初完成了主楼（即今天的西楼）工程，12月22日完成了会议楼工程。1965年1月19日完成了工作人员办公楼的全部工程，整个建设工程全部竣工。其中，主楼建筑面积为47000平方米，会议楼建筑面积为11000平方米，其他附属建筑面积为26000平方米，共投资3000余万元。

① 王梦悦：《京西宾馆：见证历史转折》，载《党史纵横》2016年第7期。

② 夏玮：《京西宾馆那些年那些事》，中国青年出版社2015年版，第19页。

③ 同上。

1964年6月9日，中央军委秘书长罗瑞卿根据八一饭店所处的地理位置，同时受到周总理“军队在京西新建的饭店”这一说法的启发，将其定名为京西宾馆。[①]

京西宾馆庄严、朴素、大气，是当时北京的地标性建筑。它的主体建筑只有两幢，即主楼和会议楼。其中，主楼共13层，第1层为大堂，用于接待，第2～12层为客房，第13层为套房和餐厅。它外观造型朴素，简单实用，整座建筑呈长方形，东西细长，南北相对较窄，大楼北边紧邻西长安街，与军事博物馆相对，外立面采用简洁的现代风格，屋顶没有外檐出挑，门窗设计也没有过分的装饰，颜色采用浅黄色调，与周围建筑保持一致。一层大厅外部有石柱构成柱廊。整体建筑显得气势宏伟、庄严大气，是当时北京最高的建筑，为古老的城市增添了几分现代气息。

会议楼则庄严肃穆，建设风格也是简约式，部分会议室顶部装饰了巨大的红五角星，整体风格偏红色，以显示人民军队的本色。

二、军队管理，军政共用

“军队管理，军政共用”是周总理做出的一个重要指示，实际上是为京西宾馆的建设宗旨、服务对象定准了性质、指明了方向。从京西宾馆建成的第一天起就决定了它与生俱来所固有的红色基因。它不是一所普通的宾馆，更不是商业娱乐场所，它是中国的最高政治会议场所，是党中央和中央军委开展重要活动的地方，肩负着更加光荣的使命，承担着党和人民军队所赋予的历史重任，具有很强的政治意义。因此，从建立之初，京西宾馆就受到了党和国家领导人的高度重视，受中央军委直接领导，政治性、纪律性、完全性始终摆在京西宾馆建设的第一位。[②]

---

① 夏玮：《京西宾馆那些年那些事》，中国青年出版社2015年版，第3页。

② 徐琛：《服务党政军重要会议50年——走进京西宾馆》，载《保密工作》2015年第3期。

1964年12月，第三届全国人民代表大会第一次会议召开前夕，彭真、罗瑞卿到京西宾馆检查人大会议的接待准备工作，并向国家主席刘少奇做了汇报。刘少奇明确指出："京西宾馆是军队单位，要保持和发扬我军艰苦朴素的优良传统，要体现军队的特色。"[①]1965年1月，贺龙元帅到京西宾馆视察，强调指出："宾馆要发扬和体现解放军的光荣传统，要体现艰苦朴素的精神，要树立全心全意为人民服务的思想。"[②]

京西宾馆建成后，中央军委决定从1964年4月25日起，京西宾馆隶属于总参管理局，全称为"中国人民解放军总参谋部管理局京西宾馆管理处"，列入军队编制序列，为正师级单位。较高的安保级别、严格的警卫措施、庄重的"军队身份"都彰显着这所宾馆的特殊重要性。

京西宾馆的干部和职工都是从部队中经过严格选拔的。1964年5月，中央军委三总部联合发出通知，先后从沈阳、北京、济南、南京等九大军区和空军、海军、铁道兵、工程兵、装甲兵等6个军兵种选调干部95人、职工401人，组成一支清一色的军人管理队伍。7月20日，红军老战士吴世昌担任京西宾馆主任。京西宾馆还组建了接待、会议、餐厅、营房、行管、组织、保卫7个小组，在宾馆党委的领导下，开始了各项工作。[③]

1964年9月14日，京西宾馆正式开业。首次接待的是来自世界40多个国家的60多个代表团，共计接待外宾278人、陪同人员309人。[④]这时，京西宾馆才刚刚落成，新安装的各种设备还处于调试阶段，从各地调来的工作人员对业务还不熟悉，一切都在摸索中。党中央、国务院对京西宾馆第一次承担如此重要的任务也非常重视，专门

① 夏玮：《京西宾馆那些年那些事》，中国青年出版社2015年版，第4页。

② 同上。

③ 徐琛：《服务党政军重要会议50年——走进京西宾馆》，载《保密工作》2015年第3期。

④ 夏玮：《京西宾馆那些年那些事》，中国青年出版社2015年版，第9页。

派人指导，并从北京、天津、上海、大连等城市调来技术人员帮助工作。这次接待任务完成后，国务院领导给予了高度评价："京西宾馆完成第一次接待外宾任务很出色，不愧是解放军宾馆，在接待工作中发挥了解放军的优良传统和作风，有胆量、有办法，给国内外宾客留下了良好的印象。"

1964年年底，京西宾馆承担了第三届全国人民代表大会第一次会议的接待任务。参会的东北、中南两大区和解放军人大代表共740人、工作人员363人入住京西宾馆。1965年国庆节，京西宾馆接待了50多个国家的64个代表团的外宾433人、工作人员317人。开业仅两年，京西宾馆共接待会议和外宾代表团495个、宾客2.5万人次，床位使用率达63%，会议室使用率达75%，两年利润达19万元，出色地完成了各项任务，获得社会效益、经济效益双丰收。[①]

随着京西宾馆的地位和作用不断增强，其影响力和知名度也越来越大。党政军的很多重要会议均在此召开，因此，宾馆原有的规模也在逐步扩大。

从1974年开始，京西宾馆先后增建了宴会厅，扩建了会议楼，主楼客房安装了一些新设备，硬件条件得到改善。为了适应召开会议的需要，京西宾馆于1979年11月上报扩建东楼的计划，1980年3月，国务院正式批复总参《关于京西宾馆扩建工程先进行规划设计的请示报告》。1986年11月13日，京西宾馆东楼工程动工兴建，承担主体建设的是北京市第六建筑公司。1990年9月，东楼竣工并投入使用，承担了当年接待亚运会宾客的任务。东楼的规模较大，地上共有27层，地下3层，总高度97米，是当时北京市较高的建筑之一。东楼建筑面积5.8万平方米，拥有各类客房572间、会议室21间，并有大中型餐厅4个，可供1200人同时就餐，总投资超过1.7亿元。东楼建成后，与西楼同时使用，宾馆接待能力得以提升。2000—2004年，为迎接党的十五届五中全会、党的十六大的召开，又对京西宾馆东楼进

① 夏玮：《京西宾馆那些年那些事》，中国青年出版社2015年版，第9页。

行了3次整修。同时，经国务院批准，在北京市、上海市的大力支援下，又对建于20世纪60年代的西楼和会议楼进行了翻建和抗震加固。经过一系列扩建、改造，京西宾馆面貌焕然一新，京西宾馆共拥有客房980余间，床位1950余张，一个可容纳1300人的礼堂，60余个会议室，30余个可同时满足2000余人就餐的餐厅。从此，一座现代化的宾馆屹立在北京的西长安街上。

三、见证斗争与转折

京西宾馆建成后秩序井然的工作仅仅维系了3年后“文化大革命”就爆发了，一大批军队、地方领导干部受到造反派的残酷迫害，被保护性地安排住进京西宾馆，宾馆肩负起更加艰巨的特殊使命。

1967年1月，中央军委决定：“京西宾馆同中南海、人民大会堂、钓鱼台一样属于保护单位。京西宾馆的文化大革命要按照军以下部队的办法，搞正面教育，不搞四大，不搞战斗队，不搞串联，军队和地方战斗队组织不许冲击。”中央军委副主席叶剑英做出指示：“住京西宾馆要经过一定手续批准，不能随便前来住宿，使京西宾馆成为无保障的场所，要像人民大会堂、钓鱼台一样严格控制，并妥善保护。”1967年2月7日，周总理指示北京卫戍区对京西宾馆实行军管，要求“未经北京卫戍区允许，任何人不能进入宾馆”，“如果有人要进的话，讲清道理，避免冲突，说明这些人（各省、自治区和军区的住馆领导）来宾馆开会是中央请来的”，不许冲击、不许进去抓人、不许把人揪走。[①]随着全国形势的不断变化，京西宾馆的安全问题也引起了毛泽东的关注。1967年7月，毛泽东指示北京卫戍区：“常驻京西宾馆两个连。”[②]这些坚决的措施有效阻止了造反派的嚣张气焰，对稳定局面和保护一批革命老干部免遭迫害

① 夏玮：《京西宾馆那些年那些事》，中国青年出版社2015年版，第4—5页。

② 同上书，第59页。

起到了积极作用。

围绕稳定形势、稳定军队等重大问题，周恩来、叶剑英等老一辈无产阶级革命家同林彪、江青一伙进行了激烈的抗争，几次大的冲突都发生在京西宾馆。其中，影响最大的就是发生在1967年1月的“大闹京西宾馆”事件。1月19日下午，中央军委扩大会议在京西宾馆第二会议室召开，针对江青等人提出要求军队支持地方群众开展所谓“四大”（大鸣、大放、大字报、大辩论）的言论，出席会议的叶剑英坚决反对。他说，军队是无产阶级专政的柱石，负有保卫祖国的重大责任，军队不能乱，如果稳不住，一旦敌人入侵，后果不堪设想。双方展开激烈争论，江青、叶群节外生枝地打出攻击解放军总政治部主任萧华这张牌，要他公开向军队院校的造反派组织做检查。此举引发了轩然大波。叶剑英看势头不对，立即退席，并马上将情况报告给周恩来，周恩来将情况向毛泽东做了汇报，毛泽东听后立即指示：“这么大的事为什么不报告？赶快停止，总政治部主任是能乱批的吗？”[①]这天夜里，军队的一些造反派得知了当天下午的会议内容，连夜向萧华发起“突然袭击”，萧华家被查抄。萧华只得到西山叶剑英住所求救。第二天，会议在京西宾馆继续举行，江青发现不见萧华踪影，大声问道：“总政治部主任怎么不见了？他躲到哪里去了？”萧华到会后向几位老帅诉说了昨晚遭遇，徐向前元帅气得拍桌子，因为用力太大，震得茶杯盖子都掉到了地上。叶剑英大声说：“他昨晚半夜跑到我那里去了，是我将他收留下来的，如果有窝藏之罪，我来担当。”[②]老帅们怒气冲天，江青一伙也被震慑住了。“大闹京西宾馆”就这样传开了。

老帅们“大闹京西宾馆”后，一大批地方和军队受到冲击的老干部在那里避难。很快，京西宾馆就成为干部们的庇护所，也成为造反派攻击的重点。仅1967年1月就发生了10余起冲击事件。周恩来对

① 夏玮：《京西宾馆那些年那些事》，中国青年出版社2015年版，第38页。

② 王梦悦：《京西宾馆：见证历史转折》，载《党史纵横》2016年第7期。

京西宾馆的保卫工作更加重视，1967年2月，他指示："未经北京市卫戍区允许，任何人不能进入宾馆。"[①]京西宾馆接待室还安装了一部直通总理办公室的电话。中央将部分被打倒的领导干部集中到京西宾馆保护起来。同时，京西宾馆开始修建围墙，北京卫戍区派驻两个连的兵力对宾馆加强保护，直到"文化大革命"结束后才逐渐恢复正常秩序。

1976年10月，党中央一举粉碎了"四人帮"，中国大地迎来了新的生机。京西宾馆同样在这一历史时刻发挥出重要作用。

上海是"四人帮"主要成员的发迹地，在"四人帮"被隔离审查后，研究解决上海市委领导班子问题就是在京西宾馆进行的。当时中央决定：立即调上海市委书记马天水和上海警备区司令员周纯麟进京开会。马天水接到电话后，先后给张春桥、姚文元、王洪文打电话请示，均无人接听，他感到有些不妙。临行前他嘱咐徐景贤、王秀珍说："你们在家好好准备，我去北京看看。"他们到达北京后，被护送住进了京西宾馆。第二天，华国锋和叶剑英来到宾馆，华国锋随即向他们宣布了党中央的决定。10月10日，徐景贤、王秀珍到京，进入京西宾馆后才发现这里戒备森严，感到问题严重。当天夜里，华国锋和叶剑英分别找他们谈话，宣布了中央的决定。他们勉强表态，拥护中央的决定。叶剑英对他们说："你们可以回上海继续主持工作，有困难提出来，中央帮你们解决。"[②]本来马天水离开后，王秀珍等人已经命令上海民兵进入临战状态，准备伺机顽抗，但无奈中央早有谋划，行动快速，不等其动手，早已安排就绪。几天后，党中央向上海派遣工作组，苏振华为上海市委第一书记。同时，东海舰队、第60军也迅速解散了上海所有民兵指挥部，并收缴了武装。

---

① 夏玮：《京西宾馆那些年那些事》，中国青年出版社2015年版，第4页。

② 王梦悦：《京西宾馆：见证历史转折》，载《党史纵横》2016年第7期。

四、召开具有划时代意义的重要会议

1978年12月18—22日，党的十一届三中全会在京西宾馆召开。这是一次具有划时代意义的重要会议，将永远载入中华人民共和国史册。

在党的十一届三中全会召开之前，也是在京西宾馆先举行了中央工作会议。1978年11月10日—12月15日，中央工作会议为期36天。虽然两次会议作用不同，但二者关系是密不可分的。中央工作会议为什么会期这么长？主要是为召开三中全会做好充分准备，三中全会要确定的路线、方针、政策在中央工作会议上都已经提出来了，并进行了充分酝酿。因此，中央工作会议实际上是三中全会的预备会。

原定的议题主要有3个：一是讨论如何进一步贯彻以农业为基础的方针，尽快把农业生产搞上去的问题；二是商定1980年、1981年国民经济计划的安排；三是讨论李先念在国务院务虚会议上的讲话。根据邓小平的建议，中央政治局决定，在讨论上述议题之前，先用两三天的时间讨论从1979年起把全党工作重点转移到社会主义现代化建设上来的问题。①

这样，当分组讨论时，话题则大大突破了原定范围，成为一次思想解放、拨乱反正的思想交锋。11月12日，陈云在东北组发言，他提出，有些影响大或者涉及面广的问题需要由中央考虑和做出决定。陈云讲了六大问题，包括所谓“61人叛徒集团一案”、对于那些在“文化大革命”中被错误定为叛徒的同志应给予复查或者平反、彭德怀骨灰安放于八宝山、对康生重新审查、对1976年“天安门事件”中央应给予肯定等。第二天，陈云的发言在大会简报上全文刊登，犹如重磅炸弹在会场上引起强烈反响。整个会议气氛顿时热烈起来，各组发言的重点迅速聚焦到解决历史遗留问题、平反冤假错案上来。

在会议期间还发生了两段插曲，为进一步拨乱反正增加了强劲

① 夏玮：《京西宾馆那些年那些事》，中国青年出版社2015年版，第224页。

动力。一件事是11月15日，新华社向全国发布“中共北京市委宣布‘天安门事件’完全是革命行动”，当天的报纸送到京西宾馆会场的时候，举座皆惊，代表们纷纷与新华社总编辑曾涛握手祝贺。另一件是话剧《于无声处》在京西宾馆演出。11月16日，《人民日报》发表署名特约评论员的长篇评论《人民的愿望，人民的力量——评话剧〈于无声处〉》。此前，陈云在11月12日的发言中也特别提到了这出剧目。11月13日，就在陈云讲话的第二天，剧组接到即刻进京演出的调演令。据时任上海《文汇报》总编辑马达回忆，最后决定调演的是时任中共中央组织部部长胡耀邦。11月19日，剧组在京西宾馆为参加中央工作会议的代表们专场演出。

这样，会议进程发生了变化，不再按照既定的议题去专门讨论经济和农业问题了，几乎所有的小组都在积极响应陈云的发言，并在此基础上做进一步的深化。于是，会期做了延长，让与会者畅所欲言、解放思想，从更高的角度反思过去、总结经验、展望未来。

11月25日，华国锋代表党中央、中央政治局就会议中反映强烈的一些历史问题做了发言，不仅为“天安门事件”正式平反，而且没有回避历史遗留问题，为一批老一辈无产阶级革命家彻底平反。

这次会议还有一个争论的焦点，就是如何评价“实践是检验真理的唯一标准”的大讨论。这是关系到中国共产党树立正确的思想路线、政治路线的一场思想大讨论，关系到党和国家未来的前途命运。当时，党内还存在“两个凡是”的错误主张，如果不得到彻底澄清和纠正，正确路线就不能确定，发展就会阻力重重，国家就会徘徊不前。鉴于此，会议进行了充分讨论，11月27日，邓小平指出：现在报上讨论真理的标准问题，讨论得很好，思想很活跃，不能说那些文章是对着毛主席的，那样人家就不好讲话了，但讲问题要注意恰如其分，要注意后果。这段谈话被看作是中央对真理标准问题的一个明确表态。

12月16日，邓小平在京西宾馆发表《解放思想，实事求是，团结一致向前看》的重要讲话，为党的十一届三中全会奠定了思想基础，明确提出了会议的指导思想。讲话抓住了历史转折中最根本的问题，以全新的理论视角，站在时代的高度，启发了全党的思路，振奋了人们的精神，对于推动整个国家走向建设有中国特色的社会主义道路起到了关键性的作用。“解放思想，实事求是，团结一致向前看”成为中国的一个时代最强音，成为中国在一个相当长的历史时期指导一切工作的基本准绳，成为新时期开启改革开放大幕的宣言书。

1978年12月18日，党的十一届三中全会在京西宾馆第一会议室召开。全会中心议题是讨论把全党工作重点转移到社会主义现代化建设上来。全会做出从1979年起，把全党工作重点转移到社会主义现代化建设上来的战略决策。同时，做出了加快农业发展的决定，同意将《中共中央关于加快农业发展若干问题的决定》（草案）和《农村人民公社工作条例》（试行草案）发到省、直辖市、自治区讨论和试行。全会提出，为把农业搞上去，必须首先在农村实行改革，推行联产计酬责任制。

全会重新确定了中国共产党的正确思想路线，批判了“两个凡是”的错误方针，充分肯定了必须完整、准确地掌握和运用毛泽东思想的科学体系，高度评价了关于真理标准问题的讨论，确定了“解放思想，开动脑筋，实事求是，团结一致向前看”的指导方针。

全会重新确立了中国共产党的正确政治路线，果断停止使用“以阶级斗争为纲”的口号，否定了“文化大革命”中的所谓“无产阶级专政下继续革命”等“左”倾错误观点。全会还重新确立了中国共产党的正确组织路线，健全党规党纪，健全党的民主集中制，反对接受和制造个人崇拜，加强集体领导。全会还审查和解决了一批重大冤假错案和一些重要领导人的功过是非问题。

12月22日，北京迎来了最冷的冬至，天气异常寒冷，但京西宾馆却温暖如春，人们的心里像燃起了一团火，都在期望着重大历史关头的转机。这天，会议通过了党的十一届三中全会公报，公报指出：明年是伟大的中华人民共和国成立30周年。十一届三中全会号召全党同志、全军指战员和全国各族工人、农民、知识分子，各党派和无

在京西宾馆召开的党的十一届三中全会会场

党派爱国人士，把工作中心转入社会主义现代化建设并取得应有的成绩，将是对新中国成立30周年的最好献礼。12月23日，全会公报传遍全国各地。

党的十一届三中全会结束了粉碎“四人帮”之后两年多党和国家的徘徊局面，实现了中国共产党历史的伟大转折，其重要意义将继续昭示于世。

自1964年建成以来，在京西宾馆举行的重要会议不胜枚举，见证了影响中国乃至世界的重要时刻，见证了使新中国国力增强、经济繁荣、人民幸福的时代巨变，见证了中国共产党领导全国人民克服艰难险阻，实现宏伟蓝图的历史进程，见证了几代中央领导集体率领中国人民不断开启新征程的壮丽篇章。

结　语

北京作为新文化运动和五四运动的主阵地，中国共产党的重要孕育地，中华人民共和国的诞生地，由此形成一个个彪炳史册、熠熠生辉的红地标，构成一道道身姿伟岸、亮丽多彩的风景线，成为北京红色文化独具特色、独具魅力的金名片。

这些红色地标凝聚着中国共产党人的初心使命。新文化运动与五四运动，促进了中华民族的伟大觉醒；马克思主义广泛传播与工人运动紧密结合，助推了中国共产党的应运而生。从此，中国共产党肩负起为中国人民谋幸福、为中华民族谋复兴的历史使命。北大红楼如同守望思想黎明的灯塔，马克思主义在这里传播，中国共产党在这里孕育，留下了李大钊、陈独秀、毛泽东等老一辈革命家探寻救国救民真理的不朽足迹；李大钊故居见证着他人生的辉煌岁月，彰显着坚持真理、敢于斗争、无私无畏的崇高风范，成为中国共产党人永远的楷模表率。长辛店留法勤工俭学旧址、劳动补习学校旧址等一批红色遗址，作为中国共产党开展工人运动的一面旗帜，淬炼出伟大的二七革命精神，在中国近现代史上写下了波澜壮阔的光辉一页。他们始终铭刻着中国共产党人的初心使命，成为北京红色文化的活水源头。

这些红色地标记录着中国革命胜利的苦难辉煌。中华民族历经磨难，中国革命艰难曲折，中国共产党披荆斩棘，最终带领中国人民赢来了旭日东升的黎明。这里曾经弥漫着抗日救国的烽火硝烟，构筑起抵御外辱的钢铁长城，让不可一世的日本侵略者低下了罪恶的头颅；这里曾经响彻《没有共产党就没有新中国》的嘹亮歌声，犹如浩瀚宇宙中的七星北斗，凝聚起中国军民万众一心、保家卫国的豪情壮志；这里曾经吹响向全国进军的战斗号角，百万雄师以“宜将剩勇追穷寇”的革命到底精神，结束了蒋家王朝的反动统治。走进焦庄户地道战遗址、中国人民抗日战争纪念馆、中共中央北京香山革命纪念地等这些红色地标，我们仿佛走进了那段苦难与辉煌交织的历史，鼓舞着我们的斗志，洗礼着我们的心灵。

这些红色地标见证着中华民族复兴的坚实脚步。中华人民共和国的诞生，开启了实现中华民族伟大复兴的新篇章。毛泽东在天安门城楼庄严宣告“中华人民共和国中央人民政府今天成立了”，标志着中国人民从此站起来了；庄严肃穆、巍峨屹立的人民英雄纪念碑，记载着为争取民族独立和人民自由幸福，在历次斗争中牺牲的人民英雄们，成为全国人民心中的一座历史丰碑；气势恢宏、雄伟壮丽的人民大会堂，是党和国家举行重要政治、外交、文化活动的场所，在波澜壮阔的新中国发展史上发挥着独有的政治功能和文化价值，成为社会主义祖国和人民民主国家的重要象征；党中央、国务院所在地中南海，作为全国政治决策中枢，记录了中国共产党领导全国各族人民为创建新中国、建设社会主义现代化强国而艰辛探索的丰功伟绩。

北京红色地标，是一帧帧凝固而成的历史画卷，是一曲曲响彻云霄的浩然壮歌，是一面面高高飘扬的精神旗帜，必将在新时代历史征程中引领和激励我们扬帆远航。

后 记

根据全国文化中心建设领导小组总体部署，在中共北京市委宣传部统筹指导下，市委党史研究室组织编写了“红色文化丛书”。该丛书由原中央党史研究室副主任李忠杰担任主编，市委党史研究室主任李良及副巡视员刘岳担任执行主编，副主任陈志楣、张恒彬及原副巡视员范登生、副巡视员运子微担任执行副主编。

为打造精品力作，邀请邵维正、柳建辉、关海庭、杨凤城、王树荫、黄如军、包国俊等著名党史、军史专家学者组成丛书编委会，并下设刘岳、曹楠、宋传信、方东杰、黄迎风、高俊良、王桂环、祁霄等人组成的编委会办公室。编委会负责制订方案、确定书目、遴选主编、审订大纲及书稿。办公室负责组织联络督办、制定书写规范、组织作者培训等。曹楠负责丛书的协调工作，宋传信负责丛书图片的统筹工作，骆洪刚负责部分图片的修版工作。

《北京红色地标》是“红色文化丛书”之一，由北京建筑大学孙希磊教授（主编并撰写第三章第三节，第四章第一、四、五节，第五章第一、三、四节，并负责全书的修改）、张守连副教授（撰写第二章第一节，第三章第一节，第四章第二、三节，第五章第二节的初稿）、肖建杰教授（撰写第一章第一、二、三节，第二章第二、三节，第三章第二节）共同撰写，主要反映北京18处红色地标的历史渊源、建筑风格、红色史实、人物故事等，全书共5章18节，曹楠承担本书的联络工作。高俊良阅改本书第二、三稿，原北京市委党史研究室副主任陆兵审改本书第二、三稿，中国人民解放军军事科学院政治部宣传部原副部长包国俊审改本书第三稿。中央党史和文献研究院李树泉研究员审订书稿。武凌君润色全书，范登生改写导语、结语。原中央党校副校长李君如，中央党校（国家行政学院）分管日常工作的副校（院）长何毅亭、副校长谢春涛，原中央党史研究室副主任龙新民等老领导、专家学者对本书提出了宝贵意见。北京出版集团编辑对全书进行了严谨细致的编辑加工，在此一并表示衷心感谢。

由于时间仓促和水平有限，书中难免存在疏漏和不足之处，敬请广大读者批评指正。

中共北京市委党史研究室

2019年8月